현장식

객실 현관 실무론

김석영 · 전희원 공저

홍 익 출 판 사

머 리 말

호텔경영학과 교과과정과 관련하여 훌륭한 교재들이 많이 있지만, 본 교재는 호텔경영 실무 중에서도 객실, 현관 업무에 관한 내용에 초점을 두고 있습니다. 이 책을 발간하게 된 배경은 관광 및 호텔 산업에 있어서 현장에서 근무하게 되는 초급과정의 실무자들에게 객실, 현관 업무에 관한 필요한 지식을 전달 하고자 함에 있습니다.

본 교재는 교육 현장에서 사용될 경우 다음과 같은 장점이 있습니다. 첫째, 책의 내용은 업무에 있어서의 실무 내용 중심으로 정리하여 많은 학생들이 졸업 후 현장 근무 시 참고 할 수 있도록 하였습니다. 둘째, 호텔 객실, 현관 업무 실무에 대한 이해도를 높이기 위하여 간결하고 명료하게 내용을 구성하였습니다. 특히 실무에서 쓰이는 업무양식은 눈 여겨 볼만 합니다. 셋째, 실제업무에 바로 활용할 수 있도록, 교재의 준비부터 마지막 단계까지 순차적으로 필요한 모든 이론을 망라하였습니다.

특히 이 책은 장래에 학생들이 호텔조직에서 객실, 현관 업무를 수행함에 있어서 자기의 직책을 효과적으로 수행하기 위해서 기본업무 능력을 배양하는데 필요한 안내자로서 큰 도움이 될 것입니다. 따라서 본 교재는 호텔 및 관광대학의 교수와 학생들은 물론, 호텔관광산업에서 종사하고 있는 CEO로 부터 하급 관리자에 이르기까지 모든 매니저에게 유용한 실무교본이 될 것을 믿어 의심치 않습니다.

그동안 늘 생각만 해오다가 시간적으로 어려운 가운데 이 교재가 발간되도록 도와주신 하나님께 감사드리며 …….

2008년 1월 7일

공저자 김석영, 전희원

목 차

제1장

호텔의 이해

제1절 호텔의 개념

1. 호텔객실의 개념

숙박과 관련된 시설은 인류문명의 발달과 함께 변화하면서 생성되었다. 시대가 자국의 이동에서 국가간으로 국제화에서 글로벌화로 진행되면서 세계 여러 나라들을 왕래하거나 먼 곳을 여행하는 일이 많아지면서 민가, 숙소, 수도원 등이 숙식과 휴식을 목적으로 이용되었던 것이 점차 상업성을 띠게 되었고 이렇게 발전하여 오던 숙박시설은 근대에 와서 호텔이란 이름으로 불리어지게 되었다.

현대적 의미의 호텔은 가정을 떠나 일시적으로 여행하는 사업여행자, 관광객, 회의참석자, 연회참석자 등에게 우아하고 쾌적한 설비를 갖추고 고도화된 고객지향적 경영기법 및 시스템을 활용하여 교양 있고 세련된 종업원이 체계적이고 조직적인 대고객 서비스를 제공하는 장소이며, 또한 정기적·비정기적 이벤트를 창출하여 이용객에게 생동감 있고 즐거운 체재를 제공하여 그 대가를 받아 경영이익을 추구하는 기업이라고 할 수 있다.

호텔은 일반적으로 가정을 떠난 가정으로 안락한 분위기와 정성 어린 서비스가 제공되고, 여행 중 심신의 피로를 풀고 생활의 여러 활력을 줄 수 있는 시간적·공간적 여건을 충분히 갖춰야 한다.

최근에 와서는 단지 수면과 휴식을 위한 숙박, 식음료, 모임, 대화, 사교장소를 제공하는 연회, 국제회의, 국제협약, 화상회의를 제공하는 서비스산업이라는 인식에서 벗어나 대·소회의 등을 제공하는 집회, 교육, 예술, 패션, 공예, 학습, 전시회 등의 문화행사장, 즐거움, 단련, 놀이, 휴식 등의 레저·스포츠, 쇼핑, 상담, 거래, 정보통신, 생활정보수집 등의 상업 공간, 법적으로 허용되는 지역의 카지노, 게임 룸 등 도박, 클리닉, 헬스, 미용, 이용, 사우나, 수영 등의 건강관리, 국제전화, 전보, 인터넷, 팩스, 항공, 렌터카, 호텔 등의 예약, 관광에 관한 안내 업무 그리고 지역사회의 정치, 경제, 사회, 문화, 예술, 커뮤니케이션 등 다양한 문화 및 경제적인 기능을 수행하는 복합공간이다.

호텔의 기본적인 기능은 숙소를 제공하는 것이며, 숙박은 가장 대표적인 상품이다.

관광호텔의 숙박환경은 이용자들에게 만족한 환경을 제공해야하고, 관광객의 체재시 효용 증진에 크게 기여하고 있다.

이런 맥락에서 호텔객실의 개념을 살펴보면 객실은 문자 그대로 손님을 위한 방이고, 사전적 의미로는 객실은 "손님을 거처하게 하는 방"이 객실의 의미에 가깝다.

결론적으로 객실은 식·음료, 연회, 집회, 문화, 레저, 스포츠, 쇼핑, 오락, 비즈니스 등의 기능과 고급의 인적 서비스 기능을 갖춘 영리사업체가 고객에게 편안한 휴식과 조용하고 안락한 숙면의 장소로 제공하는 건축물 공간의 일부라고 할 수 있겠다.

객실의 성격은 공공부문·숙박부문·관리부문으로 구분되는데, 호텔의 기능상 가장 중요한 객실에서의 객실공간은 안락한 휴식처가 되어야하며, 쾌적한 공간을 창출해야 한다.

2. 호텔객실공간의 특성

1) 객실의 기능

① 수면공간
침실의 기능으로서 취침과 휴식의 공간이다.
② 자유공간
거실의 기능으로 다목적공간이 된다.
③ 위생공간
배수설비를 핵심으로 하는 공간이 된다. 이와 같이 객실은 하나의 공간 내에 복합적인 기능을 갖고 있다.

2) 객실의 공간면적

객실의 크기는 수용인원수, 가구, 침대, 설비기구의 배치, 그리고 인간 척도에 의해서 결정된다. 객실공간의 넓이는 관광호텔 준비법상 $19m^2$이상을 필요로 하나, 객실의 용도에 따라 차이를 갖는다. 보통 1인용으로 넓이 $5\sim6.5m^2$로 하고 있다. 욕실(화장실+세면장+욕실)이 의례히 부속되고, 면적은 $3\sim4.5m^2$정도로 하는 것이 좋다.

객실의 가로·세로의 크기를 정하는 데 호텔의 성격에 따라 다소 차이가 있으나, 특히 가로의 길이, 즉 객실의 전면 폭은 도심지 호텔의 경우 대지조건에 좌우가 많이 된다.

많은 객실을 만들기 위하여 공간의 효율적 이용과 쾌적성을 정할 때 가로, 세로의 비율은 0.8 : 1.6으로 하는 경우가 많다.

3) 객실공간의 구성

객실공간이 편안하고 안락한 장소가 되려면 육체적으로나 심리적으로 밀착하는 실내로 구성되어져야한다. 객실은 기능적 요소와 감상적 요소를 모두 갖춘 공간을 의미한다.

생활의 쾌적함을 높이는 기능성과 심미성에 입각하여 볼 때, 그 기본은 실용적이며, 실내의 질과 분위기는 인간에 대한 척도의 관련성에 의해 가장 명확하게 결정되고 기능적인 면에서 실내의 가구치수 및 배열이 중요하며, 심리적인 면에서는 가구와 공간, 공간의 볼륨을 들 수 있다. 튼튼하고 오손 되지 않는 재질과 디테일, 쾌적한 디자인이 요구되며, 가구의 돌출부분은 둥글게 하여 안전과 가구 자체의 보존에도 주의가 필요하다.

가구의 형태·재질·색조는 객실에 개성미를 느끼게 하고 가구의 선정과 배열은 신중을 기해야 한다. 높은 천장을 갖는 공간보다 오히려 친밀한 스케일의 공간이 적당하지만, 너무 낮은 천장은 심리적 압박감을 주게 되므로 합리적인 계획이 필요하다.

인간의 건강과도 깊은 관계가 있으며, 심리적인 면에도 영향을 미친다. 연중무휴로 24시간 운영의 냉·난방이 필요한데, 숙박객 자신이 조절할 수 있는 휀코일 유닛방식과 가변 풍량방식이 주류로 되어 있다.

방음은 소음에 시달리지 않고, 편안한 휴식과 수면을 할 수 있어야 하며, 내부의 이야기가 밖으로 새어 나가지 않도록 하는 것이 매우 중요한 조건이다. 객실을 보호하기 위해서는 외벽, 창, 칸막이 출입문, 설비기계 등의 요인으로 대응하는 방음대책이 필요하다.

실내의 공간은 실의 목적과 기능과 아름다움을 모두 갖춰야 하므로 객실을 계획하려는 사람은 자신의 제작에 이용하려는 각각의 색채, 재료 등 모든 배합에 있어서 진지한 창작과정을 밟아야 한다.

제2절 현대 호텔산업의 변화 추세

1. 호텔산업의 기술 혁신(Technology innovation) 변화

기술적 환경변화에 있어서 과학과 기술적 발달은 기업 환경내의 다른 변수와 마찬가지로 호텔산업에도 많은 변화를 주면서 보다 호텔경영의 첨단화와 고객의 필요를 충족시켜주는 역할을 할 것이다.

기술적 환경변화에 따라 미래 호텔경영은 자동화되면서 경영정보가 신속 정확하게 제공되고, 이에 따른 호텔의 신상품이 출현함으로써 기술변화에 다른 대응능력도 키워야 한다.

특히 호텔 고객서비스측면에서는 각종 데이터가 전산화되고, 네트워크로 연결됨에 따라 그들은 인터넷이나 비디오 등을 통해 원하는 호텔에 대한 정보를 찾을 수 있으며, 직접 방문하지 않고도 온라인상에서도 예약을 할 수 있는 전자상거래가 이루어지고 있다. 호텔기업의 전자상거래(CALS : Commerce At Light Speed) 진입에 있어서 인터넷은 선택이 아닌 필수요건으로 등장하면서 경영전략의 수정이 이루어질 것이다.

이와 같은 현상이 확대됨에 따라 인터넷, 온라인 정보서비스 등의 정보기술의 발달과 고객의 다양한 욕구에 의한 호텔경영 적용 범위가 확대됨에 따라 21세기의 호텔기업의 변신이 요구되고 있다.

1) 호텔자산관리

기술적 발달에 따른 호텔기업은 영업 운영도 중요하지만 호텔의 자산을 관리하는 내부적 경영도 달라질 것이다. 호텔자산관리(PMS : Property Management System)는 호텔운영시스템, 프론트 오피스 시스템, 객실 재고관리의 개선, 정확한 객실예약 관리 및 경영능력의 평가 등과 병행한 관리부문의 자동화로서 에너지 관리, 건물관리, 시설관리 등을 용이하게 할 것이다.

2) 인터넷에 의한 사이버경영

현재 전 세계 존재하는 인터넷 사이트는 2천만 개에 이르고 있으며, 인터넷망으로 연결된 호스트 컴퓨터 수는 5천6백만 대, 인터넷 사용 인구는 1억5천만 명에 달하는 것으로 추정하고 있다. 인터넷시장 조사기관인 미국의 액티브미디어(Active Media)사는 2001년 인터넷 경재규모가 1조2천억 달러에 이를 것으로 전망했다.

이와 같이 국내에서도 인터넷의 양적 팽창을 나타내는 호스트 수는 매년

80~164%, 인터넷 이용자수는 100~242%씩 늘어나고 있어 인터넷을 이용한 호텔산업이 매우 주요한 경영도구로서 확대될 것이며, 여행이나 관광관련 웹사이트 중 가장 많은 거래가 이루어진 곳으로 호텔 웹사이트가 선정되어 호텔업체들에게 인터넷 시장의 중요성을 시사해 주고 있다.(Lodging, 97).

따라서 호텔산업에서도 인터넷 분야를 기반으로 한 새로운 경제구조가 형성되고 있다. 인터넷 칼럼니스트 에번 슈워츠는 인터넷에서 통용되는 새로운 경제이론을 웹과 제구조에 큰 변화를 주는 것에 의미를 부여하고 있다.(매일경제, 1999).

인터넷의 또 다른 의미는 중간 유통의 단계 즉 여행사, CRS 등 고객과 호텔기업이 만나는 공간으로 규정하여 비용과 조직을 줄일 수 있다. 호텔인터넷 사이트를 만드는데 정해진 비용만 투입하면 고객들에게 호텔을 알릴 수 있으므로 이전보다 적은 비용과 노동력으로 영업매출과 수익성을 달성할 수 있다.

또한 웹사이트는 호텔자산관리도 가능해져 CRS나 GDS를 제압하게 될 것이다. 이것은 기술에 의한 대규모 체인호텔의 경쟁우위는 사라지고 직접 온라인, 실시간으로 호텔에 관한 현재자료나 매출자료 및 유용한 마케팅 자료도 얻을 수 있다(Lodging Hospitality, 1997).

전 세계적으로 이러한 정보망으로 인해 호텔기업들은 영향을 받게 될 것이다. 따라서 미래의 호텔들은 고객들에게 매력을 주고 더 많은 고객들을 유치하기 위해 기술력에 더욱 의존하게 될 것이다.

결국 미래의 호텔산업에서는 팩스나 전화가 아닌 그 이상의 것으로 의사소통을 할 수 있는 혁신적인 기술로 인터넷을 이용할 것이다. 따라서 고객들의 기대에 부응한 호텔상품과 서비스 전달을 위해 정확하고 타당한 정보를 제공해야만 할 것이다.

3) 컴퓨터 기술도입

미래의 호텔들은 고객들에게 매력을 주고 더 많은 고객들을 유치하기 위해 컴퓨터를 이용한 첨단 기술력에 더욱 의존하게 될 것이다. 이것은 예전에 경험한 것과는 달리 고객들의 기대에 부응하기 위해 호텔 상품과 서비스 전달을 위해 초점이 맞추어질 것이다.

호텔의 운영 및 경영조직에 첨단컴퓨터 기술이 다각적으로 영향을 미치게 될 것이다. 객실내 TV 전산 회계시설로 고객원장관리와 체크 인, 체크아웃, 객실내 영화관람시설 등 호텔객실의 서비스 운영체계가 변화할 것이다. 또한 객실청소와 정비작업도 부분적으로 로봇이 대행할 수 있는 시대가 곧 올 것이다.

이러한 변화는 호텔 안의 비즈니스센터가 사라지고 호텔고객은 컴퓨터로 호텔 안에서 개인 비즈니스센터를 차리게 되는 셈이기 때문이다.

현 우리나라의 신라, 힐튼호텔에서 운영하는 객실내의 인터넷 서비스, 연회예약 시뮬레이션 서비스, 또한 객실내에서 고객이 TV 시청 시 전화가 올 경우 자동으로 TV의 볼륨이 줄어드는 세밀한 서비스도 컴퓨터기술을 접목한 호텔경영이다.

이와 같이 컴퓨터의 기술 도입은 호텔기업이 가질 수 있는 가장 주목할 만한 경쟁우위전략의 핵심이며 고객 서비스, 정보관리, 의사결정시스템, 수익률 관리, 데이터베이스 마케팅, 회계 관리시스템, 경영 효율성 등에 효과를 증진시킬 것이다.

2. 불확실성에 대응한 호텔경영 변신

21세기의 호텔기업은 국가 발전의 원동력으로서의 역할과 지금까지와는 변화하는 시장상황에 변혁을 위한 경영혁신과 새로운 경쟁조건을 제시할 것이다.

가장 큰 변화의 기류는 기존의 산업사회에서 지식정보의 경제사회로의 이동이 이루어짐에 따라서 불확실성(no-certainty)한 경영패러다임이 등장하고 있다. 이는 새로운 패러다임을 주도하는 정보 기술의 속성은 끊임없이 순식간에 변합에 따라 정보 경제라는 새로운 패러다임에 속한 기업의 미래 환경을 예측하기가 힘들어지게 되었다. 또한 정보 경제의 주요 생산, 유통 품목인 정보 재는 초기에 투입하는 연구개발 비용은 높은 반면에, 생산 시 제로에 가까운 낮은 한계비용(no marginality)을 가지고 있으며, 빠른 환경변화에 따라 하나의 기업이 독자적인 사업 지배력을 행사하기가 어려워져 대신에 관련 기업들의 역량을 연결하는 사업 활동이 필요한 연결성(no independence)이 강하게 나타날 것이다.

이와 같이 다가오는 21세기 환경변화에 호텔기업들이 능동적으로 대처해 나가기 위해서는 업종간 확장될 성장의 격차 및 기술의 복합화에 대처, 신 경영기법의 도입 등이 미래지향적인 빠른 경영구조 전환으로 추진해 나가는 것이 중요한 관건이 될 것이다.

노동시간 감소와 소득의 증대에 따른 여가시간이 증가하고 생활환경 패턴이 변함에 따라 관광에 대한 인식은 계속 확대되어 가고 있으며, 이러한 상황에서 앞으로 다가올 2000년대의 호텔산업 전망은 낙관적으로 판단된다.

세계적으로 선진 호텔기업들은 성공적인 기업을 대상으로 한 벤치마킹으로 21세기 대비 전략을 설정하고 실행에 착수하여 주력 사업영역의 변경, 테크놀로지의 전략적 활용, 자력주의에서 제휴로 전환, 합병 등 변화하는 환경에 맞추어 발 빠르게 변하고 있다.

따라서 21세기는 호텔기업이 지속적인 성장 발전을 하기 위해서는 경쟁조건을 확보해 나가는 방향에서의 변화가 이루어질 것이며, 호텔산업이 21세기의 미래 성장산업으로서 그 수요는 지속적으로 증대될 것이다.

3. 호텔고객의 변화

호텔경영에 있어서 변화의 필요성에 대한 이해와 예측을 하는데 있어 가장 중요한 것은 고객이다. 즉 호텔기업이 고객에 대하여 면밀한 관심과 긴밀한 접촉이 없이는 어떠한 호텔경영도 성공할 수 없다.

지금까지는 고객 필요와 선호도만을 중심으로 고객 분석이 이루어져 왔는데 미래의 고객의 변화는 환경변화에 따른 일상적인 변화가 아니라 일순간에 변화하는 행동에 많은 관심을 가져야 한다.

따라서 한 순간의 통찰력과 창의력을 통해 고객이 필요로 하는 것과 욕구가 어떻게 변화하였으며 향후에는 어떻게 변화할 것인가에 세심한 주의가 필요하다.

이러한 통찰력은 주요 고객들과 지속적인 접촉을 통해서만 얻어질 수 있으므로 미래에는 고객들의 요구와 필요한 것을 이해하고 대응할 수 있는 방안을 모색하여야 한다.

호텔기업은 이를 통해 고객의 중요한 변화가 언제인지를 예측하면서 호텔경영전략에 대한 기본적인 변화를 추구해 나가야 한다.

4. 호텔산업의 글로벌(Global)화

전통적으로 호텔산업은 숙박, 식·음료, 부대시설, 엔터테인먼트 시설 등 환대산업관련 서비스를 포함하고 있으나 미래에는 호텔의 기본적인 사업 역량을 글로벌 화하는데 수평적 및 지리적인 확장에 힘을 기울일 것이다. 이것은 성장 시장을 선점하기 위한 국제화로서 유망시장에 대한 투자와 현지화에 주력하는 전략이다.

즉 호텔산업은 환대사업 관련 상품이나 서비스의 동일선상으로부터 확장된 수평적 확장과 새로운 지역의 호텔건립 및 인수·합병에 따른 브랜드화 체인화로서의 지리적 확장을 들 수 있다.

예를 들면 매리엇호텔은 최초에 사업 시작은 도심지나 근교의 작은 지역 내에서 발달하여 1970년대 후반까지 워싱턴 D.C.지역 회사로 알려졌다. 그러나 매리엇은 세계에서 호텔업에서의 가장 빠른 성장으로 국제적인 체인망을 통하여 세계적인 브랜드로 발전하였으며, 현재 호텔, 레스토랑, 외식사업 등을 가지고 실버타운 건립에 관심을 가지고 추진 중이다.

또한 래디슨프라자호텔의 제과·제빵 사업과 웨스틴조선호텔의 공항레스토랑 사업 및 타워호텔의 토니로마스 체인 레스토랑 사업 등도 미래에 추구하는 확장된 사업 방향일 것이다.

이와 같은 호텔의 수평적 및 지리적 확장은 호텔브랜드 확장에 가장 큰 영향을 미칠 것으로 예상된다.

1) 인수·합병(M&A) 및 전략적 제휴

시장개척에 사활을 건 다국적 기업들은 빠른 정보의 습득과 아웃소싱을 위해 미래에는 인수합병과 제휴가 가속화될 것이다. 앤더슨 컨설팅은 제휴는 앞으로

5년 안에 약 25조~40조 달러의 효과를 창출할 것으로 분석하고 있으며, 미래의 학자들도 기업들이 M&A와 제휴의 형태로 세계적인 구조조정을 단행할 것으로 보고 있다(매일경제 1999).

오늘날 호텔산업의 인수합병은 전 세계적인 주요 흐름이 되고 있으며 또한 21세기 호텔산업의 제일의 성장전략은 인수·합병, 합작투자, 프랜차이징, 경영관리계약 등과 같은 전략적 제휴라고 하였다.

특히 인수·합병은 미국호텔산업에서 시작되어 왔는데 모든 호텔산업에 70%가 체인 합병의 형태를 수행하고 있다. 호텔체인의 급격하게 합병이 이루어지는 요인은 제정이용, 호텔경영 발달, 이익비용, 높은 시장점유율 등에 의해서 이루어지고 있다.

또한 높은 시장점유율은 정교하고 중앙 집중된 예약시스템에 따라 독립적인 호텔보다 전형적으로 높은 시장 점유율을 가지고 호텔을 합병한다.

따라서 인수·합병 및 전략적 제휴가 1990년대 후반 미국 호텔산업의 주요한 성장 동력이 되고 있을 뿐만 아니라 다가오는 21세기에도 이러한 흐름은 지속될 것으로 예상되고 있다.

지난해 말부터 시작된 IMF로 국내 호텔의 20% 이상이 휴·폐업 등으로 영업에 차질 및 현재 영업을 중단하거나 부도 등으로 전국적으로 1백여 개의 호텔에 이르고 있으며, 또한 국내 대기업들은 부채비율을 낮추기 위한 전략으로 재무구조 개선책으로 계열사의 호텔자산을 매각할 가능성이 높아지고 있으며, 제도적으로도 외국인 주식 소유 한도가 확대됨으로써 외국인에 의한 국내 기업의 M&A가 활성화되는 추세이다.

이에 따라 향후 국내 호텔산업 환경에서 인수·합병 및 제휴가 이루어질 수 있는 가능성이 높다는 현실로 평가할 수 있다.

따라서 국내 호텔산업은 경쟁력을 높이고 치열한 경쟁 속에서 생존하기 위한 다양한 전략적 모색이 필요한 시점이다. 미래에는 대형 호텔과 달리 소규모 호텔의 경우 규모의 경제 실현을 통한 수익의 증대와 경쟁력을 확보하기 위해 인수 합병 등 전략적 제휴의 실현을 모색해야 할 것으로 판단된다.

2) 체인호텔의 아시아로 이동

현 세계의 유수한 호텔체인그룹들이 아시아를 새로운 타깃으로 설정하고 경쟁우위를 점하기 위해 체인화에 전력을 기울이고 있다.

힐튼, 인터컨티넨탈 등의 체인호텔의 공사가 현 아시아지역에서 호텔을 건립하고 있으며 홀리데이 인은 한국에 진출하여 이미 건립을 마치고 영업을 시작하였으며 향후 4개 정도의 체인화 호텔건립을 목적으로 추진 중이다. 쉐라톤, 샹그릴라 같이 일본과 홍콩 등지에 상륙한 체인호텔들은 세계호텔 순위에서도 상위에 등극되어 그 성공을 인정받고 있다.

이처럼 아시아에 체인호텔이 들어와 성공하는 이유는 가족중심의 경영방식을 지닌 호텔들이 정부의 행정적 뒷받침 없이 자립적으로 성공하기 어려운 점과 국제적으로 호텔의 이미지 및 인지도가 떨어지는 약점으로 인하여 대규모 체인호텔의 체계적인 지원 시스템과 경영 노하우가 필요하기 때문으로 평가된다.

이러한 상황은 급격한 경제성장으로 호텔수요가 증가한 점과 서구 지향적으로 경제, 사회문화 개발을 해온 아시아인들에게 선진국가의 대규모 체인호텔이 성공의 지름길로 인식돼 왔다는 점도 꼽을 수 있다.

이 같은 이유로 아시아에서는 체인호텔이 계속적인 증가추세를 보일 것으로 전망된다.

3) 호텔시장의 포화

대규모 호텔그룹의 체인화와 브랜드 확장으로 인하여 호텔시장 수요·공급에 영향을 미칠 것이다. 체인호텔의 증가와 시장공급이 객실수요를 훨씬 초과한다면 특정지역은 곧 호텔이 과다하게 세워질 것이고 시장포화라는 결과를 나을 것이다.

호텔시장의 포화 요소는 건축주기, 투자가들의 접근, 산업의 장벽출구 그리고 호텔산업에 영향을 미치는 환경적인 요소를 포함한다. 많은 수의 호텔들이 시장에서 포화상태에 이르러도 지속적인 성장을 위해서는 호텔업체들은 다른 시장에 목표를 정하고 특정 상황에 어울리는 호텔상품을 생산해야 하는 경영전략이 절실히 요구될 것이다.

4) 호텔브랜드 확산

일반적으로 기업은 브랜드의 전략적 활용을 통해 기업이 가진 이미지에 획기적인 변화를 가져올 수 있으며, 기업의 능력을 효과적으로 고객에게 인식시킴으로써 빠른 시간 내에 구조조정의 효과를 향상시킬 수 있다.

이러한 효과로 인해 국내에서도 1990년대 있어서 국내에서 새로 건립된 초대형호텔은 대부분 체인호텔이며 세계유명체인 호텔들은 브랜드화를 통해 산하 체인호텔 수를 증가시켰다. 이것은 호텔상품의 경쟁력과 서비스의 극대화 등 마케팅 분야에서 경쟁력을 가질 수 있는 관계로 호텔의 브랜드화는 미래에도 지속될 것이다.

국내호텔에서도 신라호텔이 체인호텔을 운영하기 위해 지오빌, 지오로지의 브랜드로 호텔 체인화 사업을 시작하여 경남 마산에 체인호텔 1호인 지오빌 호텔을 설립할 예정 등 2002년 월드컵 전까지 20개 업체를 선정하여 시장공략을 할 예정이다.

또 다른 형태로는 세계적인 호텔과의 전략제휴에 따른 브랜드 확산 전략으로 나타나고 있다. 이것은 1976년 오픈한 '서울프라자호텔'이 22년 만에 '래디슨 서울프라자호텔'로 이름을 바꾸어 래디슨 호텔체인과 공동마케팅을 비롯해 기술과 교육, 서비스, 홍보 등의 상호협력을 주요 내용으로 하는 제휴계약을 체결했다.

5. 생태적 환경변화와 호텔산업의 소프트웨어화

현대 국가들의 산업 활동에 의한 환경파괴에 많은 관심을 가지면서 생태환경에 대한 관심이 고조되고 있다. 이 추세는 기업들이 절박한 자원부족, 에너지 비용의 증가, 공해수준의 증대, 자연자원 관리에 있어서의 정부개입 등에 대해 거기에 수반되는 기회가 위협을 파악하여 대처방안 또한 모색되어야 한다.

세계적으로도 중요 이슈로 부각되고 있는 환경문제는 미래의 호텔분야에서도 중요한 문제로 대두됨에 따라 재활용과 분리수거 등 쓰레기 문제에 대한 철저한 관리가 요구되고 있으며, 교통체증으로 인한 교통유발부담금의 납부 등 호텔이 갖는 환경문제에 대한 정부의 규제와 관리도 더욱더 철저해질 것으로 예상된다. 호텔산업에서의 소프트웨어는 매우 중요하게 다루어져야 한다. 그 이유로는 미래의 호텔경쟁력은 하드웨어인 객실 및 식음료, 부대시설에 따른 규모는 초특급호텔에서는 어느 정도 평준화가 될 것이다. 이는 호텔의 등급이든 결정하는 하드웨어적인 측면이 점점 줄어들고 선진 외국처럼 서비스 품질에 따른 호텔수준을 결정하는 시대가 오고 있기 때문이다.

호텔경영의 성공을 위해서는 하드웨어와 소프트웨어가 균형 있게 개발되어야 하나 고객의 욕구가 변화함에 따라 눈으로 볼 수 있는 시설의 고도화보다는 눈에 보이지 않는 소프트한 가치가 점차 중요시되고 있다.

호텔은 환대에서 가장 중요한 고객과의 접점시점이라는 인간적 상호작용이 강조된다. 이것은 서비스 제공자와 고객 간의 인간관계를 연결해주는 마음인데 그렇기 때문에 호텔산업은 사람산업이라 불림에 따라 인적자원 자체의 개발뿐만 아니라 소프트웨어적인 전략이 요구된다.

제3절 호텔 경영 발전방안

1. 호텔영업시스템의 변화

1) 영업의 자동화

객실 수의 증대, 체크인 및 아웃의 절차상 불편, 각종 서비스문제, 효율적 에너지 관리 문제, 노동력 절감, 생산성 향상 등 호텔산업이 직면한 문제점을 효과적으로 처리하고, 과학적인 경영과 운영, 서비스의 극대화 등은 자동화를 통하여 호텔영업의 변화를 가져오고 있다.

자동화는 호텔영업에 있어 고객의 구매결정 및 행위의 변화와 새로운 서비스를 제공, 객실 재고 관리, 고객포트폴리오 관리 등 호텔경영의 의사결정 도구로서 영향을 끼칠 뿐 아니라 호텔영업 활동 비용절감에 프로세스화 되어 과정별로 분해해보고 저효율적인 요인을 찾아 제거함으로써 생산성과 저비용의 개념 도입에 필요한 것이다.

2) 예약 시스템

전통적으로 호텔예약은 전화예약이나 제3자를 이용하는 중간유통(여행사, 항공사 CRS, 호텔전문예약회사)을 통하여 직간접으로 예약영업 방식을 취해왔다. 그러나 현시대에 많은 호텔기업들이 웹사이트를 통한 예약방식에 많은 투자와 관심을 가지는 이유는 고객의 불편과, 호텔과 고객 간의 연계비용을 감소시켜 호텔가격을 줄이는 고객혜택에 관심을 가진 영업 전략이 시행되고 있기 때문이다.

따라서 미래에는 고객이 호텔을 선택할 때 인터넷을 통한 e-마케팅 및 e-Biz와 웹에 기반을 둔 예약관리시스템 구축으로 이루어질 것이다. 즉 미래의 고객은 호텔을 선택요인은 얼마나 빠르고 쉽게 호텔예약을 할 수 있는 것의 여부이기 때문이다.

인터넷을 통한 예약관리시스템은 호텔고객의 예약뿐 아니라 고객 구매시스템화되어 고객예약시 객실타입 선호도부터 가격, 특별요구사항, 고객의 불평불만의 자료까지 생성할 수 있는 고객 데이터뱅크로서 발전될 것이다.

또한 예약 시스템의 발전은 데이터뱅크로 부터 추출한 자료를 가지고 사용가능한 마케팅과 운영 데이터로 조직화하는 단계로 발전하여 호텔경영정보서비스(Hotel Information System)로서 호텔경영의 핵심 브레인 역할을 할 것이다.

3) 맞춤 서비스화

과거에는 호텔상품이 일관되고 다소나마 차별화된 패키지 형태의 서비스 상품에서 다양한 고객유형에 맞는 서비스상품을 만드는 것이 불가능했으나 컴퓨터 관련 인터넷 정보기술의 발달로 인해 호텔과 고객을 네트워크화 하여 저비용으로 고객의 요구사항에 대처할 수 있는 서비스전략을 수행할 수 있게 되었다.

상품(Product)이나 서비스(Service)를 결합해 만든 신 용어 '프로비스(Provice)'(매일경제, 1999)의 등장은 고객 개개인의 성향에 맞춘 호텔상품개발과 부가가치를 동시에 창출시키는 서비스상품 개발 필요성에 시사하는 바가 크다. 즉 고객위주의 호텔경영에 따라 고객 개인의 특성화된 서비스 부가가치를 제공하는 일대 일 서비스가 필요하게 되었다.

이와 같이 미래의 호텔경영에서는 다양화되는 호텔고객 개개인 요구나 욕구에 맞춘 눈높이 서비스상품이 등장할 것이다. 기존 호텔상품의 구성인 물적 서비스, 인적서비스, 시스템적서비스를 통해 고객의 욕구를 충족시킨 크로스셀링(cross-selling)에서 고객 개개인의 눈높이에 맞춘 크로스서비스(cross-service) 또는 버전 차별화인 일대 일 마케팅이 필요하다.

2. 고객 및 지역특수성을 고려한 경영

미래의 호텔서비스는 한마디로 고객들의 총체적인 만족도에 따라 결정될 것이다. 서비스의 질 평가는 고객들이 내리는 것이고 호텔종사자들은 고객의 평가를 겸허하게 받아들여 그들이 원하는 바가 무엇인지를 파악해 개선방향을 찾는 경영이 필수적이다. 이것은 호텔서비스품질의 개념이 기존의 호텔입장의 서비스질에서 고객이 인정하는 서비스 질 및 호텔전체 업무 활동의 질로 확대되어 고객이 원하는 서비스 질을 갖춘 호텔상품을 개발하여 업무 자체를 부가가치가 있는 활동들로 재구성하는 것이다.

호텔경영방식중 지역의 특수성을 호텔경영에 도입할 것이다. 한 예를 들어 뉴욕은 회의도시인 점을 호텔경영에 도입하여 고객에게 어필하는 것이다. 2류급 호텔이지만 호텔부대시설물을 가운데 모아 회의장시설을 집중적으로 갖추고 주위의 분위기를 산만하지 않게 바나 나이트클럽 등의 부대시설은 가급적 제한하여 회의에 집중할 수 있는 분위기 조성에 최선을 다하여 고객유치 전략에 성공을 거두고 있다.

3. 고정비용 절감 비용

최근 호텔업계에서는 다양한 가격파괴 상품과 적극적인 판촉전을 전개하고 있지만 지금과 같은 경기침체상황에서 잠재이용객의 구매 욕구에 활기를 불어넣기에는 역부족이다. 그러므로 수입증대를 위한 방안과 더불어 고정비용 감소를 위한 방안을 모색하는 것이 미래의 적절한 경영전략일 것이다.

이를 위해서는 해외에서 수입되고 있는 식음료 서비스 등에 필요한 수입원자재를 국내에서 조달하고, 주방 등에서 식기류 관리 및 메뉴관리를 철저히 하여 원가를 줄이며, 일부 필수적이지 않은 일회용 물품 등을 환경보전에 대한 국제적 추세에 부응하여 제한하는 등의 비용 절감 노력을 기울여야 할 것이다.

4. 아웃소싱을 통한 호텔경쟁력 강화

80년대 구조적 불황기에 미국 기업의 경쟁력 회복에 결정적 역할을 한 아웃소싱 전략은 리엔지니어링과 리스트럭쳐링의 일환으로 생겨난 전략이다.

이것은 당초 비용 절감을 목적으로 하는 '비용 추구형'에서 90년대 이후에 사업 역량을 강화하는 '부가가치 추구형'으로 전환되고 있어 호텔산업체에 있어서도 가장 문제점으로 대두되고 있는 인력의 고비용 문제를 해결하는 호텔경영에 힘을 기울여야 할 것이다.

21세기에는 IMF 체제하에서 약화된 호텔기업의 효율적인 구조조정을 위한 수단으로 전략적 아웃소싱의 활용이 적극적으로 모색될 것이다. 호텔의 경쟁력 회복을 위해서 고비용 구조를 효율적으로 개선하는 것이 시급함에 따라 우리 호텔기업들도 외부자원을 활용하여 자사의 약점을 보완하는 전략적 아웃소싱을 적극 도입하여 고비용 체질을 개선해야 한다.

전략적 아웃소싱은 명확한 전략적 목적 하에 호텔업무의 설계에서 운영까지 외부에 위탁하여 자사의 사업 역량을 극대화하는 전략임으로 호텔의 적용분야는 정보시스템 부문을 비롯하여 하우스키핑, 텔레마케팅, 경비, 건물관리, 연회, 웨딩, 마케팅 분야 등 거의 모든 비즈니스 프로세스를 대상으로 할 수 있다.

호텔에 아웃소싱을 도입하여 얻는 효과는 첫째로 경제성으로서 비 핵심 업무를 외부에 맡김으로써 동일한 서비스 품질을 유지하면서도 규모의 경제 효과에 의해 비용을 절감할 수 있다.

또한 아웃소싱으로 비 핵심부문에 호텔자산관리를 집중적으로 투자할 수 있으며, 인적자원의 효율적 관리가 가능함으로 호텔의 전문성 확보 및 업무의 품질 향상으로 호텔 내에 구축하지 못했던 업무의 전문성을 확보할 수 있다.

호텔의 아웃소싱 방식은 제3자 위탁방식, 분사 개념인 자회사방식, 매각방식 등 3가지 형태로 나타날 것이다.

제3자 위탁방식인 동일 그룹 외의 제3자 기업인 전문 업자에게 위탁하는 방식으로 본업인 핵심 업무에 전념하거나 신규 사업 진출 등으로 인적자원을 사업 전략 실현에 집중시킬 필요가 있을 경우에 많이 채택되는 방식이다.

자회사 방식이 호텔업계는 크게 대두될 것으로 판단된다. 그 이유로는 호텔업무의 전문성이 필요함으로 호텔에서 자사의 해당전문 담당부문을 분사 독립시켜 업무를 위탁하는 방식으로 호텔본사 조직의 슬림화, 사업 다각화, 신규 사업 진출 등을 목적으로 이루어진다.

매각방식은 자사의 해당부문 일부 또는 전부를 제3자에게 매각하여 제3자에게 해당부문의 기능 및 운영을 위탁하는 방식이다.

5. 호텔 구성원의 능력 변화

전통적으로 기존 호텔경영 패러다임은 최고경영자의 권한 집중 및 통제에 의한 중앙집권적인 관리체제의 구축에 초점을 두었다. 그러나 정보 기술의 발달과 호텔경쟁의 심화로 변화무쌍한 경영환경에 빠르게 대응하기 위해서는 호텔구성원 개개인의 생산성과 창의성을 중시하는 방향으로 전환되어야 한다.

1) 미래의 호텔 매니저

호텔경영이 자동화되면서 경영정보가 신속 정확하게 제공되고 효율적인 정보분석이 가능해져 예전의 일상적 보고서 작성 및 분석 등의 매니저들의 업무를 최고 경영자들이 직접 컴퓨터를 조작해 쉽게 산출해 낼 수 있게 된다. 이에 따라 호텔매니저의 업무가 축소됨에 따라 인력수요는 줄어들며 입지도 축소될 것이다.

호텔매니저는 미래에는 어떠한 기술과 경쟁력으로 성공적인 호텔관리를 하여야 하는데 그것은 정보관리와 인간교류에 관한 내용일 것이다.

호텔기업이 지속적으로 수익을 창출하려면 호텔산업 시장에서 경쟁호텔에서 경쟁력 브랜드 이미지와 고객에게 신뢰감을 심어줌으로써 호텔의 상품을 차별화와 경쟁력이 있는 호텔을 만들기 위해서 지속적인 시장조사를 필요로 한다.

또한 호텔 관리자는 경쟁력을 증가시키기 위해서 현 시대의 환경변화를 이해하고 산업에서의 미래가능성을 지속적으로 정확히 예상해야 한다.

앞으로의 시대는 정보와의 싸움이 될 것은 이론의 여지가 없다. 호텔경영에 있어서도 정보는 고객이 호텔에 투숙하기 전, 머무는 동안, 퇴숙 후 고객 정보관리는 매니저들이 정보에 내재되어 있는 자료를 분석하여 연결시킬 필요가 있다.

이것은 호텔기업 환경으로부터 새로운 정보를 평가하는 것과 고객의 정보에 대한 다양한 상황들을 이해하여 경영에 반영하여야 한다. 따라서 호텔매니저들은 변화의 속도에 맞게 효율적으로 정보를 이해해야만 하고 이것을 이루기 위해 과학적인 접근 방법에 노력해야 한다.

최첨단 현대기술에 의한 호텔경영은 비인간적 측면도 있어 호텔고객들에게 환영을 받지 못하리라는 견해도 있다. 그러나 빠르게 변화하는 미래호텔산업의 성패를 가름하는 주요 전략중의 대표적인 것은 정보관리를 통한 시장분석과 시장목적에 따른 시장 세분화 작업이다.

호텔산업의 교육은 전통적으로 기능적인 교육에 초점을 맞추어 이루어져 왔다. 그러나 기존 학교에서의 교육프로그램이나 산학협동프로그램에서 어느 정도 가능하나 미래의 관리자들은 호텔내 종사원과 고객 간의 교류에 관한 심도 있는 교육이 필요하다.

다양한 종사원들이나 고객들이나 고객들을 관리하는 것은 인간관계나 조직행동과 관련한 개념들을 이해하는데 더 많은 노력을 경주할 필요가 있을 것이다.

2) 호텔종사원

미래에는 호텔종사원이 대응할 수 있는 능력이 없다면 빠르게 변화하는 마케팅 환경에 따라갈 수가 없다. IMF 시대를 맞아 지금 호텔에서는 작년부터 올 상반기까지 서울의 주요 호텔에서 약 5백 명 정도의 호텔직원이 호텔을 떠났으며, 앞으로도 얼마나 많은 호텔직원이 떠나게 될지는 모르는 일이다.

인력 구조 조정은 기업이 비대해진 몸을 날렵하게 하고 저비용 고효율의 강한 조직을 만들어 IMF 체제가 요구하는 경쟁력 있는 기업으로 다시 태어나기 위해서는 필수적일 것이다.

그러나 호텔인력 구조조정은 시대에 부응하는 조치인 것은 사실이지만 호텔기업은 일반 제조기업과 달리 인적서비스 의존도가 매우 높은 기업인 것을 간과해서는 안 된다.

따라서 무차별적인 인력관리를 통하여 호텔의 핵심 상품인 인적서비스가 무너져 호텔경영은 더욱 악화될 것이다. 이에 따라서 미래의 경쟁력 있는 인력구조를 하기 위해서는 직무공유제, 재배치, 감원 등이 발생될 것이다.

6. 호텔 핵심 및 조직역량의 극대화

미래에는 호텔기업이 불필요한 사업을 제거하고, 수익성이 높은 핵심 사업에 주력하여 경영자원을 최대한 지원하여 핵심역량과 조직역량을 확보할 것이다.

1) 호텔의 핵심역량화

핵심역량은 호텔기업들에게 있어서 큰 의미를 갖는다. 체계적으로 구축된 핵심역량을 확보하고 있는 호텔은 경영환경이 변하여도 크게 어려움을 겪지 않는다. 기업 내부적으로 강인한 체질로 무장하고 차별적인 경쟁 우위를 제공한다.

핵심역량을 기반으로 한 시장 경쟁력은 경쟁자들이 쉽게 따라잡을 수 없을 만큼 차별적이라는 의미를 내포하고 있으며 시장에서의 진정한 경쟁력의 기초를 제공한다.

핵심역량을 키우기 위해서는 지식경영으로서 지식을 조직 내에 축적, 개발하고, 모든 구성원들에게 효율적으로 공유, 통합 및 활용의 장려를 위해 제도적

장치나 인프라를 마련하는 것이라 할 수 있다.

이러한 지식 경영을 통해 호텔기업 조직은 서비스상품의 개발을 가능하게 하고, 인력의 생산성을 높임에 따라 비용을 줄일 수 있으며, 궁극적으로 구성원의 능력 개발 및 발휘를 통해 만족도를 제고할 수 있다.

2) 호텔의 조직역량화

호텔이 핵심적인 곳에 집중전략을 하기 위해서는 조직역량 재구축에 관심을 기울여야 한다. 미래의 조직역량화의 사례는 에버랜드를 들 수 있는데 IMF 관리체제에서 총 3천4백 명이었던 기존 인력을 절반인 1천7백 명으로 감축하고도 기존의 경영 노하우와 정보를 유지할 수 있었던 것은 바로 지식경영을 기반으로 한 조직역량 강화의 결과로 볼 수 있다.

조직역량 강화방법에는 소수정예화, 플랫화, 유연성확보의 3가지가 있다.

미래는 호텔기업의 조직이 슬림화로서 운영이 될 것이다. 이것은 빠르게 변화하는 환경에 적응하기 위해서 호텔에 필요 없는 작업의 제거와 의사결정의 신속성이 필요하다. 따라서 조직 구성원들의 업무 수행 패턴 변화와 구성원의 능력 제고를 통해 소수 정예화를 도모할 것이다.

호텔의 과거 피라미드 조직은 수직적 의사결정 구조로 인하여 고객에 대한 현장 대응이 늦어지게 되며 기능별 부문화로 종합적인 시너지 효과를 내기 어려웠다.

호텔은 고객 서비스 업무에는 고객접점의 최초 직원인 호텔종사원이 책임을 지고 있으므로 조직의 경직성은 서비스의 부재를 초래할 수 있다. 그리고 각각 기능이 나눠짐에 따라 구성원들은 단순반복적인 직무에 종사하게 되어 일의 보람이나 자기 발전을 추구하기도 어렵다.

따라서 호텔은 조직의 플랫화를 추구하여 조직 내의 신속 및 정확한 쌍방의 커뮤니케이션과 고객에게 서비스하는 시점에 빠른 의사결정이 이루어질 수 있도록 하여 고객대응력을 높여나가야 한다.

고객들의 요구는 변화하고 다양해짐에 따라 호텔조직은 유연성이 필요하다. 일반적으로 경직된 조직에서는 조직 내 제반 활동을 규정 및 매뉴얼로 상세히 공식화되어 수동적으로 움직이게 되면 시장 및 고객 변화에 신속하게 대응하는 것이 어렵다.

따라서 호텔은 유연성 확보를 위해 공식적인 규정 및 매뉴얼을 최소화하여 종사원들의 기본 원칙을 공유하고 고객 및 시장 요구에 따라 자율적으로 판단하고 움직일 수 있는 조직을 만들어야 한다.

제2장

호텔종사원의 기본적 매너

제1절 전화 서비스 업무

1. 전화업무의 중요성

우리들은 일상생활을 살아가는데 있어서 중요한 업무의 상당한 부분을 전화로 처리하고 있다. 이처럼 하루일과 중에서 일하는 동안에 전화는 사람과 대화 수준을 벗어나 비즈니스 성향이 더욱더 커져가고 있는 게 현실정이다. 그러나 전화응대는 상대방의 얼굴을 직접 보지 않고 대화하는 특수성으로 이내 직접 만나 대화를 나눌 때처럼 서로간의 예의를 지키지 않아 실수하기 쉽고 오해가 발생하는 소지가 많다.

전화선의 목소리는 그 사람의 인격을 반영하기 때문에 상대방의 목소리나 태도, 마음가짐 등을 짐작하여 그 사람의 마음가짐을 판단하기 쉽다. 또한 고객들과의 전화통화가 많으면 많을수록 전화응대의 중요성을 더욱 강조하고 있다. 그러므로 항상 정중하고 상세하게 적극적인 말씨를 쓰도록 통화하는 태도에 정성을 기울여야한다.

"전화예법과 고객 서비스"에서 Lloyd Finch는 양질의 전화 서비스를 위해서는 적시에 예의바른 태도로 고객에게 서비스를 해야 한다는 것을 알아야 하며,

회사의 성패는 양질의 전화 서비스를 제공하느냐, 못하느냐에 달렸다고 강조하고 있다.

적극적인 마음자세로 신속하면서도 정확한 전화취급 요령을 숙달하지 않으면 안 된다. 종업원들은 근무할 때에 대부분의 시간을 전화 받는데 사용하면서도 매우 바쁘다 보니, 간혹 전화의 중요성을 잊고 있다. 그러나 실제로 조직에 있어서 고객으로부터의 전화업무는 매우 중요하다.

따라서 아래 몇 가지 전화업무상 숙지해야 할 사항들을 기술한다.

1) 위에서 언급한 것과 마찬가지로 회사의 성패는 고객에게 양질의 전화 서비스를 제공하느냐 못하느냐에 달렸다고 할 만큼 중요하며, 고객은 종업원에게 능숙하고 예의 바른 태도를 요구하며, 그렇지 못할 경우에 대부분의 고객들은 말없이 등을 돌리게 되며, 한번 등을 돌린 고객을 되돌아오게 하기란 그 노력이 배가(倍加)된다는 사실을 깨달아야 할 것이다.
2) 관리자는 하루에 불과 몇 명의 고객과 전화응대를 하게 되지만, 일반 사원들은 매일 수많은 전화를 접하게 된다. 따라서 관리자는 정기적으로 전화접수에 대한 예법을 반복 교육을 통하여 실수(失手)를 범하지 않도록 교육하여야 한다.
3) 대부분의 종사원들은 바쁘고 피로해지면 종종 모든 것을 고객의 입장에서 생각하지 않으려 하게 됨으로 휴식시간 또는 분위기를 바꾸어 줄 필요가 있다.
4) 대 고객 서비스는 특정 부서(영업부)에 국한된 것이라고 생각하기 쉬우나, 영업 및 관리 전 부서의 책임이라는 것을 명심하지 않으면 안 된다.
   따라서 정기적으로 관리부서에 대한 교육도 필수적이다.

2. 적절한 전화응대 요령

적절한 전화응대는 양질의 고객 서비스를 위해서는 필수적이다.

따라서 그 중요성을 인지하고 다음 사항을 고려하지 않으면 안 된다.

1) 전화응대는 고객의 얼굴을 마주보고 대화하는 것이 아니기 때문에 적극적이고 상대방에 대한 관심을 집중시켜 보다 간단명료한 대화를 유도해야 한다.

2) 전화를 받을 때에는 주위의 소음이 상대방에게 전달되지 않도록 주의해야하고, 상대방에게 모든 주의(full attention)를 기울여야 한다.
3) 통화중에 부득이 제 3자와의 대화를 해야 할 경우, 반드시 통화자에게 양해를 구하고, 전화를 홀드(Hold)하거나 한 손으로 수화기를 막고, 대화하여야 한다.
4) 통화중 껌을 씹거나, 입 속에 음식물이 있는 상태에서의 통화는 금물이다.
5) 전화접수는 되도록 신속해야한다. 예를 들면, 어느 회사는 3번 이상 전화벨이 울리기 전에 받는 "Three Ring Policy"를 두고 있는 경우도 많다.
6) 통화가 많을 때에는 순서에 입각해서 전화응대를 해야 한다.
7) 선명하고, 명랑한 목소리로 너무 빠르지 않도록(보통은 1분에 125단어 정도) 노력해야 한다. (본인의 목소리를 리코딩 하여 들어본다).
8) 호칭에 관하여는 기본적으로 Mr. Miss, Mrs, Ms, Sir, Ma'am, Dr.,Professor, Honorable, His Excellency 등 다양하지만 보통 남성일 경우 Mr. Sir. 등의 호칭을 쓰고, 여성일 경우 간단히 물어서 호칭을 결정하는 것이 좋다. (Shall I address you as Miss or Mrs. Taylor?)

3. 전화응대 방법

1) 기본 응대순서

첫째, 상대방(caller)에 대한 인사 ------ Good morning sir.
둘째, 회사명이나 부서명을 알리고 ----- OOO Hotel room reservation
셋째, 자기 자신을 소개하고 -------- Kim speaking. May I help you sir.?
넷째, 전화용건은 묻는 순서대로 응대하는 것이 보통이나 상대방이 업무내용을 잘 모를 경우에는 리드(Lead)하여 이쪽에서 필요한 사항을 물어서 처리하는 습관을 가져야 한다.

(안녕하세요? 00호텔 객실예약과 미스 김 입니다. 무엇을 도와 드릴까요?)

그리고, 상대방에게 본인이 요구한 사항에 대하여 정확하게 전달이 되었는지 그 내용을 반복하여 상대방에게 확인하여 주는 것이 바람직하다.

또한 전화가 끝날 때에도 인사하는 것을 잊어서는 안 된다. (Thanks for calling)

2) 효과적인 경청방법

상대방이 말하는 내용이 질문의 전화인지, 요청의 전화인지를 잘 파악하여야 하며 다른 부서와 관계되는 업무의 전화일 경우에는 친절하게 관련 부서명 및 담당자명을 알려주고 전화를 돌려주는 것을 잊어서는 안 된다. 이때에 우리 부서 일이 아닙니다. 또는 우리와 관련이 없는 일입니다 라는 말을 사용하여서는 안 된다.

전화내용을 이해하지 못하여 오랜 시간 통화하다가 전화를 관련 부서로 돌려주게 될 경우에는 상대방으로 하여금 화를 나게 하는 경우가 종종 발생된다. 따라서 내용을 잘 파악하여 항상 즉각적인 답변을 제시하도록 노력하여야 한다.

3) 특정인과의 전화응대(예)

고객: 나, 아리랑 회사 김 이사인데, 장 과장과 꼭 통화할 일이 있는데 좀 바꾸시요.

사원: 장 과장님은 지금 국제전화중입니다. 제가 도와 드리면 안 되겠습니까? 아니면 전화번호를 주시면, 즉시 전화를 드리라고 말씀드리겠습니다.

고객: 지금 급해서 그러니 전화 끊고 내 전화부터 받으라고 하시오.

사원: 죄송합니다만, 매우 중요한 전화라서 그러하오니 저에게 장 과장님과 통화하실 내용을 말씀해 주시면, 부장님이나 이사님께 보고하여 즉시 답변해 드리도록 하면 안 되겠습니까?

고객: 그렇다면 좋소 댁의 호텔에 1월 10일 투숙 예정인 우리회사 거래처 VIP 손님이신 Mr. King의 예약을 지난 12월 10일경 분명히 했는데 안 되었다고 하니 확인하여 전화주시요

사원: 예 알겠습니다. 즉시 확인하여 전화 올리겠습니다.(확인하여 장 과장으로 하여금 전화를 주도록 보고한다.)

4) 업무 진행결과의 보고전화(Follow-Up Call)

매우 중요한 업무나 긴급을 요하는 업무에 있어서 진행과정이나 결과를 상대방 또는 상사에게 보고하여 줌으로써 상호 신뢰할 수 있고 그 궁금증을 해소시켜줄 수 있는 방법으로 이를 'Follow-Up Call'이라고 한다.

예를 들면, 매우 긴급을 요하는 업무나 중요한 업무를 상사로부터 지시 받았을 때 아무 말도 없이 지연되거나 지시와는 딴 방향으로 업무가 처리될 경우를 생각해 보면 그 업무를 지시한 상사는 궁금하고 화를 낼 것은 명확하기 때문이다.

화가 난 고객의 전화도 마찬가지이다. 따라서 중간 중간에 그 내용에 대하여 'Follow-Up Call'을 해 줌으로써 불평은 감소 될 것이다.

5) 상대방에게 반갑지 않은 내용의 전화를 해야 할 경우

이러한 경우에는 상황을 설명하기 전에 예의바른 인사와 함께 상대방의 안부를 묻고, 바쁜지, 기분이 어떤지를 알아본 후에 상황을 설명하는 것이 좋다.
만일, 상대방이 바쁘다거나, 기분이 좋지 않은 상태일 경우에는 직접 방문한다거나, 또는 상황이 좋을 때를 기다렸다가 전화를 하는 것이 바람직하다고 본다.

6) 불평불만 고객의 전화처리

불평불만 고객의 전화처리는 저항하지 말고, 전화의 핵심을 완전히 파악할 때까지 우선 경청하는 것이 좋다. 참기 힘든 말에 대해서도 직선적인 말을 자제하고 상대방의 입장에서 긍정적인 말투를 유지하는 것이 좋다. 불평불만의 고객은 그나마도 불평의 내용을 알 수 있기 때문에 개선의 여지가 있지만, 아무런 불평불만의 내용도 전달하지 않고 돌아서는 고객에 대하여는 아무런 방책이 없기 때문이다. 따라서 오히려 불평불만의 고객에 대하여는 고맙게 생각하고, 차후에는 그와 유사한 일이 발생하지 않도록 노력하여야 할 것이다.

그리고 불평고객의 처리는 반드시 상사에게 그 내용을 알려서 상사가 직접 처리토록 하는 것이 좋으며, 차후 그런 일이 발생하지 않도록 하여야 한다. 고객들의 불평불만의 내용들은 업무개선에 필요한 자료로 이용될 수 있기 때문이다.

7) 사용금지 언어

상대방이 자리를 잠시 비웠을 때 전화가 걸려 오면 주로 아직 식사중 인(이신)데요, 어디 있는지 잘 모르겠는데요, 지금 회사에 큰 문제가 생겨서 해결하러 갔는데요, 병원에 가셨는데요, 일찍 퇴근하셨는데요, 아직 출근하지 않으셨는데요, 우리 부서일이 아닌데요, 우리가 작성한 보고서(영수증)가 아니지 싶은데요, 등의 말은 피하는 것이 좋다. 왜냐하면 상대방에게는 자기회사의 이미지를 손상시킬 뿐만 아니라 위와 유사한 내용의 언어사용은 상대방에게 짜증스럽게 들리기 때문이다.

8) 전화가 끝낼 때 인사법(Closing the conversation)

전화가 끝날 때에 상대방에 대한 감사의 인사로써 "전화 주셔서 감사합니다." 또는 "자주 이용하여 주셔서 감사합니다", "혹시 더 궁금한 사항이나 부탁하실 말씀 없으십니까?" 라는 맺음 인사말을 사용하는 것이 상대에 대한 예의라 할 수 있으며

외국인에 대해서는 다음과 같은 인사말을 사용하는 것이 일반적이다.

Thanks a lot for calling.

We appreciate your business(calling).

Thank you very much for your order.

Please feel free to call us anytime.

I'm very glad we were able to help you sir.

Goodbye and thanks for calling.

I enjoyed talking with you sir.

If you have any questions, please feel free to call us anytime.

9) 전화응대 방법의 예

(1) 전화가 울리면 신속하게 받아 응대하기 전에 인사를 한다. 적어도 3번 이상 울리게 하지 않도록 한다.

(2) 소속과 성명을 밝힌다.
객실과 미스 김입니다. 무엇을 도와 드릴까요?
Room Reservation miss Kim speaking. May I help you sir/maam?
(수화기는 왼손에 잡고, 펜은 오른손에 잡고 메모 준비를 한다.)

(3) 메모한 내용을 반복하여 재확인하고 전화가 끝나면 간단하게 인사한다.
(감사합니다. Thanks a lot for calling)

(4) 수화기는 상대방이 끊은 후에 내려놓는다. 끊기 전에 끊는 것은 실례이다.

(5) 상대방을 확인할 때에는: 실례합니다만, 어디신가요?

(6) 부재중일 때: 지금 부재중이신데 연락처를 주시면 메모해서 전해 드리겠습니다.

(7) 통화중일 때: 통화가 길어질 것 같은데 죄송하지만, 이쪽에서 전화 드리도록 하면 어떻겠습니까?.

(8) 요청사항을 거절할 때: 되도록 No. 또는 안 된다는 말은 삼가하고 권유하는 말로써 거절을 유도한다거나, 확인해서 알려드리면 어떻겠습니까? 라는 말로 권유 또는 죄송한 마음을 전한다. 왜냐하면 상황이 변할 수 있을 뿐만 아니라, 상대방은 당 호텔의 단골고객 일 가능성이 많기 때문이며, 차후에라도 단골고객으로 유도할 수 있는 기회를 갖기 위해서이다.

제2절 인사방법

인사방법에는 동양식과 서양식으로 대별되는데, 서양식은 머리를 숙이지 않고 하는 것이 보통이나 첫 대면은 머리를 숙여서 인사를 하는 것이 상대방으로 하여금 더욱 공손하다는 것을 알릴 수 있어 더욱 좋은 인사방법이다. 인사가 주는 의미는 개인적 소양을 나타내는 자기표현이고, 상대에게 예절의 시작이며 기본이며 명랑한 좋은 이미지와 진심을 전달한다. 특히 상사에 대한 존경심과 동료 및 하급자에 대한 애정의 외적 표현이다.

특히 동양식의 인사방법은 머리를 아래로 떨어뜨리어서 인사를 하는 것이 상레이며 한국의 경우에는 유치원에서부터 인사교육이 이루어지지만 고학년으로 올라 갈수록 인사교육에 대하여 인색하게 되고, 남에게 머리를 숙이는 것이 자연스럽지가 못할 뿐만 아니라, 서비스를 중요시하는 업체에서까지도 인사를 못하여 고객으로부터 불평을 받게 되는 경우가 종종 발생할 뿐만 아니라 벙어리 서비스가 특급 호텔에서도 발생하여 문제시되고 있는 실정이다. 따라서 인사에 대한 예절을 중점적으로 다루어 특히 호텔에서의 서비스 교육에 참고자료로 사용할 수 있게 하고자 한다.

1. 인사의 기본자세

올바른 인사습관은 인간관계를 보다 더 원활하고 서로 간의 유대 관계를 지속적으로 발전시키지만 인사를 잘못 함으로 인하여 대인관계가 무너지는 경우가 많다. 인사는 마음속에서 우러나오고 생각하고 있는 공손한 마음을 자신의 몸으로 표현하는 것이다.

<표 2-1> 올바른 인사의 키포인트

잘못된 인사	올바른 인사
- 망설이다 하는 인사 - 고개만 까딱하는 인사 - 눈 맞춤이 없는 인사 - 말로만 하는 인사 - 기본 인사말만 하는 인사	- 인사는 내가 먼저 하는 인사 - 표정을 밝게 - 상대방의 시선을 바라보며 하는 인사 - 허리를 굽혀서 하는 인사 - 인사를 잘 받는 것도 한 번의 인사이다.

그러므로 인사를 할 때 주의하여 인사를 할 필요성이 있다. 호텔에서 서비스 매뉴얼 적인 인사의 내용을 살펴보면 먼저 인사의 각도는 가벼운 인사 (15도), 정중한 인사 (30도). 사죄의 인사 (45도)가 적당하다. 인사의 속도는 마음속으로 하나, 둘, 셋 하면서 구부리고. 넷에 1초 동안 멈추었다가 다섯, 여섯, 일곱에 원 위치한다. 눈 (시선)은 인사하기 전에 상대방의 시선을 바라본다. 허리를 구부리고 인사를 한 상태에서 1.5㎡ 전방을 본다. 인사 후에도 상대방의 시선을

본다. 상대방의 시선이 마주칠 수 있는 거리에서 인사한다. (2~3M 전방)

양손의 위치 남자는 가볍게 주먹을 쥔 상태에서 엄지의 안쪽이 재봉 선에 닿도록 한다. 여자는 오른손으로 왼손을 가볍게 감싸 쥐며 오른손의 엄지가 왼손의 엄지와 검지 사이로 끼워 오른손으로 엄지가 보이지 않도록 해야 하며 감싸진 손이 아랫배에 위치하도록 한다. 이때 유의 할 점은 허리와 어깨를 곧게 하고 머리에서 허리까지 일직선이 되도록 한다.

발 위치와 힙(HIP)은 뒤꿈치를 붙이고 (30도 각도) 양다리는 힘을 주어 곧게 편다.

무릎을 붙이며 힙(HIP)은 뒤로 빠지지 않도록 약간 힘을 준다.

얼굴의 표정은 상대방으로 하여금 그 사람의 현재 심리상태를 나타내므로 얼굴도 가벼운 미소를 지으면서(예 : 위스키, 치즈, 김치) 입술 양끝에 살며시 힘을 주어 약간위로 올린다. 말을 할 때에는 상냥하고 밝은 목소리로 한다.

2. 로비나 공간이 넓은 곳에서의 인사방법

호텔 로비나 공간이 넓은 장소에서는 약 3~5미터 전방에서 상대방의 얼굴을 본 상태에서 동작을 멈추고, 눈동자는 상대방의 눈동자를 본 후 움직이지 않고 약 30~35도 정도 상체를 구부려, 인사하는 사람의 눈동자가 자기 배꼽 쪽을 보면서 절을 하고 상체를 들어 눈과 머리의 위치를 원위치 한다. (일본 사람들은 약 80~90 정도 상체를 구부려서 인사를 하는 경우가 많았지만, 요즈음은 위와 같은 방법으로 변하고 있다한다.)

☞ 주의사항: 눈동자의 위치는 상대방의 눈동자를 본 상태에서 머리를 숙여 자기 배꼽 쪽을 본 후 원위치 상태로 몸을 세우는 것을 잊지 말아야 한다. 자칫 눈동자를 치켜보면서 인사를 할 경우에는 상대방으로 하여금 매우 보기 싫은 상태가 되기 때문이다.

3. 좁은 공간에서의 인사방법

특히, 프론트(Front Desk)에 근무하게 되거나, 사람이 많아 복잡하고 좁은 공간에서는 목례(고개만 약20도 정도 구부리고 눈은 자기 배꼽위치를 보았다. 원위치 한다)만으로도 무난하다. 이 경우도 눈동자의 위치는 동일하며, 상체를 약 20도 정도 구부려 인사한다.

<표 2-2> 인사방법

구분	준비사항
표정	· 가벼운 미소를 짓는다.
눈	· 상대의 눈을 본다.
머리	· 머리를 숙일 때는 조금 빨리, 들 때는 천천히 한다.
허리	· 등을 펴서 머리, 허리, 엉덩이를 일직선으로 유지한다.
다리	· 곧게 펴서 무릎을 붙인다.
· "안녕하십니까?" 인사말을 먼저 하여 상대방과 눈을 마주친 후 몸을 숙인다. · 가벼운 인사는 14도 각도, 보통 인사는 30도 각도, 정중한 인사는 45도 각도	

제3장

호텔현관업무

제1절 현관과 프론트 역할

1. 현관부서의 역할

일반적으로 현관부서(front of the house)는 호텔 고객을 최초로 맞이하고, 최후로 고객을 환송하는 곳으로서 호텔과 고객을 연결시켜 주는 중계적인 위치에 놓여 있으면서 한편으로는 고객의 편의와 서비스 판매를 위한 대외적인 업무까지를 맡고 있는 인체의 중추신경이라고, 말할 정도로 현관의 중요성을 강조하고 있다.

호텔의 현관부서(front of the house)는 보통 예약실(reservations), 프론트 오피스(front office), 하우스키핑(housekeeping)과 유니폼 서비스(uniformed service) 부문으로 구분될 수 있다. 프론트 오피스는 고객을 최초로 맞이하고, 또한 최후로 고객을 환송하는 장소로서 호텔과 고객을 직접 적으로 연결시켜 주는 장소이다.

현관은 고객이 체류하고 있는 동안 모든 필요한 정보를 고객에게 제공하는 부서이기도 하다. 따라서 현관에서의 친절과 서비스는 고객에게 만족감을 제공하게 되지만, 반면에 현관에서의 실수와 고객의 불평과 불만 서비스 제공의 지체는 호텔의 이미지에 부정적인 영향을 끼친다고 할 수 있다.

현관에서의 좋은 인상은 고객이 호텔에 머무르는 동안 최대의 만족을 제공하는데 큰 역할을 하고 있으며 재방문의 효과나 구전에 의한 추천의도와 같은 호텔의 영업적인 면에서 효과가 있으며 호텔상품의 판매를 증진할 수 있는 중요한 역할을 하고 있다. 호텔사업의 주상품인 객실의 판매를 촉진하고 조정·통제하는 업무를 현관부서가 담당하고 있다. 호텔과의 현관기능을 살펴보면 고객을 위한 상품 서비스의 판매기능 및 안내기능 고객을 위한 정확, 신속한 업무 연결과 Communication 기능 고객과 타 부문과의 각종 정보 및 업무의 창구역활기능 타부서와의 업무조정 및 협동의 조직적 기능 등이 있다.

<표 3-1> 현관의 기능

객실예약, 판매를 위한 수속처리	고객의 영접(프론트 서비스 까지 포함)
숙박등록 및 적절한 객실배정	현금출납과 신용카드의 취급
각종 정보 안내 제공	고객의 우편물, 전신 및 전언문의 전달과 처리
불평, 불만 등의 해결 또는 상담	투숙협조 및 투숙연장처리
대시설의 판매 서비스 협조	귀중품 보관 및 외환환전
타부문과의 업무 조정 및 협동가능	객실상황보고서의 작성

2. 프론트 오피스(front office)의 업무

호텔에서 가장 눈에 띠는 부서는 프론트 오피스이다. 호텔의 프론트 오피스는 고객의 예약요구를 처리하고, 등록하고, 이용료를 정산하고, 고객의 배웅 등을 관리하는 장소이다. 프론트 오피스의 주위환경, 분위기 조성 및 종사원의 친절한 서비스와 그리고 올바른 직무수행은 고객과 호텔 간의 관계를 밀접하게 연결하여 주고 호텔서비스 제공의 중추적 역할을 객실판매 뿐만 아니라 식·음료 상품 등을 포함한 기타 부대시설의 매출향상에 큰 영향을 미치고 있다. 현관지배인은 Front office의 총괄적인 업무를 관장하는 책임자로 현관 직원들의 업무지도, 감독, 총괄 및 훈련을 담당하고 있다.

프론트 오피스의 기능 및 역할을 열거하면 다음과 같다.

1) 고객의 예약 문의접수 및 확인
2) 고객의 영접 및 등록과 객실배정
3) 고객의 우편물과 기타 메시지의 전달
4) 고객의 불평처리 및 각종 정보의 제공
5) 고객의 요구 시 객실변경
6) 객실현황 및 예약상태 확인
7) 귀빈(VIP) 관리 및 단체고객 관리
8) 당일예약 명단 정리 및 유형별 고객 분류
9) 일일 판매실적 예측
10) 향후 일주일 예약확인 및 예측
11) 판매실적 관리 및 분석(일변, 주별, 월별, 년별)
12) 시장조사 및 경쟁상황 파악
13) 연간 추정예산안 작성 및 비교
14) 객실키 관리 및 보충
15) 숙박거부
16) 객실요금 조정
17) 고장 객실상태 점검
18) 현금출납
19) 고객환송
20) 타부서와의 협조

일반적으로 호텔에서 현관종사원(front desk agent 혹은 front clerk)이 주요 업무 전반에 걸쳐 관장을 하기도 하지만, 대규모 호텔의 경우에는 업무량이 비대해짐으로써 프론트 오피스에서는 다음과 같은 업무영역으로 나누어져 수행되고 있다. 즉, 레저베이션 클럭(reservation clerk), 리셉션 클럭(reception clerk), 플로어 클럭(floor clerk), 인포메이션 클럭(information clerk), 키 클럭(key clerk), 나이트 클럭(night clerk), 캐셔(cashier) 등으로 세분되어지고 있다.

1) 예약종사원(reservation clerk)

예약의 접수 및 거절 선불예약의 취급하고 예약신청서 작성 예약의 통제 및 조정 예약 상황판 관리 예약 랙 슬립 작성 초과 예약의 조정 예약의 취소 및 변경 예약관계서류 관리 등을 하는데 주로 객실예약은 전화, 구두, 팩스, 인터넷 등의 방법으로 수행되어지고 있다. 고객이 객실 예약신청을 요구하면 예약종사원은 다음과 같은 사항을 필히 기재해야 한다.

(1) 고객(혹은 예약신청자)의 성명과 연락처
(2) 이용할 객실의 종류와 요금
(3) 도착예정일
(4) 출발예정일
(5) 이용료 지불방법

2) 객실종사원(room clerk)

프론트 오피스에서 가장 중요한 직원으로서 이들의 능숙한 업무수행은 호텔 전체의 이미지에 막대한 영향을 끼친다고 할 수 있다. 주요 업무로는 객실예약의 접수와 고객영접, 등록, 객실배정 등이다. 고객이 호텔에 도착하면 반갑게 맞이하여 예약여부를 확인한 후 고객등록을 하며 이용료 지불수단이 현금인지 신용카드인지 먼저 선수금으로 계산하였는지 확인을 하고 예약된 객실을 배정한다. 고객이 이용할 객실 및 기타 부대시설에 대한 정보를 제공하고, 고객 요청 시 호텔이 위치한 지역에 대한 정보 제공하며 고객의 짐을 객실까지 운반하기 위해 벨맨(bellman) 등을 호출 일반적으로 소규모 호텔에서 객실종사원은 현금출납원(cashier)의 업무를 겸하고 있으며, 대규모 호텔에서는 현금출납 업무가 분리되는데 보통이다. 최근 훌륭한 객실 종사원의 자질로서 기술적 능력(technical skills)보다는 고객과 안정적이고 효율적 인 대화를 나눌 수 있는 능력(communication skills)을 더욱 선호하고 있다. 특히, 영어사용능력은 객실종사원에게는 필수적이라고 할 수 있을 것이다.

프론트 오피스에서 안내업무도 겸하고 있는 곳이 많은데 호텔을 방문하는 모든 고객들의 요구 및 질문에 응답하고 안내한다. 고객의 질문에 항상 성심성의껏 응해야 하며 그러하기 위해서는 호텔에 전반적인 지식을 사전에 숙지하고 있어야 할 것이다. 숙지해야 할 정보에는 아래와 같은 사항들이 있으며, 항상 최신 의 정보를 보유하고 있어야 할 것이다.

1) 기차, 자동차, 항공기의 시간표
2) 근교 유명 관광지 및 교통편
3) 인접한 쇼핑센터
4) 호텔이 위치한 도시와 교통 및 지리에 관한 사항
5) 근교도시 및 숙박시설
6) 관청, 학교 등 주요 공공시설의 위치

3) 나이트 클럭(night clerk)

나이트 클럭은 야간에 근무하는 자로서 주간현관업무와 똑같은 작업을 수행한다. 국내에서는 야간지배인으로 지칭되고 있다. 일반적으로 이들의 업무시간은 저녁 11시부터 다음 날 아침 7시경까지이다. 야간 도착고객의 체크 인 No show 파악 정리 캔슬 정리 객실 상황표의 작성 모닝콜의 접수 처리 메일, 메시지 점검 로그북 작성 명일 출발 예정자의 현황파악 작성 명일 투숙자 객실 지정 업무 등 또한, 프론트 오피스 업무에 해당하는 예약, 등록, 정보전달, 우편물의 처리는 물론이고, 객실의 현황 및 판매현황 또는 수익상황을 작성하여 보고하여야 하며, 이 때 보고서의 내용은 나이트 오디터(night auditor)와 일치해야 한다. 만일 서로 간에 불일치가 발생하면 원인을 규명하여 수정된 보고서를 작성해야 한다.

3. 예약실(reservation office)의 업무

객실 예약업무를 수행하려면 객실상품에 대한 충분하고 정확한 지식을 숙지하고 친절한 서비스로 고객을 대하여야 한다. 말이 들릴 수 있도록 충분히 응답해야 하고 고객이 알아들을 수 있게 확실히 들리도록 어느 정도의 큰소리로 말해야 하며 생동감 넘치는 목소리가 이상적이다. 고객이 예약한 사항을 다시 설명하고 도착 날짜, 체류기간을 반복 말함으로써 고객 확인 한다. 호텔에 따라 각기 예약업무의 절차가 다르기도 하지만 일반적인 예약업무의 절차를 요약 하면 다음과 같다.

1) 예약

예약의 형태에는 일반적으로 전화가 가장 많이 사용되고 있으며 팩스, 전화, 혹은 직접 고객이 호텔을 방문하여 예약을 한다. 최근에는 정보통신기술의 발달로 인하여 인터넷(Internet)을 이용하여 고객들이 직접 원거리에서 필요할 때마다 예약을 할 수 있게 되었다. 예약의 접수과정은 곧 호텔상품의 주문을 뜻하므로 고객의 예약요청이 항상 편리하고 신속하게 이루어질 수 있도록 해야 할 것이다. 예약이 접수되면 예약을 받은 직원은 예약사항을 컴퓨터 단말기에 입력하여 고객에 대한 정보(신상정보, 도착일, 지불수단 등)가 중앙컴퓨터에 저장되도록 하여 향후 고객을 실제로 접대하는 과정에서 활용할 수 있도록 정확하게 기입하여야 한다.

2) 객실예약금의 선불

객실예약금 선불제도란 호텔과 고객의 일종의 계약으로 요청한 객실을 반드시 제공한다는 약속과 같은 것이며 이용료의 지불을 고객에게 보증 받기 위해 일정한 상당의 요금을 미리 취득하는 것을 말한다. 객실을 전화상이나 기타의 방법으로 예약하고 오지 않는 NO-SHOW와 같은 무책임한 고객들에 의해 객실 판매의 기회를 상실하는 경우가 발생되고 있기 때문에 호텔에서는 이를 사전에 예방하고 호텔의 매출액을 일정수준 유지하여 위험(risk)을 최소화하기 위한 방안으로 생긴 제도이다. 예약금 선불제도는 특히 객실의 가동률이 높은 성수기에 더욱 많이 활용되고 있으며, 현재는 전 세계 호텔업계에서 보편적으로 활용되고 있다. 그러나, 이 제도는 고객의 유형에 따라 선별적으로 이용되어야 그에 따른 부작용을 최소화 할 수 있는데 단골고객이나 호텔을 이용하는 VIP에게 항상 선불을 요구하게 되면 고객과의 장기적인 유대관계에 악영향을 미치고 호텔상품 판매에도 부정적이 된다. 처음 이용하는 고객이나 예약을 하지 않고 오는 고객, 객실여유가 없는 성수기에 고객이 객실을 요구할 때는 당연히 선불을 요구해야 할 것이다.

3) 객실예약의 종류

(1) 문서예약 예약에는 문서에 의한 예약과 구두예약이 있다. 확실한 근거를 확보하기 위하여 구두예약이 이루어졌다 하더라도 모든 예약은 서류화하는 것이 중요하다(예약확인서, 예약금 입금확인서).

(2) 개인예약 단체가 아닌 개인이 예약을 하는 경우를 말하며 1인 이상 가족동반, 친지동반 및 소규모 집단도 개인예약에 속한다.

(3) 단체예약 호텔에서 단체예약은 15명을 대상으로 15+1 제도를 적용하고 있다. 단체손님인 경우는 식사가 포함되는 경우가 많고 관광안내원(tour conductor : T/C))이 인솔하는 경우가 많기 때문이다. 15+1 요금제도는 결국 conductor free 요금 제도를 말한다. 단체고객은 주로 여행사단체, 학술단체, 종교단체, 기업체 등 여러 그룹으로 형성이 되고 있다.

(4) 특별예약 귀빈(VIP)예약 혹은 특별한 단체의 예약을 지칭하며 호텔에서 수시로 발생할 수 있는 사항이므로 주의를 기울여야 한다.

여기서 예약과정에서 이용되는 몇몇 용어를 살펴보면 다음과 같다.

* over-booking: 초과예약
* blocking rooms: 특별한 고객 혹은 미리 예약된 고객을 위하여 판매를 중지하고 보호하고 있는 객실을 말한다.
* arrival slip: 예약한 손님의 도착을 알리는 문서이다. 관련된 부서에 배포한다 (예: 전화교환, 룸서비스, 하우스키핑, 세탁소 등)

4) 초과예약(over-booking)

예약을 업무를 수행하다 보면 판매가 가능한 객실을 훨씬 초과하여 예약을 하는 경우가 있다. 예를 들면, 고객이 예약을 취소하는 경우와 예약을 한 고객이 도착을 하지 않을 경우(no shows)를 대비하여 불가피하게 초과예약을 하여야 할 경우가 많다. 특히, 성수기라든지 주말의 비즈니스호텔 등은 항상 고객수요가 객실공급의 양을 초과하기 마련이다. 이런 상황에서 호텔관리자들은 객실점유율(occupancy)을 최대화하여야 한다.

통상 초과예약은 no show인 경우에는 약 5% 정도를 예상하고, 예약취소(cancel-lation)의 예상은 약 8-10% 정도로 추산하는 것이 가장 합리적으로 여겨지고 있다. 초과예약에 의한 초과고객(carry-over)들은 반드시 친절하게 다른 호텔로 안내하여 숙박시켜야 하는데, 이를 turn-away service라고 말한다. 그리고 다음날 이라도 빈 객실이 나타나면 이들에게 객실을 배정해 주어야 할 것이다.

초과예약은 기본적으로 no shows로 인한 피해를 최소화하기 위하여 마련된 대책이다. 따라서 no shows는 호텔이나 항공사에게는 가장 큰 문제 중의 하나이다. 일반적으로 호텔들은 12-15%에 가까운 초과예약을 하고 있다.

수익의 최대화라는 기업목적을 달성하기 위해서는 no shows 문제는 큰 걸림돌이 아닐 수 없다. 따라서 호텔들은 통상 예약파악 혹은 취소시간을 지정해 둔다. 이 시간에는 보장성 예약(guaranteed reservation)을 제외하고는 어떠한 예약요구도 받아들이지 않는다. 보장성 예약이란 호텔이용료의 지불을 보증하는 것으로 고객은 숙박여부에 상관없이 일정액의 요금을 지불해야만 하는 것을 말한다. 초과예약이 발생하는 4가지 일반적인 원인은 다음과 같다.

(1) under-stays: 예기치 못한 투숙객의 출숙
(2) walk-outs: 공식적인 체크아웃과정 없이 호텔을 떠나는 고객. 바꾸어 말하면, 고객이 예약한 일정기간동안 체재하고 있었으나 프론트 데스크를 거치지 않고 호텔을 떠나는 경우이다. 즉, 호텔입장에서는 고객이 다시 돌아올 것인지를 알 수 없어서 결국 당일 늦게까지 해당 객실을 판매하지 못하는 경우이다.
(3) stay-over: 고객이 예약된 숙박일수 보다 하루 혹은 그 이상을 체재하는 경

우이다.

(4) no shows 호텔은 객실을 판매하는데 있어 위와 같은 기회손실이 발생하기 쉬우므로 객실판매 에서 발생하는 불확실성을 최소화해야 한다. No shows의 피해를 보장할 수 있는 방법으로는 신용카드예약을 통한 벌금부과와 예약취소시 벌칙사항을 이용하는 것이 바람직한 수단일 것이다.

5) 예약규칙

호텔의 예약은 그 자체가 하나의 매매계약 행위로 만일 예약이 불이행되었을 때에는 이에 대한 보상이 이루어지지 않으면 안될 것이다. 특히 성수기에는 일방적으로 예약을 파기할 가능성이 높기 때문에 이를 최소화 혹은 규제하지 않으면 안 될 것이다.

대부분의 호텔은 예약 당시 선불금을 받지 않고 무담보예약을 실시함으로써 예약의 취소나 no shows의 경우에 호텔은 그 피해를 면치 못하고 있으며, 반대로 초과예약으로 인한 예약의 불이행은 고객에게 큰 불평의 대상이 되고 있다. 호텔사업에서 예약은 상품의 주문이다. 주문에 의해 상품이 판매되지 못하면 신용이 지속되지 못 하므로 영업활동에 큰 지장을 초래하게 될 것이다.

투숙객이 약속된 시간에 체크아웃하지 않고 객실이용을 원하고 있는 경우에 당일 예약된 신규 고객과의 사이에서 우선순위(priority)가 누구에게 있는가를 따져야 할 경우에는 국제호텔협회(IHA)에 의하면 예약자를 우선해야 할 것이다. 그러나 이 경우에 현재의 투숙객의 입장도 고려해야 하는데, 이때에는 인접한 다른 호텔로 안내(turn-away service)해야 할 것이다.

6) 객실예약의 중요성

객실예약업무는 사전에 객실사용을 판매하는 업무이다. 따라서 여러 가지 사정에 의하여 변동사항이 수시로 발생할 수 있고, 변동사항도 이용 시기, 이용기간, 이용형태 및 규모, 예산 등이 있을 수 있다. 그러므로 예약업무를 담당하는 부서에서는 이런 사항들을 수시로 확인하여 차질이 발생하지 않도록 해야 할 것이다.

예약업무는 소규모호텔에서는 객실부에 객실예약계를 두어 운영하고 있으나 대규모 호텔의 경우에는 객실예약 업무를 판촉부에서 운영하는 경우도 있다. 문제는 객실을 많이 판매하게 하는 것이다. 다시 말하면 빈 객실을 남겨두는 일이 없도록 판매를 강화해야 한다. 객실상품은 고정비 지출이 과다한 상품이므로 호텔사업에서 빈 객실은 곧 손실을 의미하는 것이다.

뿐만 아니라 객실판매는 호텔 부대시설의 판매와 절대적인 관계가 있다고 할 수 있다. 그리고 가능하면 단체고객보다는 개인고객을 유치하여 조용한 호텔분위기를 유지하는 것이 좋을 것이다.

호텔객실의 효율적이고 효과적인 판매를 위하여 아래와 같은 사항에 명심해야 할 것이다.

(1) 호텔상품에 대한 정보 숙지
(2) 호텔의 영업시설에 대한 충분한 지식
(3) 객실요금의 조정
(4) 객실을 숙박 이외의 목적으로 사용하는 경우

그리고 예약 접수 시 반드시 확인해두어야 할 사항은 객실요금(할인율 적용 여부), 지불수단, 연락처 및 이용고객의 이름, 이용기간 등이다.

4. 유니폼 서비스(uniformed service)

유니폼 서비스는 주로 호텔 로비(lobby)에서 이루어지는 업무를 말한다. 고객이 호텔에 도착하면 제일 먼저 영접하고 안내하고 숙박을 끝내고 호텔을 떠날 때 전송하는 업무를 맡고 있다. 고객들이 이동할 때 여러 가지 다양한 짐을 동반하므로 영접과 전송업무는 그리 쉬운 일이 아니다. 우선 고객이 이용할 교통편과 짐을 채기는 일, 그리고 고객의 향후 일정 에 차질이 없도록 만반의 준비를 대신하기도 한다. 유니폼 서비스에는 아래와 같은 종사원들이 로비업무에 종사하고 있다.

1) Door Man

호텔 고객이 호텔의 정문 가까이 도착하면 제일 먼저 눈에 띄는 사람이 도어맨이다. 이는 고객을 최초로 영접하여 손님의 첫 인상을 즐겁게 하여 주고, 또한 최후로 전송하는 사람이기도 하다. 고객이 자동차를 타고 호텔정문에 도착하면 화려한 옷을 차려 입은 사람이 자동차 문을 열어 주는 데 이들이 도어맨인 것이다. 도어맨의 업무는 차량으로 이동하는 고객의 승하차시 차량의 문을 열고 닫아주는 업무 외에 고객의 짐 또는 몸이 불편한 사람을(노약자)도와주고 차량의 통제 및 정리업무를 담당하게 되는데 호텔의 첫 인상을 심어 줄 수 있는 위치이므로 친절한 말씨로 인사를 아끼지 않는 도어맨이 되어야 하며, 단골고객의 차량번호를 많이 기억하여 인지(認知)서비스를 해야 한다. 특히, 귀빈일 경우 더욱 신경을 써야한다. 그 밖에 주차 서비스와 발레(Valet)서비스 그리고 호텔을 출입하는 잡상인의 출입통제 및 호텔재산의 반출관리 등의 업무를 갖는다. 또한 벨맨의 부족 시에는 보조 역할을 해야만 한다. 특히 VIP의 보고(벨 데스크, 당직지배인) 및 출발 차량에 대해서도 같은 업무를 수행하여야 한다. 도어맨은 고객으로부터 승용차의 키를 받아 주차장에 주차시키고, 후에 고객이 외출할 시에 승용차를 현관까지 올 수 있도록 하여 고객에게 키를 되돌려 준다. 또한, 도어맨은 출숙시에 고객의 승용차 문을 닫아 주고 전송을 하며, 차가 없는 고객에게는 택시를 호출해 주기도 한다. 이 밖에 도어맨의 임무로는 정문 부근에서 교통정리도 하며, 아울러 수상한 사람이 출입하는 것을 단속하는 것도 이들의 역할이다. 도어맨의 역할을 요약하면 다음과 같다.

(1) 고객의 영접 및 전송
(2) 호텔 정문 앞 교통정리
(3) 차량수배 및 시내안내
(4) 고객의 안전관리

'Welcome to the HOTEL 000.' 'Have a nice trip Sir.' 'Have a nice day Sir.' 등의 인사를 아껴서는 안 된다. 그 밖에 차량에 호출 서비스는 정확한 차량번호를 알아서 2회 이상 호출하여 운전수에게 정확하게 전달되도록 하여야 한다. 특히 VIP 차량을 암기하고 있다가 VIP가 도착시 인지(Recognition)서비스가 되도록 노력하여야 한다. VIP가 도착시에는 출입문 앞으로 차량을 유도하여 정지시키고 VIP 출입문으로 정중하게 안내한다. 2인 이상 VIP가 탑승하였을 경우에는 양쪽 문을 열어 하차시키는 것을 잊어서는 안 된다.

2) Bell Man

벨맨은 대(對) 고객(顧客) 서비스에 있어서 최 일선의 근무자이기 때문에 항상 깨끗한 용모와 친절한 서비스 및 신속 정확한 업무를 수행하여야 한다. 주요 업무로는 Check-In, Check-Out시 Baggage Delivery, 투숙고객의 FAX, Letter 등을 신속 정확히 전달해야 하며, 호텔 시설물의 안내 및 호텔시설 이용방법, 호텔규정 등을 숙지 고객의 문의에 즉시 답할 수 있어야 한다.

그 밖에 국기게양, 고객에 신문투입, City Tour안내, 호텔 식당의 종류, 위치, 영업시간, 부대시설 이용방법 및 위치 등을 숙지하고 있어야 하고 고객의 질문에 응답할 수 있어야 한다. 그리고, 활동범위가 가장 많기 때문에 청소상태(재떨이 휴지 등)가 불량할 경우 본인이 줍거나 House Keeping에 연락하여 처리케 해야 하며, 시설물의 이상이 있을 경우 즉시 보수 또는 조치토록 해야 한다. Stand-By업무로 항상 고객을 기다리다가(Attention) 고객이 도움 요청 시에는 즉시 응해야 한다.

호텔에 출입하는 고객들을 현관에서 맞이하여 체크 인 절차를 도와주고 고객의 짐을 들고 객실까지 안내하여 객실의 사용법을 알려주는 역할을 한다. 이들의 주요 업무를 열거하면 다음과 같다.

(1) 고객의 영접 도어맨이 없는 호텔에서는 벨맨이 도착하는 고객을 영접하며 고객의 짐을 들고 프론트 데스크로 고객을 인도한다. 고객을 영접할 때는 항상 공손히 대하여야 하며 친숙한 미소를 잊지 말아야 할 것이다.

(2) 엘리베이터로 안내 고객을 프론트 데스크로 안내한 후 두어 걸음 정도의 거리를 두고 등록절차가 끝나기를 기다려 서 있다가 룸 클럭(room clerk)이 객실키를 건네주면 고객의 짐을 들고 정중히 고객을 엘리베이터로 몇

발자국 앞서서 안내한다.

(3) 객실로의 안내 객실에 도착하면 문 앞에서 짐을 내려놓고 문을 열어 고객이 앞서 입장하도록 한 다음 뒤따라 들어간다. 야간일 경우에는 먼저 객실 안으로 들어가 전등을 켠다. 방 안에서 짐을 내려놓고 목욕탕의 물을 틀어 보고, 고객이 원하는 대로 창문이나 커튼을 열어 놓던가, TV가 있으면 정상적인 작동여부를 확인한다. 이런 모든 업무는 신속하고 세련된 매너로 끝마쳐야 하며 고객으로부터 기타 요청사항을 확인하여 정중히 객실을 빠져 나와야 한다.

(4) 결과의 보고 벨맨은 고객의 rooming이 끝나면 즉시 프론트 데스크에 다음과 같은 사항을 보고 한다.

a) 객실에 관해 고객이 만족하고 있는가의 여부

b) 고객의 이상한 언동을 발견했을 시

c) 객실에 비치한 제기구·비품·설비 등에 이상이 있을 때

(5) Room slip(고객등록 카드) 룸 클럭은 고객의 객실배정과 더불어 키를 건네주면서 room slip을 함께 건네주는 경우가 많다. 이 경우 벨맨은 고객을 객실로 안내한 후에 room slip을 세탁소나 floor clerk에게 제시하여 새로 등록된 고객이 누구인가를 확인케 한다. 일반적으로 고객들은 호텔종사원들이 자기 이름을 기억해 주는 것에 대해 매우 흐뭇하게 여기고 있다.

(6) 기록의 유지 벨맨은 고객의 요청(식사, 음료, 세탁 및 기타 심부름)에 응할 때는 캡틴에게 보고하고, 처리결과도 함께 보고해야 한다. 아울러 고객의 요청을 기록으로 유지하여 다음 근무자에게 인계할 수 있도록 해야 한다.

<표 3-2> 고객안내문

お知らせ
まことに申し訳ありません.
お正月連休によって洗濯と朝食が休みます.
* take off on (laundry: 2008/1.1-1.2)
(breakfast: 2006/01)

제2절 객실부문 실무

1. 객실 예약 실무(FRONT RESERVATION)

관광호텔의 객실상품은 일반 숙박의 상품과 달리 주로 예약에 의하여 판매되는 상품이라고 할 수 있다. 그리고 예약은 주로 비즈니스호텔의 경우는 계약을 맺었거나 회사의 출장고객이 대부분 주로 이루고 있으며 예약자에 의해 예약이 이루어지고 리조트나 휴양지 호텔의 경우는 개인이나 가족단위의 고객이 대부분이어서 개별예약에 의해 이루어지거나 예약하지 않고 바로 호텔에 투숙하러 오는 경우도 많다. 호텔은 미리 수익관리적인 측면에서 계절이나 특정한 날 소위 말하는 성수기와 비수기에 따라서도 요금적용을 다르게 하고 있으며 고객의 특성에 따라서 할인정책을 다르게 적용한다.

수익관리 측면에서 거의 모든 예약관리와 할인율이 이루어지며, 예약시점에서 고객의 서비스와 고객확보, 단골고객 이나 장기 투숙객들의 편의를 위하여 공항 픽업서비스, VIP의 구분 및 체크인 준비, 객실판매와 관련된 통계자료의 준비 등의 업무가 프론트 직원에게 주어지며, 예약의 상태 즉 예약의 양적인 증감에 따른 식음료 업장의 식자재 준비도 이를 근거로 구매량이 결정되어 모든 영업 준비의 기초가 된다. 특히 룸메이드의 인력수급은 객실판매와 직접적인 객실예약의 고저에 따라서 휴무나 보충계획이 이루어진다. 객실예약은 객실을 예약한 예약자에게 확인 및 재확인의 전화업무를 필요로 하게 된다. 이는 노쇼(NO SHOW) 및 취소 율을 극소화함으로써 수입(收入)의 극대화(極大化)를 꾀하기 위함이다.

예약접수에 있어 기본적으로 알고 있어야할 기본사항은 우선 프론트에 근무하는 직원이나 예약 받는 업무를 수행하는 직원은 적어도 5일에서 10일 이후의 예약상황을 숙지하고 있어야 하며 객실타입에 따라 손님이 원하는 객실이 있는가 없는가, 잔실(판매 가능한 객실)상태도 숙지하고 있어야 하며, 예약을 요청한 회사와 할인계약이 있는가 없는가를 업무상 모두 알고 있어야 올바른 서비스가 고객에게 제공된다. 예를 들면 요금적용을 어떻게 할 것인가?, 커미션(Commission)과 관련 있는 예약인가?, FIT, GROUP, CONVENTION 중 어떤 범주에 들어가는 예약인가?, 손님 지불 예약인가 아니면 후불조건의 예약인가?,

VIP인가 아닌가?, 도착 항공사명 및 Flight No.는? 등의 구분 및 확인을 하여야 하며 특별한 고객의 요청(SPECIAL REQUEST)의 여부도 확인한다.

1) 객실형태의 결정방법과 객실명칭

국제적인 관계로는 Standard, Superior, Deluxe와 같이 등급을 두며 객실 형태로는 Single, Double, Twin, Suite로 구분한다. 이에 따라서 아래와 같이 Room Type을 결정하는 것이 보통이며, 단 Single Room은 등급을 두지 않는다.

<표 3-3> 객실분포

구분	SD 7평	ST 8.2평	ON 8.2평	PD 8.2평	DD 12.3평	DT 12.3평	RS 24.7평	계
3층	8	12						20
5층	8	9	3					20
6층	8			12				20
7층	8			12				20
8층	8				8			16
9층	8				5	1	1	15
10층	8			12				20
계	56	21	3	36	13	1	1	131

Single Room,

Standard Double Room
Superior Double Room
Deluxe Double Room

Standard Twin Room
Superior Twin Room
Deluxe Twin Room

Standard Suite Room
Superior Suite Room
Deluxe Suite Room

그 이외의 특수한 객실 형태는 호텔에 따라서 약간의 차이가 있다.

(예) Presidential Suite, Shilla Suite, Royal Suite, Lotte Suite, Corner Suite 등

2) 객실요금의 종류

객실요금은 대개의 경우 공표요금(Published Rate), 할인요금, 계약요금, 단체(그룹)요금, 균일요금(Flat Rate)등으로 구분된다.

(1) 공표요금: 공표요금은 세금, 봉사료가 포함되지 않고, 할인되지도 않은 대외적으로 공표된 요금으로, 기본이 되는 객실요금 형태이다. 영어로는 Published Rate, Full Rate 또는 Rack Rate 라고도 한다.

<표 3-4> 공표요금과 제공(할인)요금

000호텔에 보여주신 많은 관심에 감사드립니다.

저희는 앞으로도 귀사와의 지속적이고 긴밀한 관계의 유지를 바라며 아래와 같이 당 호텔의 객실 이용에 따른 특별혜택을 드리고자 합니다.

1. 객실 요금

객실 타입	공표 요금	제공 요금
스텐다드 더블	₩142,780	₩114,224
스텐다드 트윈룸	₩166,980	₩133,584
슈페리얼 더블룸	₩166,980	₩133,584
디럭스 더블룸	₩229,900	₩183,920

* 상기 금액은 10%의 봉사료와 10%의 세금이 포함 되어 있습니다.

(2) 할인요금(Discount Rate)은 할인규정에 의한 할인적용을 받은 요금 형태를 말하며, 공표요금에서 할인된 요금이며, 할인 후 세금과 봉사료가 아래와 같이 추가되어 실제로 손님이 지불해야 할 요금이 결정되는데 공표요금이 ₩100,000이고 할인율이 30%일 경우 손님이 지불해야할 객실요금의 계산은 다음과 같다.

(예) ₩100,000------공표요금(실제로 세금과 봉사료가 부가되기 전의 요금)
30%------할인율

₩70,000------할인된 요금
₩ 7,000------10% 봉사료

₩ 77,000------합계
₩ 7,700------10% 부가가치세

₩ 84,700------손님이 지불해야할 객실 요금

즉 봉사료 10%는 할인된 요금의 10%이지만 부가가치세는 봉사료가 포함된 요금의 10%가 가산(加算) 된다는 것을 염두에 두어야 한다.

우리나라의 한국방문의 해 같은 특별한 때나 외교 대사관의 경우에 영세율을 적용 받는데 외국인의 경우의 예도 같은 방식으로 설명해보면 다음과 같다.

(예) ₩100,000------공표요금(실제로 세금과 봉사료가 부가되기 전의 요금)
30%------할인율

₩70,000------할인된 요금
₩ 7,000------10% 봉사료

₩ 77,000------합계
₩ 0------0% 부가가치세

₩ 77,000------손님이 지불해야할 객실 요금

외국인 고객은 ₩ 77,000을 지급하면 된다. 관광호텔이지만 봉사료를 받지 않는 주로 소규모 호텔의 경우도 ₩ 77,000를 지급하면 되는 것이다.

(3) 계약요금은 계약 대상에 따라 특정한 룸 타입(Room Type) 내에서의 계약요금이 결정되게 된다. 예를 들면 항공사 승무원의 계약요금, 특정 기업체의

장기 투숙객을 위한 계약요금, 특정항공사 고객을 위한 계약요금, 특정한 호텔예약 대행조직(업체) 즉 SRS, UTEL, PHW와 같이 호텔예약을 대행하는 업체의 계약요금, 특정 여행사의 계약요금 등 보통객실(Standard Room)을 이용할 경우 계약요금은 ₩60,000 ₩70,000 또는 $130.00 (Inclusive 10% Service charge and 10%VAT) 와 같이 계약된 요금을 말한다.

(4) 균일요금(Flat Rate)은 주로 여행사 단체(Group)요금이나 컨벤션(Convention) 요금에 적용하는 경우가 많으며 싱글, 더블, 투인 룸을 막론하고 동일(균일) 요금을 적용할 경우 적용되는 요금이다. 이때에 혼자 사용하든 둘이 사용하든 균일 요금을 받는 것이 보통이다. 단 엑스트라 베드(Extra Bed)를 사용 시에는 추가요금을 받게 된다.

(5) 추가요금을 받을 경우에는 한 객실에 손님이 두 사람 이상 사용 시 엑스트라 베드(Extra Bed)를 사용 시 Extra bed Charge를 추가시키며, Executive Floor를 이용 시 Executive Floor Charge를 추가시키며, Check-out Time이 정오인데 늦게 퇴숙할 경우에 Late Check-out Charge를 추가로 받는 요금을 말한다.

(6) 홀드 룸 차지(Hold Room Charge)란 실제로 객실사용은 하지 않고 내일 투숙시간(Check-In Time) 이전에 체크-인(Early check-in)할 목적으로 짐을 객실에 놓아둔 상태로 또는 잠은 외부에서 (타 호텔 또는 친척집 등)자고 (Sleep out)방을 잡아 놓고 사용치 않았지만 객실을 판매할 수 없기 때문에 차지(Charge)하는 것을 홀드 룸 차지(Hold Room Charge)라고 한다.

<표 3-5> 객실요금

(단위 : 원)

Room Type	Rate	Add Tax & Service Charge	Add Service Charge
SD	110,000	133,100	121,000
ST	130,000	157,300	143,000
ON	130,000	157,300	143,000
PD	130,000	157,300	143,000
DD	180,000	217,800	198,000
DT	180,000	217,800	198,000
RS	400,000	484,000	440,000
Extra Bed	20,000	24,200	22,200

3) 객실 할인규정(Room Discount Regulation)

회사에 따라서 할인규정의 내용은 다소 차이는 있지만 대부분의 경우 아래와 같은 할인 규정에 따라서 업무수행을 하게 된다.

(1) 할인대상은 당 호텔에 손님을 많이 보내주는 회사를 대상으로 하며 그 밖에 잠재적 가치가 있는 회사나 또는 잠재고객까지도 포함하게 된다.
예를 들면 기업체, 정부, 항공회사, 여행사, 호텔업계, 협회, 단체, 고가(高價)객실 이용자 또는 단골손님 등이다.

(2) 할인규정의 내용은 성수기와 비수기를 구분하고 주중 주말의 할인율이 상이할 경우가 많으며, 할인된 요금 즉 계약요금으로 대치할 경우도 많다.

(3) 할인규정(예)

<표 3-6> 할인규정

할인 대상	할인율(%)		최종 결재자(결재권한)				
	성수기	비수기	과장	부장	이사	전무	사장
기업체 A	20 %	30 %	○		○		
기업체 B	15 %	25 %		○			
기업체 C	10 %	20 %					
관광업계종사원	20~50	30~50					
호텔종사원	20~50	30~100			○		○
항공사 직원	20~50	30~100			○		○
여행사 직원	20~50	30~100			○		○
정부관리, 외교관	20 %	30 %			○		○
유엔 산하 직원	20 %	30 %			○		○
기자급	20 %	30 %			○	○	
장기투숙객	20~40	30~50			○	○	
단골손님	20~30	30~40			○	○	
Suite Room이용 손님	20~30	30~50			○	○	
단체, 협회의 임직원	10~20	20~30			○	○	
판촉상, 회사관리상 필요한 손님 또는 잠재고객일 경우	20~100%				○	○	○
기타 오너 가족, 임직원	20~100%				○	○	○

* 할인율 및 최종결재자는 회사운영 및 조직상 약간의 차이가 있을 수 있으며 회사의 규모에 따라서 할인대상도 약간의 차이가 있을 수 있음.

2. 예약 접수시 내용분석

예약 접수시 고객의 성향이나 예약자에 따라 호텔 프론트에서는 여러 가지 상황이 발생할 수 있는데 이에 따라서 그 내용을 확인하여 그에 맞는 맞춤형 고객관리 및 대응이 필요하다. 즉 아래와 같은 항목들의 내용을 중점으로 하여 정보를 입력한다.

1) 숙박기간 : 언제 와서 언제 나갈 것인가?: Arrival and Departure
2) 도착시간 또는 Flight No. 는?
3) 고객성명은? (Last Name, First Name, Initial은 ?)
4) 호칭은? (Mr. Mrs. Miss. Dr. Professor Madam. His Excellency 등)
5) 요청하는 객실형태는?: (Room Type)
6) 객실요금은 할인예약인가 아니면 계약요금인가?
7) 요청하는 객실 수는?
8) 몇 %의 할인을 적용해야 하는 예약이며
9) 할인이유는?
10) 국적은?
11) 공항 픽업 서비스 요청 객인가 아닌가?
12) 별도의 실적 및 확인을 위하여 마크 코드(Mark Code)를 입력할 것인가?
13) 예약객에 대한 메시지(Message) 표시 유무는?
14) 객실의 선 배정(先 配定)을 원하는가? (Pre-Assignment)
15) 예약처는?
16) 예약자는 누구인가?
17) 예약처 전화번호, Fax, 번호는?
18) 대분류, 중분류, 소분류의 분류 방법은?
19) 집 또는 사무실의 연락처 주소는?
20) 숙박기간 동안 발생되는 계산상의 지불조건 및 지불방법은?
21) 부가가치세 및 서비스 차지(Charge)의 부가(附加)는?
22) 후불일 경우 계산서의 청구는?

23) 선수금 접수시 선수금액, 일자, 화폐단위는?
24) 보증 예약(Guarantee Reservation)일 때 크레디트 카드명(名) 및 크레디트 카드번호는?
25) 커미션 관련 예약일 경우 커미션 화폐단위(Commission Currency) 및 커미션 액수는? (정액)
26) 커미션은 몇 %인가(정율)
27) 단체예약일 경우 무료 객실 수(Complimentary Room)는?
28) 엑스트라 베드 요청 객일 경우 엑스트라 베드의 수(數)는?
29) 단골 고객일 경우 원하는 층수(層數)는?
30) 예약(숙박) 목적은?
31) VIP일 경우 VIP 구분 및 VIP 호칭(呼稱)은?
32) 별도 특기사항은 (Remark)?
33) 무료 서비스 제공시 예우의 종류는(Flower, Fruit, Cake Tea Service 및 등급 (Deluxe, Standard)은?
34) 무료 서비스는 누구의 명함으로 할 것인가?
35) 예약번호 관리는?
36) 일행이 여러 명일 때 관련 예약번호는?
37) 예약 입력(접수자)의 고유번호는?
38) 예약은 구두, FAX, 전화, 편지 중 어느 방법인가?
39) 예약접수일자는?
40) 예약 변경시 변경일자 및 변경자는?
41) 단골 고객일 경우 고객번호는 (VIP Card #)?

위와 같은 사항들 중에서 필수항목을 선별해서 입력항목을 결정한 다음 입력형식이나 방법을 결정한 후에 CRT(단말기) 화면 크기에 알맞은 입력화면을 디자인하게 되며 오퍼레이터가 입력이 편리하게 그리고 필요한 항목 우선순위에 따라서 배열하고 한눈에 쉽게 볼 수 있게 디자인 하지 않으면 안 된다.

<표 3-7> CONFIRMATION OF RESERVATION

CONFIRMATION OF RESERVATION

ATTN :NEC
FROM : 000 tourist hotel

[RESERVATION CONFIRMED]

1. CONNECT PERSON
NAME : 김00 님
TEL : 054-473-0000
FAX : 054-473-0000

COMPANY NAME	ROOM TYPE	IN	OUT	RATE
OKUZONO WATANABE SUZUKI	STN	10/31	11/2	₩70,000

2. ACCOMMODATION PLAN
NOTICE
RATE -The price including breakfast, Internet service
PAYMENT-Account own
Thank you for reservation.

DATE 08. 01. 01
FRONT 김 00

000 TOURIST HOTEL

3. 등록업무(Registration)

1) Room Indicator

전관의 각 객실상태를 Staying, Check-out, Clean-up의 3종류로 분류·표시하고 있으며, Message Lamp 및 Key Box를 겸용하고 있으므로 객실판매, 메시지 및 외출 여부의 Information등 각종 Desk의 업무가 Room Indicator에 의하여 처리되고 있으며 업무능률향상과 합리적인 직무수행에 가장 중요한 기능을 가지고 있다.

Room Indicator는 호텔에서 사용되는 전자시스템의 일종으로써 회사마다 기능과 사용방법에는 차이가 있지만 업무를 수행하는 부문에서는 비슷하다.

Room Indicator는 크게 3가지 형태로 분류하는데 청소완료와 청소지시, 청소중인 메시지(램프의 색깔로 표시)가 대표적이다. 프론트의 룸클럭은 이 색깔을 참고로 객실을 상태를 파악하고 고객의 체크인을 받는다.

2) Stock Card

빈 객실의 판매가능 여부에 대하여 색깔로 구분된 플라스틱 카드를 Key Box에 넣으므로 각 객실별 상태를 표시하여 Room Pre-assign 및 고객 도착시에 신속·정확하게 객실판매를 할 수 있도록 이용되고 있으며, 컴퓨터와 Indicator의 예기치 않은 고장시를 대비하여 사고 시에도 원활한 객실판매절차가 이루어지도록 도모하여, 종류 및 활용방법은 다음과 같다.

(1) Green Card(판매 가능한 객실)

Room Status 묶음에 의한 객실판매가능을 나타내며, 오전근무조 및 오후근무조는 근무시작과 동시에 StockCard를 KeyBox에 넣는다.

(2) Black Card(수리 중인 객실)

하우스키핑으로부터 수리요청을 접수한 직원은 우선 그 객실이 Pre-assign

및 Blocking Room이 아닌가를 확인한 후 문제가 없으면 고장 난 객실로 처리된다.

(3) Red Card

① Lost Key Room인 경우 : 2개의 Stock Card를 빗대어 넣어 쉽게 식별토록 한다.
② 비수기에 에너지 절감을 위하여 각 층별로 Blocking의 경우의 Convention과 FIT, group을 위한 당일 Room Block용으로 사용된다.

(4) White Card

장기투숙객, VIP, House Use Room인 경우에 L./T, VIP, H/U로 표시 한 후 Slip을 부착하고 KeyBox에 넣는다.

3) Check-in 업무

Check-in 업무는 Front Desk의 주 업무이자 가장 중요한 업무 중의 하나이다.

Check-in이란 숙박의 개시를 말하며, 고객이 호텔에 도착하여 등록이 끝난 다음 호텔 측에 의하여 객실을 제공받는 과정이다.

(1) F. I. T

개인고객의 Check-in절차는 고객의 성향에 따라 천차만별이고 주로 호텔 이용을 함에 있어서 여러 가지 문제를 일으킬 소지가 많은 고객이 대부분임으로 고객의 등록 하는 과정에 유심히 살피는 고도의 기술을 필요로 하고 있으며, 예약객실의 형태, 요구하는 층 및 위치, 지불조건, 객실요금 등의 세심한 주의력으로서 사소한 실수가 발생되지 않도록 주의를 기울여야 한다.

① Walk-in & Daily Pick-up Guest

먼저 예약 유무를 확인한 후 예약이 되지 않은 Walk-in Guest 또는 Daily Pick-up 고객은 프론트 데스크에 비치된 등록카드에 인적사항을 상세하게 기록

하도록 한다. 예를 들면 고객의 주민번호, 전화번호 등은 반드시 기록하게 하고 계산은 미리 선수금을 받거나 카드의 경우 객실요금만이라도 먼저 승인 또는 지불을 받도록 해야 한다.

② 예약고객(FIT)

당호텔의 예약 Line을 통하여 도착 이전에 이미 예약이 확인된 고객을 말한다. Bell Man의 안내에 의하여 Front Desk에 고객이 도착되면 Front Clerk은 환대인사와 함께 예약 유·무를 확인한다. 예약이 확인되면 미리 전산에서 Posting 되어있는 등록카드를 Rack에서 뽑아내어 고객에게 제시한다. 예약을 하였다고 할지라도 고객의 신분이나 인적사항이 이상한 경우에는 Walk-in & Daily Pick-up Guest에 준하는 행동으로 미리 요금을 받아야 근무자의 입장에서 안전하다.

③ 등록(registration)

등록카드는 호텔에서 규정된 것을 사용하여야 하며, VIP나 단골고객은 사전에 준비된 등록카드(인적사항이 기재된 것)를 제시하여 고객은 서명만 하도록 한다. 일명 Fast Check-In Service 라고도 한다.

④ 단체(Group)

단체의 Check-in 절차는 Tour coordinator에 의하여 이루어지고 있으며, FRONT DESK에서는 단체예약 Copy에 의거하여 모든 준비를 하여야 한다.

(가) 단체의 예약확인

단체예약에 의거 Front Office Manager는 당일 Expected Arrival Group에 관하여 오전에 여행사의 단체고객일 경우에 사용객실의 수, 종류, 숙박일자, 인원수, 도착시간 이용교통기관, 식사관계, Baggage, 지불방법, 안내 등을 재확인하여 객실판매에 효율적으로 대처하여야 한다.

(나) 객실배정(room assignment)

객실배정시 특별한 요청이나 사전에 객실배정이 되었는지의 여부를 파악한다. 회사의 높은 분이 올 경우 회사에서는 나름대로 미리 객실 지정을 호텔에 요구하는 경우가 많고 예약한 회사원이나 일행이 미리 고객이 오기 전 과일, 꽃수반 또는 바구니, 그 외 자사의 제품을 객실에 비치하고 자신의 손님이 오기를 기다리기도 한다. 호텔의 영접이 아닌 개인적인 영접 중의 하나의 형태로 볼 수 있다.

(다) Key Card 준비

Rooming List에 의거 객실배정이 완료되며, Key Card에 객실번호·고객성명을 기입하여 단체별로 Key를 분류하여 준비를 한다.

(라) 아침식사의 준비

대부분의 단체는 식사 쿠폰에 의해 식사내용이 사전에 정해지는 경우가 많고, 사전 통보가 없는 경우 당일 Check-in시 안내원이나 단체인솔자에 의해 식사내용을 확인·작성하여 식음료 및 해당 부서에 copy된 1부씩 보내 주어 각 업장에서 참고하도록 하여야 한다.

(마) 단체의 도착

단체의 Check-in : 당직지배인이나 Room Clerk이 Tour Coordinator 역할을 담당하여 단체에는 Organizer나 Tour Escort 또는 Tour Leader가 대부분이다.

일괄도착 : 단체는 일시에 많은 고객이 도착하므로 신속하고 정확하게 진행하여야한다.

개인별 도착 : 단체가 도착하기 전 먼저 혹은 나중에 개인적으로 도착하여 숙박을 요구한다.

(바) 단체의 등록 및 확인사항

단체에 대한 등록은 단체인솔자나 대표자 1인만 등록하고, 단체명단을 접수받아 교부하며, 단체명부가 준비가 안 되었을 경우에는 투숙과 동시에 인솔자의 성명과 연락 가능한 전화번호를 받아두어야 한다.

(사) Morning Call의 확인

Morning Call은 통상 아침식사 30분전이 되나, 특별한 경우에는 단체인솔자나 안내원에 의해 시간이 결정되며, Morning Call List 1부를 교환 실에 보낸다.

(아) 조식(breakfast)의 확인

단체의 정보에 의해 알려진 내용의 조식의 종류·인원·시간 등을 해당 부서의 책임자에게 확인하며, 변경된 사항은 다시 확인하여 재 통보하도록 한다.

(자) 단체안내원의 무료식사권 발행

단체의 정보에 의해 결정된 무료식사권 발행은 경리과에서 확인된 식사권에 단체명, 사용일자, 안내원성명 등을 표기하고, 반드시 Complementary(무료)를 표시해 주어야 한다.

4) Check-out 업무

Check-out 업무는 투숙한 고객이 떠날 때 이루어지는 업무를 말한다.

(1) Late Check out

Check out 기준 : 정오 12:00
Late Check out일 경우: 일일이 전화로 퇴숙시간 문의 - 공손한 언어사용
Check out인데 숙박시간 연장일 경우 : 객실가능 여부 확인 후 확답할 것
추가요금 : 12:00 - 15:00 rack rate의 30%
15:00 - 18:00 rack rate의 50%
18:00 이후 Full Charge

(2) VIP Check - out : 타인에 의해 계산되는 경우가 많으므로 실제 투숙하는 시간을 정확히 체크할 것.

(3) Group Check - out : 사전에 Check out 시간을 확인, 미리 준비토록 한다.

(4) HIGH BALANCE고객의 관리

고객이 투숙 중 지불해야 할 금액이 높으며, 고객의 신원이 확실하지 않고 지불능력이 없다고 판단될 경우 고객의 신원에 대하여 가장 잘 알고 있는 객실부와 협의하여 지불독촉을 하게 된다. 그리고 2, 3차 독촉을 하여도 무(無)응답일 경우에는 강제 퇴숙 시키고 경찰서에 고소한다.

(5) UNFAIR GUEST(악성고객)의 Bill 처리방법의 (예)

1차 해결방법으로 예약처에 확인하여 수금하고 객실부와 수납의 협조 하에 해결하거나 처리한다. 2차 해결방법은 고소장을 관할 경찰서 및 지방지청에 접수시키고 외국인 및 내국인을 같이 동행할 경우 외국인은 외사계(外社係))에 내국인은 조사계에서 처리한다. 그리고 동행하지 않을 경우, 거주지 관할 지방지청 종합민원실에 접수하고 민사 소송할 경우에는 소장은 관할 민사지방법원 종합민원실에 접수한다. 예방방법으로는 지불조건의 확인, 여권 및 주민등록번호를 정확히 기입, 가능하면 크레디트 카드의 Imprint, Walk-in Guest의 선수금 제도강화, 예약 접수시 예약처의 전화번호 및 담당자를 정확히 파악하여 입력 등 예방이 최선의 방법이다. 참고로 고소장은 6하 원칙에 의거하여 작성하며 민사소송후 판결문을 받은 후 집행을 부여, 그리고 강제집행문과 송달(送達)증명원을 받으면 관할 집달관 사무실에 접수 압류, 감정, 경매(유찰될 때까지)하여 종료시킨다. 200만 원 이하는 소액사건이라 하며, 200만 원 이상 500만원까지를 소액사건 500만 원 이상을 합의사건이라 한다.

5) 고객의 불평 불만사항 처리

(1) 대처요령

① 끝까지 겸손하게 경청
② 육하원칙에 의해 접수대장에 기록
③ 요구에 부응할 수 있는 최대한의 조치 취함

(2) 처리단계

① 고객의 불만을 듣는다.
② 불만원인을 분석한다.
③ 해결책을 검토한다.
④ 해결책을 고객에게 제시한다.
⑤ 처리결과 검토한다.

6) Skipper 발생

Skipper는 정당한 퇴숙절차를 이행하지 않고 떠난 고객으로 호텔에 주로 손실을 입히고 가버리는 경우가 대부분이다. 그래서 Skipper가 발생되고 나면 호텔의 피해도 피해지만 근무자가 겪는 고충은 이루 말할 수 없으며 심지어 근무자가 근무태만으로 오해받기도 하고 금전적으로도 손해가 발생되며 근무자가 책임을 지고 모두를 변상하는 경우도 발생한다. 호텔에 내부 규정에 따라 Skipper 발생 시 결재 라인을 통하여 처리하고 있다.

(1) Skipper 예방

① 연락처의 이상 유무 사전 확인
② Walk in인 경우 : 선수금 지부 또는 신용카드를 사전에 서명토록 한다.
③ 등록카드 기록 철저히 신분증 확인 대조
④ 타인, 회사 지불일 경우 : 지분자에게 전화로 확인한다.
⑤ 수상한자 신원 불분명 : Key check 철저히 한다.
⑥ 신용카드 서명시 분실 또는 신고된 것인지 확인한다.

(2) Skipper 처리

① 신원 확실한 경우 : 여신계 의뢰
② 신원파악이 불가능한 경우 : 총지배인의 결재를 득한 후 결손처리
③ 분실 및 도난 카드 또는 수표 사용 시에는 Front Cashier의 접수담당자가 책임을 짐

4. 객실조정

프론트 근무자의 원활한 업무수행과 고객의 만족 호텔의 최대의 가격으로 최대의 객실을 판매하기 위해서 객실종류의 파악 및 자료작성, 예약 및 타 부서와의 긴밀한 연락업무를 수행하기 위해서 객실의 조정이 필요하다.

1) 예약의 점검

(1) Reservation Card : 변경된 예약조건에 대하여 예약카드에 해당부분 정정한다.
(2) 출발예정일의 변경 : 고객의 일정을 수시로 체크하던지 고객의 요청에 의해 일정이 예약보다 체크아웃이 빠른지 연장되었는지 확인하고 반드시 컴퓨터의 CRT나 인수인계를 통해 변경사항을 수정해야 한다.
(3) 객실종류의 변경 : 기존의 예약한 객실의 종류가 다를 경우 객실 예약과에 반드시 확인하여야 하며 예약과 직원이 없는 경우는 프론트에서 변경한다.
(4) No Show : 예약고객이 아무 연락 없이 나타나지 않는 경우에 대비하여 예약된 고객에 대해 예약자에게 컨펌전화를 하여 예약사항을 재점검한다.
(5) 취소 : 예약한 고객이 일정변경 등으로 예약이 취소된 경우 예약과에 연락 변경하여야 하며 다른 예약을 받거나 Waiting 된 예약이 있을 경우 Waiting 된 예약 고객에게 전화를 걸어서 예약을 받도록 한다.
(6) 예약 Slip의 보관 : 모든 업무가 종료된 예약 Slip은 일자 표기 후 예약과에 보관

2) 출발예정의 확인

보통은 고객이 도착하여 체크 인 할 때 확인하나 변경되는 경우도 있다.

출발일 임박하여 숙박연기 하는 경우 : 객실조정 및 통제의 어려움이 있으므로 사전 확인할 것

당일 연장고객인 경우 : 지정객실이 사용가능한지 확인하여 고객에게 알려준다.

3) 하우스키핑과의 연락

(1) 늦게 퇴숙(late check-out)하는 객실 : 당일 판매가능 하도록 준비한다.
(2) 연장객실(extension) : 객실번호, 변경된 출발일자 통보한다.
Room check Report의 대조 : 상이한 점은 재확인하여 발송한다.

4) No show와 Cancellation의 방지

(1) 원인

No Show: 예약자의 무관심에서 기인

Cancellation: 갑작스러운 일, 예약자의 사정에 기인하지만, 미리 알려주는 경우가 많다.

(2) 대책

선수금을 받는다.

예약횟수보다 정확성 기한다.

예약 확인시 확인 : 접수시의 예약자, 연락처, 지불관계, 숙박기간수, 사용객실 종류

일요일, 공휴일, 연휴 시에는 전날 미리 예약확인 한다.

5) Turn Away 발생시

사전 예약된 고객에게 호텔측의 사정으로 객실을 제공하지 못하며 다른 호텔을 알선 해 주는 것이다.

(1) 호텔에 원인이 있는 경우

① 예약 Slip 누락된 경우

② 고객이 도착예정시간 이내에 도착한 경우

③ 예약금 지불약속이 된 예약으로 자정 후 늦게 도착한 경우

④ 호텔 내부의 객실에 문제가 발생한 경우

(1-1) 처리방안

① 타 호텔 예약 및 교통편의 제공

② 1박분 실료의 부담을 당 호텔에서 지불

③ 희망에 따라 익일 당 호텔로 유치(pick up service)
(이때 호텔 측은 리무진 서비스나 객실에 과일이나 꽃 같은 것을 setting해 놓는다.)

(2) 고객에게 원인이 있는 경우

① 도착시간 없고 예약처 및 본인과 연락되지 않은 예약으로 18:00가 경과한 경우
② 공항도착시간으로부터 2시간 이상 경과된 경우(비행기 연착 제외)
③ 통보된 시간으로부터 1시간 이상 연락이나 도착이 안 된 경우
④ 통보된 항공기의 탑승자명단에 없는 경우

(2-2) 처리방안

① 타 호텔 예약 및 교통편의 제공
② 1박분 실료의 부담을 당 호텔에서 지불
③ 희망에 따라 익일 당 호텔로 유치(pick up service)

5. 통신용어의 이용방법

통신 용어는 주로 군(軍)에서 정확한 의사소통을 위하여 사용하였으나, 지금은 업무상 특히, 국제전화 통화시 또는 예약전화 통화시 잘못 알아듣는 경우가 발생하거나 반드시 확실한 철자가 요구 되는 경우 정확한 영자스페링(Spelling)을 전달하기 위한 방법으로 많이 사용되고 있다. 특히 항공사에서는 정확한 스펠링을 전달하거나 확인할 때에 많이 이용되고 있으며 호텔에서도 객실예약을 받거나 기타의 용도로 다양하게 사용된다.

알파벳순 통신용어

A: A like Alpha(or Apple)	N: N like November(or Norway)
B: B like Bravo(or Boy)	O: O like Oscar(or Opera)
C: C like Charly(or City)	P: P like Papa(or people)
D: D like Delta(or Denmark)	Q: Q like Quebec(or Quickly)
E: E like Echo(or England)	R: R like Romeo(or Rome)
F: F like Foxtroat(or Fox)	S: S like Siera(or School)
G: G like Golf(or Germany)	T: T like Tango(or Time)
H: H like Hotel(or Hot)	U: U like Uniform(or Uncle)
I: I like India(or Israel)	V: V like Victor(or Victory)
J: J like Juliet(or Japan)	W: W like Whisky(or Window)
K: K like Kilo(or Korea)	X: X like X-Ray(or Xerox)
L: L like Lima(or London)	Y: Y like Yankee(or Yes)
M: M like Mike(Mother)	Z: Z like Zuru(or Zero)

외국인의 예약을 받는데 외국인이 직접 전화가 와서 예약을 할 경우 발음이 어려워서 구분이 안 되는 경우에 사용하면 되는데 예를 들어 고객성명이 Mr. Nakajima일 경우 다음과 같은 요령으로 통화하면 된다.

N like November, A like Alpha, K like kilo, A like Alpha, J like Juliet, I like India, M like Mike, A like Alpha와 같이 불러 주거나 복창하여 상호 정확한 의사소통이 되도록 하여야 한다.

또는 L을 London L, 또는 Lucky L 등과 같이 본인이 잘 아는 지명 또는 성명으로 대치하여 이용하는 경우도 있다. 특히, 전화상 구분이 잘 안 되는 스펠링은 M과 N, P와 T, Z과 G, B와 V, X와 S등은 있는데 특히 주의 하여야 하며 국제통화시 스펠링이 잘못 전달되는 경우가 예상외로 많다. 국내인 끼리 통화 할 때도 이런 방법을 사용하는데 경상도 사람의 경우 발음이 힘들어 다른 지역사람들이 못 알아듣는 경우가 종종 있다. 예를 들어 보면 사람의 이름이나 지명을 얘기 할 때 홍길동 음악선생님 이라 한다면 홍자 길자 동자 이렇게 하기도 하고 홍콩할 때 홍 음악 할 때 음 이렇게 한다.

이 통신 용어를 완전히 기억하고 평상시 이용하는 습관을 갖는 것이 좋다. 특히, 국제전화 통화할 때, 국, 내외 호텔 예약시, 항공편 예약시 또는 까다로운 스펠링을 불러주거나 받을 때 위의 통신 용어를 이용하면, 정확을 기할 수 있기 때문이다.

특히, 관광업계나 사무직에 근무하는 종사원들은 필히 기억해 두는 것이 자기 자신을 위해서 많은 도움이 될 것으로 확신한다.

최근 컴퓨터 시스템이 발달한 시대에서는 특히 그러하다. 스펠링을 잘못 불러 주어서 또는 잘못 듣고 실수를 범하는 일은 없어야 할 것이다.

예를 들면 당신이 신혼여행을 위한 항공예약 및 호텔 예약을 했을 경우, 스펠링 잘못으로 예약이 잘못되어 신혼여행의 기분을 망칠 경우를 생각해 보면 쉽게 이해될 수 있을 것이다.

제3절 호텔정보시스템 개념

1. 호텔정보시스템(HIS Hotel Information System)의 정의

호텔정보시스템은 호텔의 중요한 자원인 정보의 흐름과 처리를 통하여 효과적인 경영을 하고자 하는 것이다. 환대산업은 고객 거래의 도표화된 매뉴얼과 이것을 문서화하는 활동과 깊은 관계가 있다. HIS의 발달은 비용절감, 빠르고 정확한 업무처리로 호텔의 데이터 프로세스를 단순화하기 위한 하나의 시도이다.

호텔의 주요업무가 대 고객 서비스 업무로서 자동화가 절대적으로 필요하며 시스템의 특성은 고객의 다양한 예약, 등록, 체크인, 영업장 이용, 체크아웃 등의 절차에 맞추어 운영되어 왔다. 빠른 정보를 요구하는 고객의 욕구에 부응하고 현대화된 설비구축을 위해 많은 비용을 투자해 왔으며 이런 노력은 호텔산업이 타 산업에 비해 월등히 앞서가는 정보시스템 구축이라는 효과를 가져왔다. 호텔정보시스템은 24시간 영업을 하는 관계로 시스템의 활용시간이 타 업종에 비해 높고 활용되어지는 자료들은 실시간으로 제공되어 저장되며 호텔정보시스템의 객실관련 업무를 예약, 프론트, 교환 실, 하우스 키핑, 객실관리 업무를 담당하는 Front Office System을 사용하고 식. 음료의 매출관리, 주방관리의 업무는 POS System을 사용한다. 또한 프론트 오피스 시스템과 POS 시스템에서 발생하는 자료를 자동으로 이관하여 고객에 대한 매입, 매출관리를 하는 Back Office System을 사용하고 있다. 그리고 자동화 관련 정보를 제공하기 위해 메인 컴퓨터에 연결된 Interface System이 있으며 최근에 개발된 콘텐츠는 객실내에서 인터넷을 이용한 다양한 정보를 제공하는 객실정보시스템이 운영되어 고객을 위한 질 높은 서비스를 제공하고 호텔 종사원들이 이를 활용함으로서 호텔의 기본적 목적을 달성하고자 하는 특성이 있다.

호텔정보시스템의 개념을 요약하면 호텔에 가장 중요한 자원인 정보의 흐름과 적절한 조절을 통해서 경영의 효율성을 한층 더 제고시키는 것을 말하는데, 이러한 호텔정보시스템의 등장배경은 관광수요의 고도화 다양화에 능동적으로 대처하기 위하여 관광객에게 호텔환경의 적응력을 향상시키며, 새로운 관광수요를 환기시키고, 관광지의 지역경제 활성화를 도모하기 위하여 등장했다.

호텔정보시스템은 관광호텔 기업의 정보시스템을 적용시켜 중요한 호텔 정보의 적절한 취급과 유통을 원활히 하여 관광호텔업의 경영 및 관리의 효과를 높이는데 의의가 있다. 호텔정보시스템은 호텔 기업과 관련하여 내, 외부에서 발생하는 모든 자료를 분석하고 측정하며, 현재의 분석과 미래를 예측할 수 있어야 한다. 뿐만 아니라 필요한 정보를 수집, 처리, 분석, 보관하였다가 의사결정을 하고자 하는 호텔정보의 사용자에게 정보를 제공하는 기능을 수행하게 하는 절차라고 할 수 있다.

호텔은 사람을 대상으로 서비스를 제공하는 업체이다. 그러므로 고객이 원하는 모든 서비스의 정보가 각 업체에 실시간으로 제공되어져야 한다. 특히, 호텔서비스는 365일 24시간 풀 작동되어져야 한다. 이러한 요소로 호텔정보시스템은 다른 기업의 정보시스템보다 많은 어려움을 느끼고 있으며 작동시간이 높다.

2. 호텔정보시스템의 특성

호텔 서비스업은 365일 24시간으로 영업을 하기 때문에 정보 시스템 가동 시간이 다른 업종보다 매우 높은 편이다. 그러므로 한 직원이 24시간을 근무 할 수 없기 때문에 백오피스나 프론트 오피스처럼 부서가 다른 직원들이 주간과 야간으로 구분하여서 정보 시스템을 운용한다. 또한 호텔 정보 시스템의 자료는 하루에 수차례 저장하는 절차를 가지는데 이는 실시간으로 운영되는 고객 정보를 정보 시스템 재해 발생 시 가급적 최신 자료를 재생시켜 손실을 최소한으로 줄이기 위한 것이다. 그리고 시스템의 종류가 다양하기 때문에 시스템의 기능에 따라 사용자의 부서가 구분이 된다. 고객과 직접 접하는 프론트 오피스의 직원이나 업장의 종업원들은 정보시스템의 서비스 품질에 따라 직접적으로 칭찬과 불평등의 영향을 받으며 이 같은 상황들은 다른 업종에 비하면 고객으로부터 종사원이 받는 직접적인 영향력이 매우 크다고 할 수 있다.

호텔정보시스템의 특징을 정리하면 다음과 같다.

첫째, 소속이 다른 직원이 주간과 야간을 구분하여 정보시스템을 운영한다.

예를 들면, 정보시스템부서의 근무자가 밤에는 없는 대신에 프론트부서에 근무하는 나이트오디터(Night Auditor)가 자정에 일일 업무를 마감하고 오전 아침에 경영진들이 볼 수 있도록 Fresh Report를 작성하며, 야간에 호텔을 이용하는 고객의 정보를 입력 및 출력한다. 그러나 업무 수행중 정보시스템의 고장 및 소프트웨어 문제 등에 의해 야기되는 점은 전산실직원들에게 연락을 하여 해결할 수밖에 없다. 즉 전산실 직원들은 전산정보시스템을 24시간 운영해야 함으로 근무시간의 제한이 없다.

둘째, 호텔정보시스템에 사용되는 자료는 하루에 수차례 저장하는 절차를 가진다.

그 이유는 실시간으로 운영되는 고객정보를 정보시스템 재해 발생 시 가급적 최신자료를 재생시켜 손실을 줄이기 위해서이다.

셋째, 호텔 정보 시스템의 종류는 다양하기 때문에 정보시스템의 기능에 따라 사용자의 부서가 구분된다.

간단히 설명하면 객실관련 업무를 관리하는 프론트오피스시스템, 식, 음료 부서를 관리하는 업장관리시스템(POS) System)을 사용한다. 그리고 프론트오피스 시스템과 업장관리 시스템에서 발생하는 자료를 자동으로 이관하여 고객에 대한 매입, 매출관리와 인사. 급여. 원가. 경리 등을 하는 관리부서는 백오피스 시스템이 사용된다.

넷째, 사설 교환기(PABX: Private Automatic Branch Exchange)를 이용한 객실 자동화 정보 시스템이다. 이 기능은 호텔에서 매우 중요시 여기는 정보 시스템 서비스의 일종이므로 호텔 서비스 간에도 이 시설에 의해 호텔의 수준을 평가하기도 한다.

다섯째, 고객을 직접 상대하는 프론트오피스와 업장관리 시스템을 사용하는 종사원은 인적 서비스 제공수준과 직무만족 요인이 정보시스템의 품질 정도에 의해 고객으로부터 칭찬 또는 불평 의견을 들을 수 있다. 예를 들면, 체크아웃을 기다리는 고객이 있는데 정보시스템 문제로 영수증 발급이 지연되고, 이로 인하여 항공기 시간에 쫓기게 되는 경우 고객으로부터 불평을 듣게 되며, 이로 인하여 만족한 서비스 제공이 되지 않고 종사원 자신도 스트레스를 받게 된다. 반면, 고객이 객실에 부재 중일때 고객에게 연락된 메시지를 무사히 전달할 경우에 고객으로부터 감사의 말과 함께 직무에 만족을 느끼게 된다. 결론적으로 호텔정보 시스템은 다른 업종에 비하면 정보시스템으로 인해 고객으로부터 종사원이 받는 직접적인 영향력은 크다고 할 수 있다.

3. 호텔정보시스템의 도입필요성

1) 외부환경변화에 적절히 대응할 수 없고, 미래예측도 어려우며, 호텔기업의 거대화·복잡화에 따른 의사소통이나 현실적응의 곤란함을 해결하고 변화에 적응하기 위해 필요하다.
2) 고객을 직접 접하는 호텔기업의 특성과 서비스가 절대적으로 중요한 부분을 차지하는 호텔경영에서 고객 서비스의 질적 향상을 위해 필요하다.
3) 치열한 경쟁이 존재하는 시장경제체제하에서 쏟아지는 각종 정보의 증가에

대해 호텔기업의 경쟁력을 강화하기 위해 필요하다.

4) 데이터 처리의 신속화, 전표·원장의 통일화, 정보 및 통계처리의 정확성 등의 효과를 위해 필요하다.

4. 호텔정보시스템의 기본적 목적

시기적절하고 이해하기 쉬운 정보를 경영자에게 제공하고 불필요한 문서와 데이터를 감소 또는 제거시켜 향상된 운영조절과 즉각적인 가시성을 운영자에게 제공함으로써 경영자가 고객 사이클을 더 잘 감독, 조절할 수 있게 한다. 또한 호텔은 더욱 향상된 고객서비스를 제공하며 비용절감에도 기여하기위한 목적이 있다.

5. 호텔정보시스템의 종류

일반적으로 호텔정보시스템은 프론트오피스 시스템(Front Office System)과 백오피스 시스템(Back Office System), 인터페이스(Interface)로 구성된다. 여기서 프론트 오피스 시스템은 고객과 직접적인 접촉을 갖고 매출을 발생시키는 프론트 오피스 업무를 지원하는 시스템을 말하며 백오피스 시스템은 프론트 오피스에서 발생하는 매출의 집계와 분석 그리고 호텔의 관리를 위한 제반 업무를 지원하는 시스템을 말한다. 또한 인터페이스는 프론트와 백오피스를 상호 연결하여 메인 컴퓨터와의 상호 온라인 업무처리를 가능케 하는 소프트웨어를 말하며 이를 총칭하여 PMS(Property Management System)이라 하며 여기에는 POS기와 PABX와 같은 것과 신용카드 단말기 등이 연결되어 운영되어 있으며 경영의 의사결정을 할 수 있는 경영정보시스템이 통합되어 운영되고 있다.

최근에는 메인 컴퓨터와의 연결을 통해 고객정보를 신속하게 지원하는 다양한 콘텐츠가 개발되어 운영되고 있다.

좀 더 쉽게 이해하기 위해 호텔정보시스템의 구성도를 간단히 나타내자면 아래와 같다.

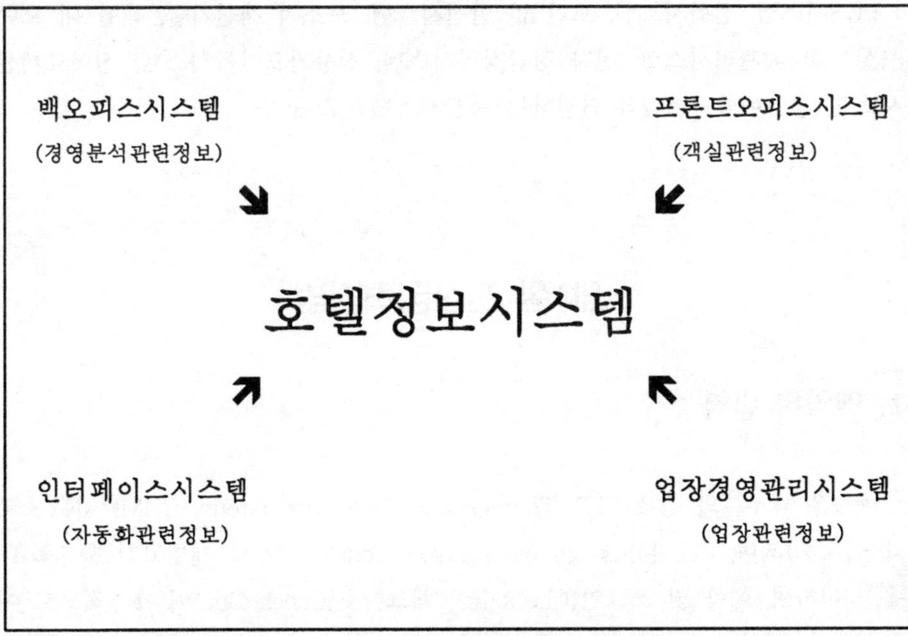

<그림 3-1> 호텔정보시스템의 구성도

1) Front Office System

예약시스템(예약, 체크인, 아웃, 여행알선 등)
객실관리 시스템(하우스키핑, 고객정보)
고객회계 시스템(야간회계, 일일회계, 마케팅, 고객계정보고)

2) Back Office System

인사관리, 급여 관리, 일반회계관리, 구매 관리, 자재관리, 원가관리, 영업부서 관리, 연회예약관리, 판촉고객관리, 관광안내정보, 관광문헌정보 등.

3) 호텔관리시스템 종류

POS시스템, 전화시스템, 보안 및 안전시스템, 보조적 객실기술, 객실 내 오락시설, 에너지관리시스템, 전자 잠금장치시스템, 신용카드판독시스템, 전화료계산시스템, 중앙예약시스템과 연결하는 통합시스템으로 구축

제4절 전산입력방법

1. 예약의 입력

예약은 대부분의 경우 FIT, Tour Group, Convention Group, COMPANY으로 대별(大別)되며, FIT란 Foreign Independent Tour의 약자로 개별고객(個別顧客)을 의미하며, 예약 및 체크인(Check-In), 체크아웃(Check-Out)이 개인적으로 이루어지며, 객실 수는 5실 이하다. 단체는 주로 10인 이상의 고객을 말하는데 호텔에 따라 무료객실을 제공하기도 한다. 단체(Tour Group)는 대부분의 경우 여행사에서 판촉부에 예약을 의뢰하여, 예약되는 것이 보통이다. 지불조건은 대부분의 경우 객실료에 한하거나 아침이 포함된 요금을 주로 선호 하며 여행사에서 바우처(Voucher)로 지불되기도 하고, 현지 호텔에서 현금이나 카드로 지불하기도 한다. 바우처는 여행사 고객의 표시로 발행된 것이라 후불이나 아니면 미리 송금한 경우이다. 이 때 전체 전표(Bill)를 모아서 함께 지불하는 것을 마스터 빌(Master Bill)이라고 하며, 컨벤션(Convention)이라 함은 국제회의를 동반한 단체로 대부분의 경우 식사는 회의를 하는 호텔에서 취하는 것이 보통이다.

숙박료 지불은 일반적으로 Tour Group과 같이 Master Bill로 처리하는 것이 보통이나, 개인적으로 지불하는 경우도 종종 있다.

1) FIT예약

FIT예약은 아래와 같이 실적통계의 자동화를 위하여, 대분류(大分類), 중분류(中分類), 소분류(小分類)로 구분하여 판촉활동을 위한 자료로 활용하게 된다.

여기에서는 임의적으로 코드를 부여하였고, 호텔마다 부여하는 코드가 다르고 호텔정보시스템에 따라 다르다. 하지만 프로그램과 코드는 다르지만 내용은 별반 차이가 없다.

대분류 : FIT, GROUP, CONVENTION의 구분 : "F" --- FIT

중분류 : 예약경로별 분류 : "COR" --- Corporate Account

소분류 : 예약처(회사)별로 분류한다. : "SSG" --- Samsung Group

☞ 상기 예약은 FIT예약이며, 기업체인 삼성그룹의 예약을 의미하고, 통계도 자동처리 된다. 이것은 시장세분화에 주로 사용되고 호텔내부에서 정해진 코드이다.

이때에 SSG를 더 세분화할 필요가 있을 경우에는 (삼성전자, 삼성기계 등)별도의 코드(Code)를 등록하여 입력하면, 보다 세분화된 통계자료를 얻을 수 있다.

(1) 기업체(Corporate Account) : 일반회사, 단체, 정부주요기관 등으로 부터의 개인 비즈니스 목적, 관광목적 또는 공식적인 정부초청 등 개별적으로 예약되는 고객을 의미하며, 객실요금은 할인요금 또는 계약요금을 적용하게 된다.

(2) 국내 여행사를 통한 개별 예약 : 국내여행사의 개별예약.

(3) 해외 여행사를 통한 개별 예약 : 해외여행사의 개별예약.

(4) 항공사의 일반고객의 예약 : 항공사에서 항공사의 고객서어비스 측면에서 호텔예약을 서비스로 하여주는 개별예약.

(5) 패케이지의 예약 : 객실, 식음료, 부대시설이용 또는 관광도 포함되어 판매되는 예약.

(6) 특수예약 : 승무원(Air Crew), 미군, 항공사 레이오버(Lay-Over) 고객 등 특별히 계약을 맺고 접수되는 예약.

(7) 기타 : 무예약객(無豫約客)(Walk-In Guest) 및 상기 범주 내에 포함 되지 않는 예약을 의미한다.

상기(上記)와 같은 예약구분은 호텔의 성격에 따라 좀 더 세분화 될 수도 있고 축소될 수도 있으며, 통계를 위하여 대분류, 중분류, 소분류로 구분하여 예약을 접수하며, 통계자료는 판매 전략의 자료로 이용된다.

2. 출력(Out-Put)을 위한 입력(In-Put) 항목 및 입력방법

1) 대분류 : FIT, Group, Convention의 구분

(1) FIT : "F" 또는 자동입력
(2) Group : "G"로 입력구분
(3) Convention : "C"로 입력구분 하고 Convention Group일 경우에는 중분류에서 CON으로 입력하고 Convention예약이지만 개인지불 조건이나, 도착, 출발일자 상이(相異)할 경우에는 "C"로만 입력하여 통계를 유지한다.

2) 중분류 : 중분류는 대개의 경우 FIT의 예약 경로별 실적의 통계를 참고하기 위하여 구분되는 분류이다.

(1) 기업체(Corporate Account) : COR
(2) 국내여행사(Local Travel Agent) : LTA
(3) 해외여행사(Overseas Travel Agent) : OTA
(4) 항공사 예약(Airlines Reservation) : AIL
(5) 패케이지 예약(Package Reservation) : PKG
(6) 특수 계약 : SPA
(7) 기타(Others) : OTH와 같이 구분할 수 도 있다.

3) 소분류 : 소분류는 대리점 명을 입력하여 개별사(個別社)의 실적 통계를 파악하는데 이용되며 소매점(Sub-Agent)명은 별도로 관리하여 잠재시장 판촉에 이용된다.

(1) 대우중공업 : DHI

(2) 삼성전기 : SSE
(3) 영원무역: YWT 등과 같이 입력하여 회사별 자동실적통계를 이용한다.

3. 출력을 위한 입력항목의 코드화 및 내용 입력방법

입력항목	입력 CODE	입력방법(예)
1 도착일자(CHECK-IN DATE)	C/I or ARR	0917 or 880917
2 출발일자(CHECK-OUT DATE)	C/O or DEP	0920 or 880920
3 고객성명(GUEST NAME)	NAME or G/NAME	HONG KIL-DONG
4 호칭(TITLE)	TTL or TITLE	MR. MRS. DR. PRO
5 ROOM TYPE	R/TYPE or TYPE	ST or SD
6 ROOM RATE	RATE(₩)	₩ 120,000
7 NO. OF ROOMS	NOR or RMS	1
8 할인율(DISCOUNT)	D/C or DSC	20%
9 할인이유	RS or RSN	RV
10 국적	NTY or NLTY	ROK
11 FLT. NO	FLIGHT or FLT	KEOOI
12 AIRPORT PICK-UP 유무	APT or APU	P
13 MAKE CODE	CD or CODE	AA
14 객실배정 번호	RM₩ or ROOM₩	2000
15 예약처	CTT or CONTACT	HYUNDAI
16 예약자	NAME or RQ BY	MISS KIM
17 예약처전화번호	TEL or PHONE	771-10
18 지불방법	PAYMENT	PL(Pany LATER)
19 지불조건	CONDITION	RO(Room Only

입력항목	입력 CODE	입력방법()
20 대분류(SOURCE 구분)	SOURCE or SOS	COR(Corporate Account)
		KTB(KOREAN TOURIST
21 중분류(SOURCE 구분)	AGENT or AGT	BUREAU)
		THC(THOMAS COOK)
22 소분류(SOURCE 구분)	SUB-AGENT.S/AGT	₩19-55 NOBUNDONG
23 HOME/OFFICE ADDRESS	ADDRESS. ADDR	NN(NO TAX)
24 TAX유무 표시	TAX	HYUNDAL HEAVY IND.
25 BILL청구처	BILL TO.B/TO	000111
26 DEPOSIT No.	DPNO.	88 0910
27 DEPOSIT DATE	DP DATE	1000
28 DEPOSIT AMOUNT	DP AMNT	$ or ₩
29 DEPOSIT CURRENCY	DP CURR	10%
30 AGENT COMMISSION	AGT-COMM	10%
31 SUB-AGENT COMMISSION	AGT-COMM	3
32 정율(COMMISSION %)	FP	5$
33 정액(COMMISSION AMOUNT)	FA	G
34 GUARANTEE예약	GTD	3
35 COMPLIMENTARY ROOM 수	C-RMS	1
37 원하는 객실층	EXB	25
38 여행 목적	FL	BUS
39 VIP TITLE	POT.PURP	PRESIDENT
40 REMARK	V-TTL	BILL WITH 2300
41 단골고객번호	RMK	331122
42 COURTESY	GST No.	FLW-STD-A
43 BY NAME OF	CTSYBY	PRE(PRESIDENT)
44 예약번호	RSV No.	001122
45 관련예약번호	CNET No.	001123
46 입력자 고유번호	OP No.	222
47 도착예정시간	ARR-TIME	1330
48 출발예정시간	DEP-TIME	1200
49 예약경로	RSV-BY	TLX
50 예약접수일자	RSV-DATE	88 0818
51 예약 변경자	CHG-BY	88 0820
52 예약의 구분	KIND	F(FIT) G(GRP)

상기 항목 중 우선순위를 결정하고 화면사이즈를 참고하여 제한된 화면사이즈에 적합한 화면을 디자인한다.

쉽게 식별할 수 있는 코드 및 입력 방법을 택하여야 한다.

4. 예약화면

RSV# :(1) TYPE RMS DOS RS RATE(₩)

C/I :(2) C/O :(3) (7) (8) (9) (10) (11)

CNET# :(4)

TIME :(5) TIME :(6) 1

OP# :(12) 2

R/BY# :(13) 3

NAME	SEX	TTL	NTY	FLT#	PU	MK	MSG	ROOM#
1 :(14)	(15)	(16)	(17)	(18)	(19)	(20)	(21)	(22)
2 :								
3 :								

COMPANY:(23)	TEL :(24)
NAME :(25)	THRU :(26)

SOURCE :(27) (28) AGT :(29)

PAYMENT :(30) COND :(31) TAX :(32)

ADDRESS :(33)

DP# :(34) DPDATE :(35) AMOUNT :(36)

COM-CURR :(37) AGT-COM :(38) S/AGT-COM :(39)

GTD :(40) NO OF COMP :(41) EXB :(42) FL :(43)

VIEW :(44) PURP :(45) GST# :(46) PKG :(47) VIP :(48)

REMK 1 :(49)	COURTESY :(50)
2	1
3	2

자료 : 일본 Akasaka Prince 호텔 전산메뉴얼 참고

5. 입력방법의 결정

1) (1)의 RSV# : 예약번호를 의미하며 자동 입력된다. 자리 수는 6단위로 000001과 같이 입력한다.
2) (2)의 C/I은 Check-In Date를 의미하며 년, 월, 일을 입력할 때 1년 미만의 예약일 경우는 월, 일자만 입력한다. (0820)
   그러나 1년 이상 예약을 받고자 할 때에는 연, 월, 일을 입력한다. 예약의 양(量)을 감안하여 년 월 일을 입력 운영할 것인가 아니면 1년간만 접수하고 1년 이상의 예약은 별도로 관리할 것인가 결정해야 하는데 년 월 일을 입력할 경우에는 오퍼레이터의 업무량이 증가하는 것을 참고하여 결정하여야 한다.
3) (3)의 C/O는 Check-Out Date를 의미하며 2)의 방법과 동일함.
4) CNET#는 관련 예약번호를 의미하며 RSV#와 같은 일행일 때 또는 일행이 여러 명일 때 사용되는 동행인들의 관련 예약번호를 의미한다.
5) (5)의 Time은 도착 예정시간을 의미하며 FLT#가 없고 국내에서 이동시 도착시에 도착 예정시간을 입력하여 늦게 도착함 등에 참고 된다.
6) (6)의 Time은 호텔 Check-Out Time을 의미하며 VIP 및 Suite Room 이용객의 호텔 출발시간을 입력 이용한다.
7) (7)의 Type은 고객이 원하는 객실형태를 의미하며 대개의 경우는 2코드 즉 SD(Standard Double)와 같이 코드화 하여 입력시킨다.
8) (8)의 RMS는 예약실수를 의미하며 100단위를 최대로 하고 객실 수가 100개 이하일 경우에는 10단위인 두 자릿수를 최대로 한다.
9) (9)의 DIS는 할인율을 의미하며 10%-100%까지로 호텔의 할인규정에 따라 적용한다.
10) (10)의 RS는 할인이유를 의미하며 기업체 할인은 SP를 여행사 할인은 AG를 항공사 할인은 AL을 관련호텔 종사원 할인은 HL을 기타 특별한 경우의 할인은 RV를 할인이유 코드로 정하고 사용하나 회사 나름대로 Code의 결정은 상이할 수 도 있다.
11) (11)의 Rate는 객실료를 의미하게 되며 객실 형태에 따라서 자동으로 출력된다. 단 계약요금일 경우에는 별도로 입력하여 기억시킨다.

12) (12)의 OP#는 주로 예약 클럭의 고유번호를 개인별로 정하고 입력 Clerk의 지정된 번호를 예약Clerk 각 대신 입력하여 참고한다.

13) (13)의 R/BY는 전화로 받은 예약인가 팩스 또는 편지로 받은 예약인지 상사의 지시에 의한 예약인지 구두에 의한 예약인지를 구분하여 문제가 있을 시 신속하게 확인하기 위함이다.

※ 전화예약은 TE로, 팩스 예약은 FX, Letter로 받은 예약은 LT로, 구두로 받은 예약은 VB로 입력 운영한다.

14) (14)의 NAME(투숙객명)은 투숙예정 고객 명을 의미하며 Last Name, First Name, Initial순으로 입력하며 예약객 확인시 신속히 답할 수 있도록 조치하되 한국인의 Initial은 없기 때문에 Last Name과 First Name만으로 입력된다.

15) (15)의 SEX는 남녀 구별을 의미하며 남성은 M을 여성은 F를 입력하여 이용되는 것이 보통이다.

16) (16)의 TTL은 호칭을 의미하며 Mr. Mrs. Miss Dr. Hon(Honorable) HE(His Excellency) MME(Madam) 등을 구분입력 이용한다.

17) (17)의 NTY는 국적을 의미하며 3Code로 결정하여 한국인일 경우에는 ROK를, 미국인일 경우에는 USA를 입력 이용한다.

18) (18)의 FLT#는 도착 또는 출국할 비행기 편을 의미하며 대한항공 001편은 KE001, Japan Airline 002편은 JL002와 같이 항공사 명은 2Code로 Flight#는 3단위로 입력하여 이용되는 것이 보통이며 국제공항운수협회(ICAO)에서 정한 세계 공통의 코드이다.

19) (19)의 PU는 Airport-Pick-Up요청이 있을 때 P를 입력하여 공항 픽업 요청객을 Pick-Up해 주는데 이용된다.

20) (20)의 MK는 Mark Code를 의미하며 A부터 ZZ까지 같은 일행 또는 같은 Group성 FIT객이나 작은 국제회의 고객을 리스트엎(List-Up)할 경우 이용되며 수시로 투숙객의 총 리스트를 출력하여 확인 또는 통계에 많이 이용된다.

22) (22)의 ROOM#는 고객의 Room No.를 미리 배정하여 객실에 서류나 사은품을 투입할 경우 선 배정된 객실번호를 입력한다.

23) (23)의 COMPANY는 예약처명(회사)을 의미하며 개인 예약경우에는 전화번호와 예약자만 입력하여 기록을 유지한다.
24) (24)의 TEL은 예약자 전화번호를 입력하여 재확인 시 이용한다.
25) (25)의 NAME은 예약 요청 자를 의미하며 예약자를 입력한다.
26) (26)의 THRU는 본인이 직접 예약요청 하지 않고 제3자의 지시 또는 부탁을 받고 예약을 요청할 때 부탁한 사람의 이름을 입력한다.
27) (27)의 SOURCE는 대분류, 중분류, 소분류의 코드를 입력하게 되며 실적통계를 위하여 필수적이며 분류방법 및 Code 이용은 Code List를 참고하여 입력하게 된다.
28) (28)의 분류는 중분류 또는 Agent명의 코드를 입력하는데 대개의 경우 3 code를 입력한다.
29) (29)의 AGE는 Agent명을 의미하며 SOURCE에 Agent Code를 입력하면 Agent명이 자동으로 입력되어 출력된다.
30) (30)의 PAYMENT는 지불방법을 의미하며 본인지불인지, 후불인지를 표시하여 지불관계를 명확히 해 줌으로서 회사 초청 객일 경우 퇴숙시 착오 없도록 하기 위함이다.
31) (31)의 CODE는 지불조건 즉 Room Only는 RO를, Room & Breakfast Only는 RB를, 전액지불은 AP를 입력하여 지불조건을 명시한다.
32) (32)의 TAX는 내국인이냐 외국인이냐에 따라서 TAX(VAT)를 부과 할 것인가 아닌가를 표시하여 자동으로 부과시키기 위함이다.
33) (33)의 ADDRESS는 단골고객이라든지 아니면 미리 확인된 고객의 주소를 입력하여 익스프레스 체크인(Express Check-In)을 준비하는데 필요하다.
34) (34)의 DP#: DEPOSIT했을 경우에 DP#를 의미한다.
35) (35)의 DATE는 Deposit된 날짜를 의미한다.
36) (36)의 AMOUNT는 Deposit 액수를 의미한다.
37) (37)의 COM-CURR은 커미션 커런시(Commission Currency)를 의미 ₩, $로 표기
38) (38)의 AGT-COM은 Agent-Commission을 의미하며 10%일 때는 P.를 입력하고, 10%이면 10%를 입력하면 자동으로 계상 된다.

39) (39)의 S/AGT-COM은 Sub-Agent Commission을 의미하며 입력방법은 38)과 동일방법이다.

40) (40)의 GTD는 Guarantee예약인지 아닌지를 확인하기 위함이며 보증예약일 경우에는 G를 입력하여 예약의 GTD를 표시한다.

41) (41)의 NO OF COMP는 무료 고객수를 표기한다.

42) (42)의 EXB는 Extra-Bed를 필요로 하는지 표시하여 조치한다.

43) (43)의 FL은 고객이 원하는 Floor의 객실배정에 참고한다.

44) (44)의 VIEW는 남쪽 또는 북쪽 객실을 원하느냐 또는 동쪽이냐를 남쪽이냐를 구분하여 고객이 원하는 층의 객실배정에 참고한다.

45) (45)의 PURP는 여행목적을 의미하며 Business목적은 BUS를 입력하고 관광 목적이면 TOU를 입력하여 여행목적 고객을 확인하는데 참고로 하며 통계에도 이용된다.

46) (46)의 GST#는 단골고객으로 등록된 고객일 경우 고객NO를 의미하며 Passport #, 생년월일, 주소가 등록시 자동으로 입력된다.

47) (47)의 PKG는 Package예약일 경우에 패케이지 코드를 입력함으로서 지불조건 및 객실료 등 자동으로 입력되고 관리하게 된다.

48) (48)의 REMK는 Remark를 의미하며 기타 필요한 정보를 입력하여 참고로 한다.

50) (50)의 COURTESY는 VIP라든지 호텔에서 무료 서비스를 할 때에 필요한 사항이며 꽃 또는 과일 등을 객실에 투입하게 되며 객실에 투입 시에는 명함을 함께 넣어 성의를 표하게 되는데 대개의 경우 총지배인 또는 부서장의 명함을 함께 투입한다.

6. 코드표의 일정(예)

1) 항공사 코드(AIRLINES CODE표 참고)

AA : American Airlines	MH : Malaysia Airlines
BA: British Airlines	SQ : Singapore Airlines
CI : China Airlines	UA : United Airlines
CX : Cathay Pacific Airways	NW : Northwest Orient
DL : Delta Airlines	TW : Transworld Airways
JL : Japan Airlines	NH : All Nippon Airways
KE : Korean Air	OZ : Asiana Air 등

2) 기업체 코드(예)

ACE	ACE TRADING
BAE	SAE JIN
CNI	C.N.INTL
DKI	D K INTL.

자료 : L호텔 전산메뉴얼 참고

3) 국내여행사 코드표(예)

LTS : LOTTE	KTI : KOREA TRAVEL INT/L
OAS : DONGYANG AIR	SJN : SEO JIN
KTC : HANKOOK KWANKWANG	CHO : CHO WON
HTS : HAN JIN	SJO : SE JONG
DBU : DONG BOO	DYE : DONG TANG EXPRESS
NTL : NATIONAL	KUM : KUM KANG
KEC : KAEHAN TONGWOON	HNH : HAN SHIN
EAS : EASTERN	ORI : ORION
PNA : PANA	SUH : SEO YANG AIR
WON : WON BANG	HNS : HAN SUN
SNA : SHIN A	DAW : DAW WON
LUC : LUCKY AIR	EMP : EMPIRE
SEU : SE WOO	BMA : BUM A

DAM : DAE MIN	KOL : KOLON
YNA : YEON A	BOM : BO MOON
COS : COSMOS	CHN : CHUNIL EXPRESS

자료 : L호텔 전산메뉴얼 참고

4) 해외계약 여행사 코드(예)

ABC : ABC TRAVEL	ADB : ASIAN DEVELOPMENT BANK
ARI : ARIRANG	BRY : BOBBY TRANEL
CRW : CROUN TOUR	DRV : DARO A TRANEL
DRB : DEARBORN TRAVEL	DNG : DONG A TRAVEL
DRS : DORISON TRAVEL	EST : EAST WEST
EUR : EURASIA	FAR : FARASIA
FOR : FOURSEAS TRAVEL	GLB : GLOBETROTTER
GOV : GO VOYAGES	INF : INFORMA TOUR
JTB : JTB	JUM : JAMBO TOUR
JMB : JAMBO TOUR	JOT : JAPAN&ORIENT TOUR
JET : JETABOUT	JHC : JHC
KNG : KINGS LINE	KTS : KOREA TRAVEL SERVICE
KTW : KTS WASHINGTON	LES : LES COURRIERS DU MONDE
MRC : MARCPOPLO TOUR	MIT : MIT TOUR
MSK : MAERSK	OFX : ORIENT FLEXI PAS TRS
ORN : ORIENT TOUR	OTS : ORIENT FLEXI PAS TRS
REL : RELIANCE	SEI : SEI VIAGGI
STS : S S TRAVEL	TTS : TAIHAN TRAVEL SERVICE
SHP : SHARP TRAVEL	WEX : WORLD EXPRESS
UEX : ULTRAMER EXRPESS	WMN : WESTMINISTER
WIN : WINGWAH	WGT : WINGATE
UNI : UNIGLOVE	AME : AMEXCO ROOM CENTER
OTM : ORIENTAL MAGIC	MNZ : MENZELL
MKT : MAKTA TOURS	KFR : PROFILE REISER
EWH : EWHA TOUR	KHR : KHRC
ASP : AMEXCO SEOUL PACKAGE	PHR : PHR
PHW : PHW	JTT : JET TOUR
HIC : HICKORY	NTW : NETWORD
NAT : N. A. TOUR	REG : REHENCY TOUR

자료 : L호텔 전산메뉴얼 참고

5) 국적 코드(예)

CODE	NAME OF COUNTRY	CODE	NAME OF COUNTRY
AFG	AFGANISTAN	CAP	CAPCVERDE
ALB	ALBANIA	CAR	CENTRAL AFRICAN REPUBLIC
ALG	ANGOLA	CHA	CHAD
ANG	ANGOLA	CHI	CHILE
ARG	ARGENTINA	CHN	CHINA
AUL	AUSTRALIA	COL	COLOMBIA
AUR	AUSTRIA	COM	COMOROS
BAB	BARBADOS	CON	CONGO
BAH	BAHRAIN	COS	COSTA RICCA
BEL	BELIZE	CUB	CUBA
BGL	BGNGLADESH	CYP	CYPRUS
BHM	BAHAMAS	CZE	CZECHOSLAVAKIA
BHU	BUHTAN	DEN	DENMARK
BRA	BRAZIL	DJI	DJIBOUTI
BRU	BURUNEI	DOC	COMMONWEALTH OF DOMINECAN
BUD	BURUNDI	DOM	DOMINICA
BUL	BULGARIA	ECU	ECUADORE
BUR	BURMA	EGN	EAST GERMANY
CAM	CAMEROON	EGY	EGYPT
CAN	CANADA	EIR	EIRE

자료 : L호텔 전산매뉴얼 참고

6) 해외 호텔예약 전산 대리점 코드(예)

SRS : STEINBERGER RESERVATION SERVICE
WUD : WOOD SIDE
WUD : UTELL
GTH : GOLDEN TULIP HOTELS.

7) 객실 형태 코드의 결정(예)

SD : STANDARD DOUBLE
ST : STANDARD TWIN
PD : SUPERIOR DOUBLE
RT : SUPERIOR TWIN
CS : CORNER SUITE
SS : STANDARD SUITE
PS : SUPERIOR SUITE 등

8) VIP CODE의 결정(예)

VP : VIP
VT : VIP Treatment
EX : Express Check-In

9) 유형별 코드(Mark Code)의 결정(예)

A부터 Z 까지 할 것인가 아니면 A부터 ZZ까지 할 것인지는 사용 볼륨에 따라 결정하게 되며 대개의 경우 1,000실 넘을 경우에는 A부터 ZZ까지 사용하지만 1,000실 이하일 때는 A부터 Z까지만 사용하더라도 충분하다.

Mark Code를 사용하는 목적은 소규모의 개인지불 조건의 단체성 FIT나 Convention의 경우 그 일행의 룸밍 리스트(Rooming List)를 활용하기 위해서다.

10) 지불방법 및 지불조건 코드의 결정(예)

본인지불 : CA　　　　RO : Room Charge Only
회사지불 : PL　　　　RB : Room & Breakfast Only
CREDIT CARD로 지불 : CC
AP : All Pay or MA : Master Account
D.P: Deposit
P.P: Prepayment

11) 예우 종류의 코드 결정(예)

꽃 : FLW 케이크: CAK
과일 : FRT 기타: OTH

12) 명함 코드의 결정(예)

회장 : CHM
사장 : PRE
총지배인 : GM
판촉중역 : SMD
판촉부장 : SMM
객실중역 : RMD
객실부장 : RMM

제4장

객실실무

제1절 객실실무의 실제

1. 숙박약관

숙박의 약관은 투숙객의 안전과 호텔의 원활한 호텔운영 방침을 위해 세워진 일종의 운영방침이라고 할 수 있다. 이러한 숙박약관은 특히 호텔 프론트 직원은 반드시 숙지를 해야 하며 고객의 재산과 안전을 도모한다는 점에서도 장려하고 바람직한 점이라 할 수 있다.

숙박 약관의 내용은 호텔과 고객의 상호간의 관계를 보다 더 잘 하기 위해서 내부적으로 사회통상적인 관념상의 내용을 주 근거로 하여 작성되었으며 정부에서도 소비자 보호와 기업을 보호를 위해서 일정 범위 내에서 지도와 규제를 실시하고 있다. 법적인 강제 규칙은 거의 없다고 할지라도 이러한 내용을 홍보하고 고객에게 인지시켜 줌으로 해서 보다 안전하고 편안한 서비스를 제공하고 제공받는 서로를 위한 규칙인 것이다. 호텔시설을 이용할 때에 고의, 또는 부주의로 시설물을 손상시켰거나, 파손 시켰을 경우 고객이 변상하여야 한 다라든지, 보관하지 않는 현금이나 귀중품을 잃어 버렸을 때 책임의 한계, 예약의 취소, 영업시간의 준수, 개인 숙박등록의 의무사항 등의 내용을 규정하고 있으며, 대부분의 호텔에서는 숙박약관을 많은 고객이 쉽게 접할 수 있도록 3개 국어 즉 한국어, 영어, 일본어로 번역하여 객실마다 비치하고 있는 것이 보통이다. 이러한 내용을 토대로 호텔의 객실에 대해 보다 더 잘 알고 근무할 수 있도록 하자.

제1조(본 약관이 적용)

1. 당 호텔이 체결하는 숙박계약 및 기타 관련계약은 본 약관이 정하는 바에 의하여, 본 약관에 규정되지 않은 사항에 대해서는 법령 또는 관습에 따릅니다.
2. 당 호텔은 신용카드 예약에 관련된 것은 이 규정에 따르고, 그 세부사항은 신용카드사와 호텔 가맹점간의 약관에 따릅니다.
3. 당 호텔은 약관의 취지, 법령 또는 관습에 위배되지 않는 범위 내에서 특약에 응할 수 있습니다.

제2조(숙박접수의 거절) 다음과 같은 경우에 당 호텔은 숙박을 거절할 수 있습니다.

1. 본 약관을 적용할 수 없는 숙박 요청을 할 때
2. 만실로 인하여 객실의 여유가 없을 때
3. 숙박 요청 자가 숙박에 관한 법령 또는 공공질서나 미풍양속에 위배되는 행위를 할 염려가 있다고 판단될 때
4. 숙박 요청 자가 전염병자로 명백히 판단될 때
5. 숙박에 관하여 필요 이상의 부담을 갖게 할 경우
6. 대한민국 법령 등이 규정하는 바에 따라 숙박할 수 없다고 판단될 때

제3조(성명 등의 신고) 당 호텔은 숙박예약 신청자에게 다음사항의 명시를 요구할 수 있습니다.

1. 숙박자의 성명, 성별, 국적, 직업, 주소, 여권번호, 주민등록번호, 전화번호 등
2. 기타 당 호텔에서 필요하다고 인정되는 사항

제4조(예약금)

1. 당 호텔이 숙박예약 신청을 받을 경우에는 지급을 받은 경우에만 예약을 보증합니다. 단, 신용카드를 이용할 경우에는 예약금 지급 여부에 관계없이 예약을 보증합니다.

2. 전항의 예약금은 5조에서 정한 내용에 해당할 때에는 위약금에 충당하고 잔액이 있을 때에는 반환해 드립니다. 단, 예약금 없이 신용카드를 이용할 경우에는 신용카드회사에서 제5조에서 정한 내용에 해당되는 위약금을 청구합니다.

3. 당 호텔은 신용카드에 의한 예약 또는 예약취소 시에는 접수번호, 접수일시, 접수자 성명, 위약금 내용을 예약자에게 알려드립니다.

제5조(예약해제)

1. 당 호텔은 예약 신청자가 예약의 전부 또는 일부를 취급했을 경우 다음과 같이 위약금을 청구합니다.

(1) 일반 숙박 예약자

가. 숙박일 2일전에 해약하였을 경우: 위약금 없음

나. 숙박일 1일전에 해약하였을 경우: 최초 1일 숙박요금의 20%

다. 숙박당일 18:00 이전에 해약하였을 경우: 최초 1일 숙박 요금의 50%

라. 숙박당일 18:00이후에 해약 또는 취소하였을 경우 최초 1일 숙박요금의 80%, 이후 예약 자동해제

(2) 단체 숙박예약자 (15인 이상)

가. 숙박일 5일전에 해약하였을 경우: 위약금 없음

나. 숙박일 4일전부터 2일전 사이에 해약하였을 경우: 1인당최초 1일 숙박 요금의 10%. 단 예약자의 10% 미만 해약 시에는 미부과

다. 숙박일 1일전에 해약하였을 경우: 1인당 최초 1일째 숙박요금의 20%

라. 숙박당일 18:00 이전에 해약하였을 경우: 1인당 최초 1일째 숙박요금의 30%

마. 숙박당일 18:00 이후에 해약 또는 불숙하였을 경우: 1인당 최초 1일째 숙박요금의 30% 및 2일째 숙박요금의 10%, 이후 예약 자동해제

2. 전항의 경우에 기차, 항공기 등 공공운수 기관의 불착 또는 지연, 기타 숙박자 개인의 책임이 아니라고 인정될 때에는 위약금을 청구하지 않습니다.

제6조(예약의 취소) 당 호텔은 별도의 규정 외에 다음의 경우에 예약을 취소할 수 있습니다.

1. 제2조 1항부터 6항까지 해당될 때
2. 제3조 1항이 허위일 때
3. 제4조 1항에 규정된 예약금을 지불하지 않았을 때

제7조(등록절차) 숙박자는 당 호텔에 도착하는 즉시 프론트 데스크에서 다음 사항을 등록하여 주셔야 합니다.

1. 제3조 1. 2항의 사항

제8조(요금의 지불) 1. 숙박자는 퇴숙하거나 당 호텔의 지불요청이 있을 때 현금. 여행자수표, 신용카드 또는 쿠폰으로 프론트 수납원에게 지불하여 주시기 바랍니다. 단, 개인수표는 수납하지 않습니다.

2. 숙박자는 요금지불의 혼란을 미연에 방지하기 위하여 퇴숙예정 1일전에 프론트 수납원에게 요금정산을 확인하여 주시기 바랍니다.

3. 숙박자는 숙박등록을 필한 이후에는 임의 또는 부득이한 사정으로 숙박할 수 없는 경우에도 숙박요금을 지불하셔야 합니다.

제9조(객실열쇠의 수령 및 반납)

1. 숙박자는 등록시 데스크에서 객실 열쇠를 수령하시고, 퇴숙시 요금지불과 함께 프론트 수납원에게 열쇠를 반납하셔야 합니다.
2. 숙박자가 투숙중 객실열쇠를 분실하셨을 때는 즉시 프론트 데스크에 통보하여 주시고, 재 제작비를 지불하셔야 합니다.
3. 숙박자가 열쇠를 소지하고 퇴숙 하셨을 경우에는 우편물 또는 가타의 방법으로 당 호텔에 되돌려 주셔야 합니다.

제10조(숙박계속의 정지) 당 호텔은 다음의 경우에 숙박계속을 정지할 수 있습니다.

1. 제2조 3항에서 6항까지 해당된다고 판단될 때
2. 당 호텔은 규칙을 불이행하였을 때

제11조(숙박의 책임)

1. 숙박에 대한 당 호텔의 책임은 숙박등록 또는 객실안내 시점부터 시작되어 숙박자가 퇴숙 하고자 객실을 비웠을 때 끝나게 됩니다.
2. 숙박자가 당 호텔의 규칙 및 약관을 이행하지 않음으로서 발행되는 사고에 대하여 당 호텔은 책임을 지지 않습니다.
3. 당 호텔은 숙박예약 보증 후 숙박자에게 객실 제공을 못할 경우에는 동등 또는 타 숙박시설을 알선하고 최초 1일 숙박요금의 200%를 보상합니다.

제12조(이용규칙의 준수) 숙박자는 당 호텔이 정한 이용규칙을 준수하여야 합니다.

제13조(영업시간) 당 호텔의 부대시설 영업시간은 별도로 게시되어 있으며 사정에 따라 변경될 수 있습니다.

제14조(퇴숙시간)

1. 당 호텔의 퇴숙시간은 정오입니다.
2. 퇴숙하실 고객은 사전에 프론트 데스크에 알려주십시오.
3. 시간이 경과되었을 경우 다음과 같이 추가요금이 부가됩니다.

(1) 오후 3시까지: 객실요금의 30%

(2) 오후 6시까지: 객실요금의 50%

(3) 오후 6시 이후: 객실요금의 전액

Accommodation Agreement	
Article 1. Application of Provisions	1. Accommodation contracts and related contracts to be considered By this hotel shall by in accordance with the following provisions. Particulars not covered in these provisions shall be considered in accordance with the local laws and customary practices of the land. 2. When reservations are made with credit cards, the hotel will follow the agreements detailed in the existing contract between the hotel and the credit card company. 3. Notwithstanding, the hotel may consider special arrangement. Such arrangements will not run contrary to the spirit of these provisions, local laws or customary practices of the land.
Article 2. Rejection of Accommodation Requests	This hotel reserves the right to refuse accommodation under the following circumstances: 1. When the accommodations requested do not comply with these provisions. 2. When this hotel is fully Booked : i.e., no rooms are available 3. When it is considered that through their stay in this hotel, persons requesting a room may conduct themselves in such a manner as may prove contrary to the local laws or may disrupt and harmony of the general public. 4. When the person requesting accommodations can be seen to be in a state of ill health which may prove hazardous to persons with whom he may come in contact with. 5. When the guests requesting a room may act in a manner contrary to the hotel regulations or may have done so in the past. 6. When the request for accommodations runs contrary to the regulations stipulated tn the laws of the Republic of Korea.
Article 3. Clarification of Name, etc...	When this hotel has accepted a request for accommodations in advance of the day of occupancy(here in after called "Reservation"), the following information may be requested within a designated period: Name, Sex, Nationality, Occupation, Address, Passport No, or other particulars desired by this hotel, of the person for whom the reservation has been made.

Article 4. Reservation Deposit	1. The hotel will only guarantee reservations when a deposit for accommodation is made. Reservations made with a credit card will receive the same consideration as a cash deposit. 2. Reservation deposits can be utilized towards payment when a breach of agreement exists. Any remaining balance will be refunder. When reservations are guaranteed by a credit card, accommodation payment for breach of agreements will be paid by the credit card company in accordance with Article 5. 3. When reservations are made by credit cards and cancelled, the individual will be informed of the application number, date, name and amount of billing.
Article 5. Cancellation of Reservation	1. When a reservation is wholly or partially cancelled this hotel reserves the right to request payment for the breach of agreement as follows: A. Individual Guests 1) Cancellation made two days before expected arrival: No cancellation fee. 2) Cancellation one day prior expected arrival: 20% of the first day's room charge. 3) Cancellation prior to 18:00 on the day of expected arrival: 50% of the first day's room charge. 4) Cancellation after 18:00, or no arrival on the day of expected arrival: 80% of the first day's room charge per person and cancellation of any further reservations. B. Group Guests(15 persons or more) 1) Cancellation 5 days prior to expected arrival: No cancellation fee. 2) Cancellation two to four days before expected arrival: 10% of the first day's room charge per person. If less than 10% of the total reservation is cancelled, no cancellation fess will be charged. 3) Cancellation one day prior to expected arrival: 20% of the first day's room charge per person. 4) Cancellation prior to 18:00 on the day of expected arrival:30% of the first day's room charge per person. 5) Cancellation after 18:00, or no arrival on the day of expected arrival: 30% of the first day's room charge per person, 10% of the second day's room charge and cancellation of any further reservations. 2. Cancellation charges will not be required if a guest can verify that the failure to appear was due to the delay or non-arrival of a public conveyance.

Article 6. Cancellation of Reservation by This Hotel	This hotel the right to cancel reservations under the following conditions: 1. When one of the conditions in Article 2 prevails. 2. When the requested particulars in Article 3 have not been presented within the designated period. 3. When payment of a reservation deposit has been requested as stipulated in Article 4, but not received.
Article 7. Registration	Guests are requested to register the particulars listed in Article 3 with the front Desk on their day of arrival.
Article 8. Payment of Bills	1. Payment of bills shall be made, in currencies, traveller's check. credit cards or coupons recognized by this hotel, to the Front Desk Cashier at the time of departure is when requested by this hotel. (Personal checks will not be accepted). 2. Guests shall pay for the accommodations from the commencement of occupancy. 3. This hotel cannot be responsible for the guest's charges should they voluntarily or unavoidably not to use these facilities.
Article 9. Receipt and Return of Room Key	1. During registration at the Front Desk, guests will receive their room keys to the Cashier. 2. Should a room keys be mislaid, it should be reported to the Front Desk Immediately. The replacement charge will be billed to your account. 3. Should a guest fail to return a room key upon checking out. this hotel requests that the guest return the key via any method as soon as possible.
Article 10. Receipt and Return of Room Key	Should the guest not observe the conditions in the foregoing or should they be considered as characteristic of Clauses 3-6 in article 2, this hotel reserves the right to reject continued occupancy.
Article 11. Accommodation Responsibility	1. It is the responsibility of the hotel to ensure that the accommodations are adequate from the time the guest registers at the Front Desk until check-out. 2. This hotel cannot accept any responsibility for any accident arising out of the guest's failure to observe the hotel regulations. 3. If the hotel can not nit provide accommodations confirmed in advance the hotel will provide accommodations either equal to or similar in class to the reservations made, and will compensate with 200% of the first day's room charge.

Article 12. Observance of Regulations	Guest are advised to observe the regulations established and displayed by this hotel.
Article 13. Hours of Operations	The operational hours of the facilities this hotel offers are publicized by each governing department and are subject to change on short notice.
Article 14. Check-out Time	1. The normal check-out time in this hotel is 12 noon. 2. Please inform the Front Desk prior to your check-out. 3. Late check-out charges are as follows: 1) 12:00 to 15:00: 30% of daily room rate. 2) 15:00 to 18:00: 50% of daily room rate. 3) After 18:00 : full daily room rate.

宿泊約款

第1條 (本約款の適用)	1)當ホテルの締結する宿泊契約及びこれに關連する契約はこの約款に定めるところによるものとし、この約款に定められていない事項に關しては法令または 慣習によるものとします。 2)當ホテルのクレジットカード豫約による細部規定はクレジット會社とホテル加盟店の約款によるものとします。 3)當ホテルはこの約款の趣旨, 法令及び慣習に反しない範囲で特約に応ずることができます。
第2條 (宿泊引受けの拒絶)	當ホテルは、以下の場合には宿泊の引受けをお斷りすることがあります。 1)宿泊の申込みがこの約款によらない場合。 2)滿室のため客室の余裕がない場合。 3)宿泊しようとする者が宿泊に關し法令の規定叉は公の秩序もしくは、善良の風俗に反する行爲をするおそれがあると認められる場合。 4)宿泊しようとする者が伝染病であると明らかに認められる場合。 5)宿泊に關し特別な負擔を求められた場合。 6)大韓民國の法令等の規定に沮害する場合。
第3條 (姓名等の申告)	當ホテルは、宿泊豫約の申込者に對して次の事項の申告を求めることがあります。 1)宿泊者の氏名,性別、國籍, 職業, 住所, 電話番号, 旅券番号等 2)その他、ホテルが必要と認める事項。
제4條 (豫約金)	1)當ホテルが宿泊豫約をお引受けする折、豫約金のお支拂いを受けた場合に限りその豫約を保証いたします。ただしクレジットカードをご利用になる場合には豫約金のお支拂いに關係なく豫約を保証いたします。 2)前項の豫約金は、第5條に該當する場合には解約金に充當させていただき、その殘額は返還いたします。ただし、豫約金なしのクレジッドカードをご利用いただいた場合には。第5條に該當する解約金を請求させていただきます。 3)クレジツトカードによる豫約または豫約取り消しの場合は受付番号、受付日時を受付者氏名,解約金明細書を豫約者にご連絡いたします。

제5條 (豫約の解除)	1)當ホテルは宿泊豫約の申込者が宿泊豫約の全部又は一部を解約した場合、次に掲げるところにより解約金を請求させていただきます。 1。 一般客(F.I.T) イ)宿泊日の2日前に解約した場合 : 解約金は不必要。 ロ)宿泊日の1日前に解約した場合 : 宿泊第1日目の料金の2 0%。 ハ)宿泊當日の午後6時以前に解約した場合 : 宿泊第1日目の料金の50%。 ニ)宿泊當日の午後6時以後に解約または宿泊しなかった場合: 宿宿泊第1日 目の料金の80%。尙、それ以後の豫約は自動的に解除されます。 2。 団体客(15人以上) イ)宿泊日の5日前に解約した場合 : 解約金は不必要。 ロ)宿泊日の4日前から2日前の間に解約した場合 : 1人當り宿泊第1日 目の料金の10%(ただし解約人數が全体の10%以内の場合には解約金は 不必要です。) ハ)宿泊日の1日前に解約した場合 : 1人當り宿泊第1日目の料金20%。 ニ)宿泊當日の午後6時以前に解約した場合 : 1人當り宿泊第1日目の料金の 30%。 ホ)宿泊當日の午後6時以後に解約または宿泊しなかった場合 : 1人當り宿泊第1日目の料金の30%及び宿泊第2日目の料金の10%。尙 、それ以後の豫約は自動的に解除されます。 2)前項の場合、宿泊者が到着しなかった理由が、列車, 航空機等公共の 運輸機關の不着または遲延その他宿泊者の責に帰さない理由によるもので あることが証明された場合は、豫約金は請求いたしません。
第6條 (豫約の取り消し)	當ホテルは他に定められた場合と以外の場合は宿泊豫約を解除することが できます。 1)第2條1項から 6項までに該當する場合。 2)第3條1項が虛僞である場合。 3)第4條1項で規定された.豫約金の支拂いがなされない場合。

第7條 (宿泊の登錄)	宿宿泊者は當ホテルのフロントテスクに於て、次の事項を登錄してください。 1)第3條 1項に關する事項. 2)第3條 2項に關する事項。
第8條 (料金の支拂い)	1)宿泊者は出發の際、またはホテルが料金請求をした時、フロント會計にて現金または旅行小切手で料金をお支拂ください。 2)宿泊者は料金支拂いの混亂と間違いをなくす爲、出發豫定の一日前にフロント會計に計算準備を要請してください。 3)宿泊者が一旦登錄した後、任意に宿泊しなかった場合に於ても、宿泊料金は請求されます。
第9條 (宿泊鍵の引受け及び返還)	1)宿泊者は宿泊登錄の際、フロントテスクで鍵を受け取り、料金支拂いの際に會計に鍵を返還してください。 2)宿泊中鍵を紛失された場合は、直ちにその旨をフロントデスクまでご連絡ください。また新たに鍵をつくる費用をお支拂いいただきます。 3)鍵を返還せず出發された場合は、直ちに郵便またはその他の方法で當ホテルまで返還するようお願いいたします。
第10條 (宿泊繼續の停止)	當ホテルは,　次の場合には宿泊の繼續をお斷りすることがあります。 1)第2條の3項から6項までに該當するものと判斷した場合。 2)當ホテル利用規則に從わない場合。
第11條 (宿泊の責任)	1)宿泊に關する責任は,宿泊者がフロントテスクに於て、宿泊登錄を行った時、または客室に入った時に始まり、宿泊者が出發するため客室を出た時に終了します。 2)當ホテルの利用規則に從わない爲に發生した事故につきましては、當ホテルでは一切責任を負いかねます。 3)宿泊預約を保証した後, 當ホルの責に婦する理由で、客室提供が不可能となった場合,　その宿泊者に同一、または類似の條件で他の宿泊施設を斡旋し、宿泊第1日目の料金の2倍に當る金額を補償いたします。
第12條 (利用規則の遵守)	宿宿泊者は當ホテルが定めた當ホテルの利用規則に從ってください。
第13條 (營業時間)	當ホテルの附帶施設の營業時間は別途提示してありますが、場合により變更することがあります。
第14條 (チエックアウトタイム)	1)當ホテルのチエックアウトタイムは正午です。 2)チエックアウトするお客様は前もってフロントテスクに退室時間をお知らせください。 3)チエックアウトタイムおを超過した場合は、次の通り追加料金を請求させていただきます。 イ)午後 3時まで 客室料金の30%。 ロ)午後 6時まで 客室料金の50%。 ハ)午後 6時以後 客室料金の全額。

2. 환전업무

1) 환전영업자등록안내

환전영업자는 거주자 및 비거주자로부터 내국지급수단을 대가로 외국통화 및 여행자수표를 매입(환전)하거나 비거주자에게 일정 범위 내에서 외국통화를 매도(재환전)하는 업무("환전업무")를 業으로 영위하기 위해 한국은행에 등록한 자를 말한다.

❖ 관련규정 :규정 제3-1조, 제3-2조

[한국은행 등록 · 신고사항]

환전영업자는 환전 업무에 필요한 영업장을 갖추고 관련서류를 구비하여 한국은행에 등록하여야 한다. 또한 환전영업자가 그 명칭, 영업소의 소재지, 환전업무의 취급범위를 변경하거나 환전 업무를 폐지하고자 하는 경우에도 한국은행에 변경·폐지 신고를 하여야 한다.

한편 환전영업자는 외국통화등을 매입하는 경우 환전증명서를 제출받아 주민등록증, 여권 등으로 인적사항을 확인하여야 하고 당해 외국통화등의 취득이 신고등의 대상인지 여부도 확인 하여야 하며, 동일자에 동일인으로부터 미화 2만불을 초과하는 매입을 한 경우 외국환매입신청서 사본을 익월 10일 이내에 국세청에 통보하여야 한다.

<u>환전영업자 등록시 제출서류</u>

(1) 환전업무등록신청서 1부.
(2) 법인등기부등본, 사업자등록증, 주민등록증사본(개인)
(3) 자가인 경우 : 건물등기부등본

임차인 경우 : 건물등기부등본, 임대차계약서 사본(건물등기부등본상의 명의인과 임대차계약서상의 임대인이 일치하는지의 여부 확인)

(4) 환전영업소 도면(영업장 도면에 환전영업자표지판 및 외국환매매율게시판 위치 등을 표시)

◎ 등록절차

① 등록 신청 시 및 제반서류를 제출 접수 신청

② 서류검토후 이상 없으면 관할 시·군·구청에 보내는 등록통보서 교부(접수후 3시간이내)

③ 관할 시·군·구청 세무과에 등록통보서를 제출하고 면허세납무

④ 면허세 영수증을 한국은행에 제시하면 환전영업자등록증 및 안내책자 교부

⑤ 등록증을 갖고 거래할 시중은행 점포를 정하여 해당점포에서 지정거래외국환은행 지정

⑥ 유선(053)429-0334)로 지정거래외국환은행 통보

⑦ 환전업무안내책자 내용에 따라 환전업무 시작

<표 4-1> 환전업무등록신청서

환전업무등록신청서			처리기간
			즉시
①상 호		②설 립 연 월 일	
③대 표 자			
④주 소			
⑤환 전 업 무 의 취 급 범 위			

외국환거래법 제8조제3항 및 동법시행령 제15조제1항의 규정에 의하여 위와 같이 신청합니다.

년 월 일

신청인 ㊞

(전화)

한국은행총재 귀하

210mm×297mm

〈첨부서류〉 1. 외국환거래법시행령 제15조제2항의 규정에 의한 건물등기부등본 등 영업장에 관한 증빙서류

2. 기타 한국은행총재가 제출을 요구하는 서류

2) 환전의 실제

외화는 각국의 각종 현금 및 각종 여행자 수표가 환율에 근거하여 환산·지불되면 되는 것이다. 일반적으로 관광호텔에는 한국은행의 외국환 거래 허가를 받아서 공인환전상으로 등록하고 외환거래 업무를 하게 되는데 프론트 내부나 근처 외부에 오늘의 환율이라는 외화교환 표시판이 게시 되어 그 환율의 금액에 따라서 업무가 진행된다. 외국인이 숙박하는 관광호텔에 있어서 외화교환 업무는 비교적 단순하나 무엇보다 현물거래이기 때문에 세심한 주의가 요구된다. 게다가 호텔에서는 은행에서 공시된 환율에 외국환수수료를 받을 수 있도록 규정되어 있어서 호텔에서 정한 수수료율을 정해서 공시하여야 한다.

호텔에서 외국환의 교환은 외국환을 한국 원화로 바꾸어주는 업무만 국한되어 한국은행에서 허가를 내어 주었기 때문에 호텔의 입장에서는 외국환 매입만 가능하다.

호텔에서 매입하는 종류는 크게 미국의 달러, 일본의 엔화, 유럽의 유로화, 홍콩달러만 매입한다. 다른 나라의 통화는 매입은 할 수 있으나 복잡하기도 하고 거래량도 적을뿐더러 위조된 지폐 확인이 어려워 일반적으로 거래를 하지 않는다.

교환해 주는 외국환은 외국환의 현금과 여행자 수표 T/C(Traveller's Check)로 한정되며 수수료율이 적용된다.

은행에서 고시된 환율은 한국 원화를 다른 나라 원화로 바꿀 때 나타나는 환율이다. 주로 사용되는 미국 달러와 일본 엔화에 대해 예를 들어 설명하면 다음과 같다.

(예) 은행에서 공표된 환율 요금 (현금)

미국달러 900.00 일본 엔화(100엔) 820.00 - (원화를 달러나 엔으로 바꾸는 요금)

은행에서 외환 매입가격

미국달러 873.00 일본 엔화(100엔) 795.40 - 3%의 환전 수수료 공제(은행)

호텔에서의 외환 매입가격

미국달러 846.81 일본 엔화(100엔) 771.53 - 3%의 환전 수수료 공제(호텔)

T/C의 경우도 마찬가지로 같은 방법으로 환전하면 된다.

그러나, T/C의 경우에 일반적으로는 은행에 공표된 환율요금에 바꾸는 은행에 따라서 별도의 수수료를 더 받기 때문에 호텔에서 교환되는 환율이 낮을 수도 있으며 호텔의 정책에 따라 다르다. 이러한 현상은 T/C는 상대적으로 현금으로 된 달러나 엔보다도 바꾸는 빈도수가 적고 T/C 한 장을 바꾸더라도 은행에서 요구하는 수수료는 같기 때문이다.

(예) 은행에서 공표된 환율 요금 (T/C)

미국달러 910.00 일본 엔화(100엔) 830.00 - (원화를 달러나 엔으로 바꾸는 요금)

은행에서 외환 매입가격

미국달러 882.70 일본 엔화(100엔) 805.10 - 3%의 환전 수수료 공제(은행)

호텔에서의 외환 매입가격

미국달러 856.21 일본 엔화(100엔) 780.94 - 3%의 환전 수수료 공제(호텔)

미국달러 836.21 일본 엔화(100엔) 760.94 - 추가 환전 수수료 공제(호텔)

따라서 이 경우 공시되는 호텔의 환율은 다음과 같다.

현금	미국달러	846.81	일본 엔화(100엔)	771.53
T/C	미국달러	836.21	일본 엔화(100엔)	760.94

예)에서는 일반적으로 적용하는 환율 3%를 적용 했는데 한국은행에서는 허가사항으로 공인환전상에게 0%에서 최대 10%까지 수수료율을 허용하고 있다. 그래서 호텔마다 3%, 5%, 7% 수준의 환전수수료를 공제하고 미국의 달러나 일본의 엔을 환전하여 주고 있다.

그래서, 일반 고객의 입장에서 보면 환율이 잘못된 것은 아닌가 오해의 소지가 많으며 이상하다고 느끼는 것이 당연하다. 여행자 수표 T/C(Traveller's Check) 여행자의 현금휴대에 따른 도난, 분실, 현금과 같은 편이성을 가진 수표로서 은행으로부터 매입할 때 해당금액을 현금으로 지불하고 수표로 현지통화의 현금화 및 물품구입이 용이하며 도난이나 분실 시 재발급을 받을 수 있는 이점이 있다. 취급시 유의사항으로는 Major Sign과 Counter Sign이 일치하는가를 확인하고 Major Sign란에 싸인이 되어있지 않을 경우에는 신원을 정확히 파악하여야 한다. 환율의 고시는 매일 아침 거래은행에 문의하거나 팩스로 신청하여 받아볼 수 있으며 인터넷으로 해당 은행의 자료실에서 검색 할 수 있다. 검색되어진 은행고시 환율은 위의 방법으로 호텔내의 그 날의 환율(exchange rate)을 표시판에 게재한다. 보통 우리나라에서는 미국의 달러(Dollar), 일본의 엔(Yen), 유럽의 유로화, 홍콩달러(HK $)가 주된 외화이다.

화폐이외에도 동전을 바꾸어 주기도 하는데 동전은 수수료율이 25%정도나 되고 귀찮은 면이 많으며 환전을 하더라도 환전된 금액도 아주 적어서 안 바꾸어 주는 경우가 대부분이며 아예 취급을 하지 않는 곳이 더욱더 많다.

교환계(Exchange)는 업무를 종료할 때, 교환한 외국통화를 통화별, 현금, 여행자 수표(traveller's check) 별로 집계하고 교환보고서(exchange report)에 정리하여 기입하고, 외국통화 매입 의뢰서와 외국 통화를 같이 출납과(general cashier)에 제출한다.

3. 영세율 관리

우리나라는 한국방문의 해 등 외국인의 우리나라 관광을 보다 더 활성화하기 위한 방안으로 영세율을 시기에 따라 부가가치세법의 시행령을 통하여 관광호텔에 투숙하는 외국인 투숙객에 한하여 한시적으로 적용하고 있으며, 외국인의 경우 세금감면 혜택이 주어지므로 상대적으로 객실요금의 10%의 할인을 더 받게 된다.

이에 따라 영세율을 잘 관리할 필요성을 느끼게 되며 반드시 내용을 숙지하여 영세율이 적용되는지 안 되는지 여부를 판단하여야 한다.

- 부가가치세법 시행령 일부개정령 -

부가가치세법 시행령 일부를 다음과 같이 개정한다. 제26조 제1항 제5의 3호를 다음과 같이 신설한다. 제5의 3호. 「관광 진흥법」에 의한 호텔업을 영위하는 자가 제공하는 숙박용역(객실요금의 경우에 한한다)으로서 다음 각목의 요건을 충족하는 것

가. 「외국인관광객등에대한부가가치세및특별소비세특례규정」 제2조의 규정에 의한 외국인관광객등에게 2008년 12월 31일까지 공급하는 용역

나. 숙박인의 성명 · 국적 · 여권번호 · 입국일자 및 장소 등이 기재된 것으로서 국세청장이 정하는 외국인숙박기록표에 의하여 외국인관광객등과의 거래임이 표시된 것이다. 대금이 거주자 또는 내국법인의 부담으로 지급되지 아니한 것

제64조 제3항 제7호 내지

제7호의3을 각각 다음과 같이 한다.

7. 제26조제1항 제5호의 경우에는 외국환은행이 발급하는 외화입금증명서.

7의2. 제26조제1항 제5호의2의 경우에는 외국인물품판매기록표.

7의3. 제26조제1항 제5호의3의 경우에는 외국인숙박기록표.

외국인숙박기록표 고시

2007. 6. 29 국세청고시 제2007-17호

부가가치세법시행령 제26조 제1항 제5호의 3 나목의 규정에 의하여 외국인숙박기록표의 서식을 다음과 같이 정하여 고시합니다.

2007년 6월 29일
국 세 청

<표 4-2> 외국인 숙박기록표

<table>
<tr><td colspan="9">외국인 숙박기록표</td></tr>
<tr><td colspan="9">근거 : 부가가치세법시행령 제26조 제1항 제5호의 3 나목</td></tr>
<tr><td rowspan="2">사업자</td><td>① 성 명</td><td></td><td colspan="3">③사업자등록번호</td><td colspan="3"></td></tr>
<tr><td>② 상 호</td><td></td><td colspan="3">④ 사 업 장</td><td colspan="3"></td></tr>
<tr><td colspan="9">공 급 내 용</td></tr>
<tr><td colspan="4">공 급 받 는 자</td><td rowspan="2">⑨
숙박
기간</td><td rowspan="2">⑩
숙박
일수</td><td rowspan="2">⑪
1일 객실
요 금</td><td rowspan="2" colspan="2">⑫
금 액
(⑩×⑪)</td></tr>
<tr><td>⑤성명</td><td>⑥국적</td><td>⑦여권번호</td><td>⑧
입국
일자</td></tr>
<tr><td></td><td></td><td></td><td></td><td></td><td></td><td></td><td colspan="2"></td></tr>
</table>

부 칙 (2007. 6. 29 국세청고시 제2007-17호)

1. 시행일 : 이 고시는 2007. 7. 1부터 시행합니다.
2. 적용례 : 이 고시는 시행일 이후 2008년 12월 31일까지 종료하는 과세기간분까지 적용합니다.
3. 이 고시의 시행과 동시에 외국인숙박기록표 고시(2001.1.29 국세청고시 제2001-5호)는 폐지합니다.

1) 영세율 해설

가. 「외국인관광객등에대한부가가치세및특별소비세특례규정」 제2조의 규정에 의한 외국인관광객등에게 2008년 12월 31일까지 공급하는 용역

"가"는 통상적으로 우리나라를 관광목적으로 방문하는 외국인에게 2008년 12월 31일까지 적용한다는 의미이다. 여기에서 관광목적은 순수한 관광도 있지만 비즈니스나 휴양도 포함되며 우리나라를 제외한 모든 외국인이 해당된다.

나. 숙박인의 성명 · 국적 · 여권번호 · 입국일자 및 장소 등이 기재된 것으로서 국세청장이 정하는 외국인숙박기록표에 의하여 외국인관광객등과의 거래임이 표시된 것

"나"는 관광호텔에서 처리하는 일련의 과정 중의 하나로 외국인 숙박 기록표를 반드시 작성하여야 면세 해택을 준다는 것이다. 이것은 숙박요금에 한하여 영세율을 적용한 것이기 때문에 식사나 기타 호텔내의 부대시설 등 이용한 것에는 제외가 된다는 것을 의미한다.

다. 대금이 거주자 또는 내국법인의 부담으로 지급되지 아니한 것

"다"의 내용은 비록 외국인이 투숙하였다고 할지라도 객실요금을 우리나라 사람이 대신하여 비용을 지불하였을 경우는 영세율 적용대상에서 제외하고 정상적인 부가가치세 10%를 내어야 한다는 것이다. 왜냐하면 외국인이 투숙하였다고 하고 우리나라 사람이 지불을 해도 적용한다면 부정과 오해소지가 많을 뿐만 아니라 부가가치세의 영세율을 적용하는 취지가 외국인의 우리나라 관광활성화의 일환으로 제정되었기 때문이다.

"제64조 제3항 제7호 내지 제7호의3을 각각 다음과 같이 한다.
7. 제26조제1항 제5호의 경우에는 외국환은행이 발급하는 외화입금증명서.
7의2. 제26조제1항 제5호의2의 경우에는 외국인물품판매기록표.
7의3. 제26조제1항 제5호의3의 경우에는 외국인숙박기록표."

외국환은행이 발급하는 외화입금증명서는 여행사에서 인 바운드된 고객이 호텔의 숙박요금을 대신 지불할 때 영세율을 적용받기 위해 한 것인데 과거 한국방문의 해에서 여행사에서 지불하는 것은 모두 인정을 하였으나 문제의 소지가

나타나서 보완시킨 부문이라 할 수 있다. 외국인물품판매기록표는 면세품을 구입한 경우이고 외국인숙박기록표는 앞에서 설명한 대로 호텔에 투숙한 경우를 말한다.

2) 영세율 적용의 예문

공표요금이 ₩100,000이고 할인율이 30%일 경우 손님이 지불해야할 객실요금의 계산은 다음과 같다.

(예) ₩100,000------공표요금(실제로 세금과 봉사료가 부가되기 전의 요금)
30%------할인율

₩70,000------할인된 요금
₩ 7,000------10% 봉사료

₩ 77,000------합계
₩ 7,700------10% 부가가치세

₩ 84,700------손님이 지불해야할 객실 요금

즉 봉사료 10%는 NET 금액의 할인된 Adjust Rate의 10%이지만 부가가치세는 봉사료가 포함된 요금의 10%가 가산(加算) 된다는 것을 염두에 두어야 한다.

우리나라의 한국방문의 해 같은 특별한 때나 외교 대사관의 경우에 영세율을 적용 받는데 외국인의 경우의 예도 같은 방식으로 설명해보면 다음과 같다.

(예) ₩100,000------공표요금(실제로 세금과 봉사료가 부가되기 전의 요금)
30%------할인율

₩70,000------할인된 요금
₩ 7,000------10% 봉사료

₩ 77,000------합계

₩ 0------0% 부가가치세

₩ 77,000------손님이 지불해야할 객실 요금

외국인 고객은 ₩ 77,000을 지급하면 된다. 봉사료를 받지 않는 호텔의 경우도 ₩ 77,000를 지급하면 되는 것이다.

3) 외국인 숙박 기록표 작성

외국인 숙박 기록표는 특급 호텔이나 전산이 발달된 호텔에서는 자체적인 영세율 조절하는 시스템이 전산으로 구축 되어 있기 때문에 프론트에서는 고객의 등록시 전산화면에 반드시 외국인의 이름과 여권번호 그리고 국적을 기입하여야 한다. 기입을 하지 않을 경우에 추가로 세금이 표시 됨으로 영세율을 적용받는 외국인에게 세금이 부가된다. 물론 내부적인 수정을 통하여 고객에게는 면세를 해드릴 수 있으나 내부적으로는 실수가 자주 발생하거나 하면 그 프론트 직원은 징계의 대상이 되며 근무하는데 있어서 불이익을 당할 수도 있다.

일반적으로 REVISE 폼이나 호텔 자체 내의 내부 결제에 의해서 이루어지고 경리 담당부서는 외국인 숙박기록표를 별도로 국세청에 신고하여야 한다.

전산이 잘 구축 되어 있지 않은 호텔에서는 프론트에서 수기나 워드프로그램을 통하여 외국인 숙박 기록표를 작성하여서 경리과에 보고하여야 한다.

4) 외국인 숙박 기록표 작성요령

<table>
<tr><td rowspan="2">사업자</td><td>① 성 명</td><td colspan="2"></td><td colspan="2">③ 사업자등록번호</td><td colspan="2"></td></tr>
<tr><td>② 상 호</td><td colspan="2"></td><td colspan="2">④ 사 업 장</td><td colspan="2"></td></tr>
<tr><td colspan="8">공 급 내 용</td></tr>
<tr><td colspan="4">공 급 받 는 자</td><td rowspan="2">⑨
숙박
기간</td><td rowspan="2">⑩
숙박
일수</td><td rowspan="2">⑪
1일 객실
요 금</td><td rowspan="2">⑫
금 액
(⑩×⑪)</td></tr>
<tr><td>⑤성명</td><td>⑥국적</td><td>⑦여권번호</td><td>⑧
입국
일자</td></tr>
</table>

성명 란에는 대표이사의 이름을 적는다. 예) 김 00

상호 란에는 관광호텔의 상호를 적는다. 예) 000 관광호텔

사업자등록번호에는 관광호텔의 사업자 등록번호를 적는다.
예) 513-01-234567

공급내용에는 실제로 투숙하는 외국인에 대한 내용을 모두 기입해야 하는데 이 내용을 기입하기 위해서는 프론트 고객의 등록을 받는 직원이 이와 관련된 내용의 기입을 외국인에게 요청하여야 원활하게 작성할 수가 있다. 그래서 F.O. M은 프론트 직원에게 이와 같은 내용을 전달 숙지시키고 실수하지 않도록 최선을 다하여 교육시켜야 한다.

성명 란에는 고객의 성과 이름을 모두 기입한다.

예) TAKAHASHI HIROSHI

국적 란에는 투숙고객의 국적을 기입한다. 예) JAPAN OR JPN

여권번호 란에는 여권번호를 기입한다. 예) TF1234567

입국일자는 투숙고객이 국제공항에서 들어온 날짜를 기입한다. 입국일자가 2008년 1월 1일이고 호텔에 투숙한 날자가 2008년 1월 2일 이라고 가정하면 다음과 같이 작성하여야 한다. 예) 2008.01.01

숙박기간은 실제 호텔에서 숙박한 기간으로 이틀간 투숙했다고 가정하면 숙박기간과 숙박일수는 다음과 같이 작성하여야 한다.
예) 숙박기간 2008.01.02-2008.01.03 숙박일수 2

1일 객실요금은 RACK RATE, NET RATE에 봉사료가 포함된 금액을 를 기입하여야 하며 세금은 제외시킨다. 실제로 NET 금액이 80,000이라 가정한다면 다음과 같이 기입하여야 한다. 예) 88,000

마지막으로 금액란에는 숙박일수와 1일 숙박요금을 곱해서 기입하면 된다.
예) 88,000 * 2 = 176,000 이므로 176,000

외국인 숙박 기록표 작성은 외국인 고객이 체크아웃하고 난 시점에서 기입할 수도 있으나 일반적으로는 고객이 당일 날 체크아웃을 거의 다한 시점에서 작성되며 직원의 근무교대시간이 중복되거나 하면 인수인계를 통하여 다음 근무자에게 내용을 알려 주어야 한다. 내용을 잘 모르더라도 숙련된 근무자는 외국인 체크아웃 리스트를 참조하거나 카드매출을 정리하면서 카드 전표 상에 기재

되어 있는 카드사의 상호를 보면 금방 알 수 있다.

제2절 객실판매 수요예측

기본적으로 일본연휴 기간 중 공휴일 포함해서 일본연휴 마지막 날짜가 일요일이면 금, 토요일이 Peak Day이며, 마지막 날짜가 월요일이면, 토, 일요일이 Peak Day가 되며, 특히 Business Hotel에서는 일요일이 최고 Peak Day가 된다. 경쟁호텔에 국제회의 또는 대형그룹이 있을 경우에 그 기간 중의 FIT 또는 Group의 예약요청은 평상시보다 약 7~10% 더 많다. Gulf전쟁과 같은 전 세계에 영향을 줄 수 있는 외적환경 변화에는 평소보다 약 10% 정도 예약이 감소한다. 국내 환경변화 즉 데모, 전쟁의 위험 등 안전의 위험을 느끼면 평소보다 약 5%~15%까지 예약이 감소한다. 이와 같은 내용들이 현장 근무로 인한 경험적인 요소라서 일반화하기에는 문제점이 많으나 경험적으로 볼 때 대략적인 수치이다.

1. 판매실적 기준 판매예측(FIT Portion 예측)

1) 전년 판매실적 기준 판매예측방법(500실 호텔의 경우)

<표 4-3> 수요예측방법

월일(5월)		01	02	03	04	05	06	07	08	09	10
FIT	전년실적	350	400	420	420	380	300	280	300	310	300
	금년예측	360	380	400	400	350	280	270	310	290	280
GRP	전년실적	110	100	80	80	60	50	60	40	80	70
	금년예측	130	120	100	100	50	60	70	50	70	60
CON	전년실적	30					50	60	50		
	금년예측										
합계	전년실적	490	500	500	500	440	400	400	390	390	370
	금년예측	490	500	500	500	340	340	340	360	360	340

위와 같이 전년대비 금년 판매예측이 될 경우 5일부터 Occupancy가 80% 이하가 예상됨으로 판촉부와 함께 미리 판촉을 통하여 Group, Convention 또는 FIT 유치에 총력을 기울이지 않으면 안 된다. 그러나 타 경쟁호텔이 5일부터 100실 이상의 Convention을 유치했을 경우에는 FIT 유치에 총력을 기울여 객실 수입 극대화에 노력해야 한다.

2) 타 경쟁호텔의 대형단체(100실 이상) 또는 대형국제회의를 유치하여 예약을 받지 않고 있는 상태일 경우 그 기간 중의 객실예약은 동시에 Close하고 고가객실 예약을 우선 유도 판매하며, FIT Portion을 전 객실의 약 10% 정도 더 판매될 것이라는 전제하에 D-7일까지 통제하고 예상보다 예약요청이 저조할 경우에는 완전 Open 상태로 예약을 접수해야 한다.

3) 일본연휴 기간에는 모든 객실이 대부분 판매되는 기간이다. 따라서 최소한 1개월 전부터 고가객실의 유도판매가 이루어져야 하며 이 기간에는 대부분의 손님이 일본 관광객이기 때문에 FIT, Group Portion은 평상시와 같이 할당하면서 고가객실부터 판매하여야 객실수입의 극대화를 꾀할 수 있다. 따라서 고가객실을 Group에도 할당하여 고가객실 판매에 노력하지 않으면 안 된다.

2. CONVENTION SHOCK 예측

Convention 또는 대형단체를 유치하였을 경우에는 Convention Shock라 하여 Convention 또는 대형단체가 투숙하는 기간 전후에는 많은 객실을 FIT로 판매하지 못하게 된다. 따라서 미리 소형단체의 예약을 받고 FIT예약을 통제하여 Convention Shock을 극소화하는 것이 좋다.

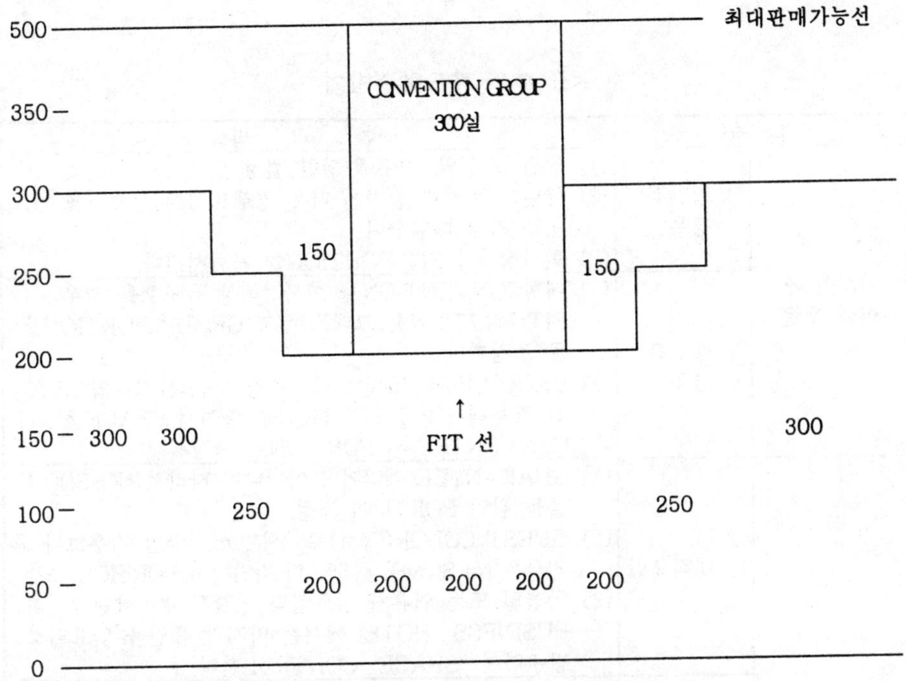

<그림 4-1> CONVENTION SHOCK 예측

위 〈그림 4-1〉에서 FIT예약의 통제는 갑작스레 줄일 수도 늘릴 수도 없기 때문에 대형 Group이나 Convention Group이 있을 때 전후 150실씩 300실의 예약손실이 예상됨으로 미리 소형단체나 FIT Space Control을 통하여 최대한 예약손실을 막아야 한다.

3. 판매예측을 위한 객실배정 및 통제방법

<표 4-4> 수요예측방법

항 목		방 법
1. DATA에 의한 設定	1) 일반적인 경우	(1) 월별, 요일별, 지수에 의한 설정 후, (2) 금년도 관광객 증가에 따른 경쟁호텔 객실증가율 비교치를 가감 대입하여 (3) 회사정책상 FIT PORTION을 가감시킨다.
	2) 특수한 경우	(1) 대형CONVENTION을 회사정책상 유도했을 경우, FIT PORTION을 그대로 두고 GROUP PORTION으로 조정한다. (2) GROUP PORTION으로도 조정이 곤란(모자랄 경우)한 경우에는 FIT PORTION을 줄여서 SPACE를 FIT CONVENTION의 PORTION을 확정시킨다.
2. FIT : GROUP 設定 變更調整	1) 내적요인	(1) GUARANTEE 예약이냐 아니냐에 따라서 NO-SHOW율을 감안 PORTION 조정, (2) GUEST COLOR(국적)로 구분, 선진국일 경우보다 후진국은 No Show율을 5% 더 감안하여 PORTION 조정. (3) 국경일 또는 연휴가 일요일과 연결된 경우에는 BUSINESS HOTEL에서는 마지막 휴일을 일요일로 간주하여 SPACE CONTROL한다.
	2) 외적요인	(1) 일본연휴 기간 중에는 N/S율을 평상시보다 10% 적게 보며 가급적 싼 요금의 예약이나 GROUP은 받지 않고 FIT 할인도 평상시보다 낮게 유도한다. (2) 주위 경쟁호텔의 대형 CONVENTION 예약으로 CLOSE가 예상되는 기간에는 미리 GROUP PORTION을 하향조정하고 할인도 통제한다. (3) 국내외 정세가 불안하여 FIT고객의 감소가 예상될 경우에는 GROUP PORTION을 높이 배정한다.
	3) 특수한 경우	(1) 대형 국가행사로 인한 예약통제를 받게 될 경우에는 CONVENTION의 성격, 예상되는 C/I, C/O DATE를 세세히 파악하여 GUARANTEE 예약은 N/S율을 ZERO로 하고 일반적인 경우에도 N/S율을 평상시보다 10% 적게 본다.
3. ROOM SPACE CONTROL		(1) 1년 또는 6개월 전에 기본적으로 FIT 및 GROUP의 PORTION을 정한다. (2) 1개월 전, 15일전, 1주전 변경에 따른 재조정 (3) 3일전 RECONFIRM하여 변경사항 정리순 SPACE CONTROL (4) RECONFIRM순 FIT GROUP PORTION을 무시하고 전반적인 SPACE

제3절 호텔의 부가적인 실무

1. 항공시간표 이용방법

1) 항공시간표의 이용은 호텔에서 고객의 부가적인 서비스 차원에서 공항픽업 서비스(Airport Pick-up Service), 프론트에서의 리셉션(Reception) 준비, 노-쇼(No-Show) 예측 그리고 VIP 영접시 매우 중요하게 이용되고 있으므로 항공스케줄을 알아야 하며, 또한 볼 수 있어야 한다. 항공기는 기후 그 밖에 요인에 따라서 지연될 수 있고, 취소될 수도 있기 때문에 정확한 도착시간을 알기 위하여 항공 스케줄을 먼저 알고 확인하는 방법이 가장 좋고 정확성을 기할 수 있다.
현재 우리나라는 대한항공과 아시아나항공이 국제선과 국내선으로 각 지역을 운항하고 있으며 국내선의 경우 제주항공이나 한성항공 등도 점차적으로 운항 횟수를 늘려가고 있는 실정이다. 국제선의 대부분이 인천국제공항이나 김포공항을 이용하고 있다.
최근에 각 호텔마다 서비스 경쟁이 심화됨에 따라 픽업 서비스가 매우중요시 되고 있으므로 픽업 서비스가 있을 때에 항공시간표나 공항 명을 확인하고 서비스에 차질이 없도록 참고하여야 한다.

2) 항공용어의 숙지: 특히 항공사 코드나 씨티 코드(City Code)는 국제적으로 동일하게 사용하고 있기 때문에 숙지하는 것이 좋다.
Airline 2 Code & 3 Code, City Code, 요일표시, On-Line, Carrier, Flight #, Aircraft, Routing, Local Time, Arrival, Time, Departure Time, To, From, Schedules are subject to change without notice
(1) Airlines 2 Code : KE(Korean Air), JL(Japan Airlines), CX(Cathay Pacific Airways), NW(Northwest Orient Airlines)
(2) 3 Codes: KAL, JAL, CPA, NWA.
(3) City Code : SEL:Seoul, BUS:Busan, SFO: San Francisco, LAX:Los Angeles와 같이 코드화하여 사용된다. 이유는 전문화 및 정확한 도시

명을 구분하기 위해서 이다.
예를 들면, Columbus라는 도시는 Ohio주에도 있고, Georgia주에도 있다. 만일 Columbus라고만 기입하였다면 어느 도시에 있는 곳인지 불분명하다.

(4) 요일표시: 1:Monday, 2:Tuesday, 3:Wednesday, 4:Thursday, 5:Friday, 6: Saturday, 7:Sunday라고 규정하고 이용되고 있다.

* On-Line : 현재 한국에 취항하고 있는 항공사들을 의미.
* Off-Line : 한국이외의 국가를 운항하고 있는 항공사들을 의미.
* Carrier : 항공사명 * Flight # : 편명 * Aircraft : 기종(항공기 종류 B747 : 375~400 석 등)
* Routing : 항공기의 중간도착지 및 목적지 스케줄.
* Local Time : 현지시간 * Arrival Time : 도착시간
* Departure Time : 출발시간 * To :~행 * From : 출발지
* Schedules are subject to change without notice : 항공 스케줄은 별도 통보없이 바뀔 수 있습니다.(항상 재확인하는 것이 최상이다. 왜냐하면 항공 스케줄은 상황에 따라서 지연되거나 취소될 수 있기 때문이다.)

3) 항공 스케줄(Airlines Schedule) 보는 방법

SEOUL 월요일 ARRIVAL 도착

TIME CARRIER/FLT. NO AIR CRAFT ROUTINGS AND TIME OF ARRIVAL& DEPARTURE

0625 KE027 B747 NYC Sa 2350 ANC 0310 /0430+1--A
1710 CI132 AB6 TPE 1350-----------------B

* 위의 A스케줄은 월요일 아침 서울 김포공항에 대한항공 027편으로 도착할 예정이며 보잉사 점보제트로 뉴욕을 토요일 23시 50분에 출발, 중간 기착지인 양카라지에 익일 03시 10분에 도착되며, 04시 30분에 앙카라지를 출발하여 서울 김포공항에 월요일 06시25분에 도착한다고 설명될 수 있다.
* 위 B스케줄은 China Airlines 132편으로 Taipei를 월요일 13시50분에 출발 서울 김포공항에 당일(월요일) 17시10분에 도착할 예정이며 기종은 Air Bus

6 기종이다. 라고 설명될 수 있다.

따라서 Airlines Code 및 City Code등을 기억하고 있어야 Timetable을 볼 수 있다.

* Flight Capacity: 항공기의 용량을 의미하는 것으로 탑승가능 인원수

A300 : Airbus 300(238seats)

B747 : Boeing 747(369 seats/401seats (KE))

B727 : Boeing 727(112 seats)

B707 : Boeing 707(161 seats)

DC10 : Douglas DC10 Jet(300 seats)

DSS : Douglas Super DC 8 Fan Jet(199 seats)

* 국제선의 Minimum Connecting Time : 1.5 시간(90분 이상)

국내선의 Minimum Connecting Time : 40분 이상.

Minimum Connecting Time 이란 출발 시에는 출국수속에 필요한 시간이며 도착시에는 세관업무(Custom Clearance)를 위한 시간이다. 이때 유의해야 할 점은 탑승률(Load Factor) 즉 탑승객 수(數)의 많고 적음에 따라서 연결시간(Connecting Time)은 다소 달라질 수 있다.

2. 수화물 보관

수하물 보관은 장기보관과 일시적 보관으로 구분한다.

짐의 보관은 원칙적으로 투숙객에 한하며, 짐보관은 24시간 이상과 24시간 이내로 구분하여 사용한다.

악취가 나는 물건, 부패 가능한 물질, 인화성 물질, 귀중품 등은 보관할 수 있으며, 깨지는 물건 등 주의를 요하는 물건이 있는지 확인하여 Fragile Tag을 붙이고 잘 보관한다.

짐을 받았을 때 Baggage check의 해당란에 정확히 기입한 후 Baggage에 부착하고 점선 밑 부분은 잘라서 고객에게 준다.

보관물품을 고객이 찾으러 왔을 때 받아 확인하고, 다시 한 번 주인인지 아닌지를 확인한 후 물품을 내어준다.

고객이 Tag을 남기고 분실했을 경우에는 신분증(여권 및 주민등록증)을 확인하여 기록을 남기고 내어 준다.

◎ 전달 서비스

어떤 물건이라도 전달 요청을 받은 Bell man은 꼭 보내 온 사람의 성명, 시간을 기록해 놓는다. 외부에서 숙박객 앞으로 배달할 물건이 있어 Bell desk에서 부탁받은 경우에는 Front Information에서 받도록 한다(꽃, 과일, 선물상자 등). 배달은 Front clerk의 지시에 따른다.

고객이 객실에 있을 때에는 물건을 전달한 즉시 직접 고객으로부터 서명을 받고 전달한다. 고객이 없을 경우에는 Front clerk과 의논하여 고객이 돌아온 후에 전달한다. 객실번호와 틀리지 않도록 주의해야 하며, 함부로 객실에 물건을 넣어선 안 된다.

<표 4-5> 수하물 보관

수화물 보관 TAG

<table>
<tr><td colspan="4">BAGGAGE TAG</td></tr>
<tr><td colspan="2">200X년 월 일</td><td colspan="2">Bell man ㊞</td></tr>
<tr><td>Room No.</td><td>Guest Name</td><td>Baggage No.</td><td></td></tr>
<tr><td></td><td></td><td>Expect Time</td><td></td></tr>
<tr><td colspan="4">보관품명 :

2조1매

Signature : ㊞</td></tr>
</table>

3. 고객의 현금 및 귀중품 보관

호텔에 체재하고 있는 고객의 현금 및 귀중품을 안전하게 일시적으로 보관하였다가 돌려주기 위하여 호텔은 안전금고를 준비하여 고객에게 무료로 서비스하는 제도로서 그 안전관리의 방법은 다음과 같이한다.

1) 안전금고(safe deposit box)

이 방법은 호텔의 프론트 오피스(front office)에 개인별 안전금고(safe deposit box)를 준비하여 놓고 고객의 희망에 따라 고객의 현금 및 귀중품의 보관서비스를 제공하는 것으로 그 금고의 이용은 다음과 같다.

우선 안전금고를 이용하고자 하는 고객은 귀중품 보관봉투 〈표 4-6〉에 객실번호(Room No), 성명, 주소, 임치 연·월·일·시간, 보관품의 내용을 기입한 후 서명한다.

동시에 프론트 오피스의 귀중품 보관 담당자는 고객으로부터 귀중품 보관봉투를 받아 확인한 후 봉투를 밀봉시킨 후 안전금고의 열쇠번호를 기입한 후 고객으로 하여금 서명하게 하고 안전금고의 열쇠를 고객에게 건네준다.

그리고 안전금고의 사용이 끝나고 반환할 때도 반환한 것을 확인하기 위해 고객의 서명이 필요하다.

<표 4-6> 귀중품보관봉투

귀 중 품 보 관 봉 투

<table>
<tr><td colspan="2">200X년 월 일</td><td colspan="3">Front Cashier : ㊞</td></tr>
<tr><td>Room No.</td><td>Guest Name</td><td></td><td>Box No.</td><td></td></tr>
<tr><td colspan="5">보관품명 :

Signature : ㊞</td></tr>
</table>

이 경우는 귀중품 보관봉투에 직접 고객의 서명을 받는 경우도 있으나, 호텔에 따라 방법을 달리하는 경우도 있다. 즉 귀중품 보관에 관련한 일지에 서명을 받는 경우도 있다.

2) 객실내 안전금고 비치

호텔은 고객의 편의를 위하여 객실내부의 벽이나 별도의 안전금고를 비치하여 고객 자신이 직접 안전금고에 귀중품을 보관시키도록 하는 방법인데, 이 경우는 안전금고의 자물쇠 번호는 고객 자신의 임의에 의해서 번호를 부여, 입력하는 방법으로 이루어진다. 자물쇠 키를 이용하는 경우도 있지만 요즘은 디지털로 비밀번호를 입력시키는 방법을 더 많이 사용하고 있다. 고객은 각별히 비밀번호의 오류나 비밀번호를 잊어버리지 않도록 각별히 유의해야 하며 간혹 객실내의 금고에 물품을 놓아두고 체크아웃을 하는 경우도 간혹 있다. 따라서 이 안전금고의 관리는 고객 자신의 책임에 의한다. 고객 개인이 비밀번호를 입력하고 체크아웃을 하고나면 프론트나 하우스 키핑에서 다시 리 세팅을 시켜 새로운 고객을 맞을 준비를 한다. 객실내 금고 주위에 호텔마다 다르나 안내문이 비치되어 있는 것이 일반적이다.

제4절 접객의 업무

1. 접객의 일반적인 사항

1) F.I.T, Group, Convention의 구분 및 등록방법의 결정

F.I.T.는 보통 프론트에서 호텔등록을 하며, Executive Floor의 예약객은 Executive Floor에서, VIP 예약객은 당직데스크 또는 G.R.O. 데스크에서 VIP일 경우에는 객실에서 호텔등록을 받게 되며, 프론트에서는 이 사실을 사전에 알고

있어야 하며, 혹시 모르고 프론트로 직접 올 경우에는 해당 CHECK-IN 장소로 안내하여야 한다.

개인고객의 경우 현관에서 Front Desk 까지 Bell man은 고객이 도착하면 신속히 영접인사를 하며, 고객의 짐을 받아 들고 2~3 앞에서 고객의 걸음걸이 속도에 맞추어 Front로 안내한다. 단, 고객의 짐이 많은 경우에는Wagon이나 Cart에 조심스럽게 싣고, 고객에게 짐의 개수를 확인한다. 그리고 숙박등록을 하는 동안 2보정도 위에 짐을 올려놓고 Baggage Tag을 부착하고 등록절차가 끝날 때 까지 대기한다.

Front Desk에서 객실까지 등록절차가 끝나면 Room Clerk으로부터 Name card와 Room key를 받아 고객의 객실번호를 말하며 암기시키고 엘리베이터로 안내한다. 이때 고객의 성함을 기억하여 불러주면 고객으로 하여금 더욱 친밀함을 느끼게 한다. 엘리베이터를 기다리는 동안 호텔내의 부대시설을 안내한다 던가 고객에게 관심을 주는 말들을 하여 친근감을 갖도록 하는 것이 좋다. 엘리베이터 하차 및 승차 시 층수를 알려드리고 하차하는 고객에게 인사한다. 엘리베이터에서 하차한 후 객실번호와 방향을 염두에 두고 고객전방 2~3보 앞에서 고객을 안내하며 객실의 위치와 비상구의 위치를 설명하며 객실까지 안내한다.

객실 앞에 도착하면 먼저 Bell을 2번 정도 눌려서 확인한 다음 Door를 Open하여 고객을 먼저 입실토록 한다. 단, 야간에는 Bell man이 먼저 입실하여 객실의 이상 유무를 확인한 후 커튼을 열어 드리고 각종 시설 및 비품의 작동 여부와 사용법을 알려 드린다. 자주 이용하는 고객에게는 오히려 객실내의 모든 시설물에 대하여 무시당하고 있다는 생각이 들지 않게 공손하고 친절하게 설명한 후에 마지막으로 불편한 점이 있을 때에는 연락을 주실 것을 부탁하고, 기분 좋게 쉴 수 있도록 인사를 드리고 조용히 문을 닫고 나온다.

Group일 경우에는 단체데스크(Group Desk)에서 호텔등록을 받게 되며, 객실수가 많기 때문에 객실을 오전중 배정하여 단체가 도착하기 전에 객실청소 및 단체별 등록 준비(객실가격, 지불조건 및 지불방법, 모닝콜 등록여부, 조식예약 등)가 되어있어야 하며, 동시에 청소를 할 수 없기 때문에 하우스키핑에 호텔등록 시간대별로 배정된 객실번호를 알려주어 청소가 완료되도록 하여야 한다. 단체고객 일반 FIT고객 이외에 적게는 10명 내외에서 많게는 수 백 명의 단체고객을 맞이하는 경우가 있다. 이러한 경우 Bell man으로서 짐 운반 및 기타 Door에서의 안전사고 등에 주의를 많이 기울여야 한다. 짐은 단체고객의 수가 적을 경우에는 고객과 함께 도착하지만, 고객의 수가 많은 경우에는 짐이 화물자동차로 먼저 도착하게 된다. 단체고객이 도착하면 차에서 짐을 내려서 Wagon이나 Cart에 나누어 싣고 Group Desk로 이동하며, Baggage tag을 부착한 후 짐의 숫자를 인솔자나 안내원에게 확인한 후 서명을 받아 놓는다. 단체고객이 Check in 하는 동안 짐을 정리하고 단체명단에 기록된 성명과 객실번호를 짐에 붙어 있는 Name tag과 대조하면서 단체용 Baggage tag에 객실번호를 기입한다. 객실번호 기입이 끝나면 층별로 구분하여 Wagon이나 Cart에 싣고 각 층별로 운반하여 객실번호대로 고객에게 확인하면서 객실에 넣는다. 이상이 없이 전무 전달되면 Group Check-in Slip을 정확히 기록하여 Bell Captain에게 제출한다. 만일 짐의 개수와 배달한 짐의 수량이 일치하지 않을 경우에는 일치할 때까지 찾아야 한다.

Convention일 경우에는 호텔도착이 개별적으로 도착 하느냐 아니면, 단체로 도착하느냐에 따라 별도(別度)의 등록데스크를 설치할 것인가가 결정되어야 한다. 개별적으로 도착할 경우에는 프론트에서 등록을 받는 것이 보통이고, 개별적으로 도착되지만, 그 숫자가 많을 경우에는 별도의 등록데스크를 설치하고, 단체로 도착될 때에는 단체데스크 또는 별도의 등록데스크를 설치 운영하는 것이 혼잡을 피하는데 가장 좋은 방법이라 생각된다.

또한 동시에 100명 이상(소규모 호텔에서는 10명 이상) Check-In할 경우 아래와 같은 방법으로 등록 준비를 하는 것이 이상적이라 생각된다. 호텔 등록카드상 성명(Last Name)을 알파벳순으로 나열하고 본인(손님) 스스로 자기의 등록카드를 픽업하여 작성 후 룸키(Room Key)와 바꿈으로 호텔등록이 신속하게 끝나도록 유도한다.(지불조건 및 객실요금 등이 동일조건일 경우) 그러나 확인해야 할 사항이 많고, 호텔 등록 시 예약조건과 상이한 점이 많이 발생되리라 예측되는 경우(지불조건, Room Type, 객실요금, 도착일자 및 출발일자가 서로 다르고, Message가 많을 경우 등)에는 본인이 고객의 성명을 여쭈어 등록카드를 호텔직원이 직접 찾아 등록을 받는 것이 최선이다.(이때에 알파벳순 Rooming List를 준비하여 이용한다) 예외로 런던필하모니 오케스트라나 뉴욕필하모니 오케스트라와 같은 단원들은 개인 고유번호를 갖고 있어서 호텔 등록시 개인 고유번호

순으로 호텔 등록카드를 나열 등록을 받아서 처리하는 것이 최선이다.

2) VIP의 CHECK-IN 준비

VIP고객의 check in시에는 Front office Manager급 이상이 안내하며, Baggage Handling은 Bell captain급이 한다. Wagon이나 Cart를 사용 시에는 종업원 엘리베이터로 운반하나 경우에 따라서는 고객 엘리베이터로 운반하기도 한다. VIP의 구분 및 영접, VIP 영접 Check List를 참고하여 VIP의 구분 및 국기게양, Red Carpet, 꽃, 과일 등 Courtesy(예우)의 결정이 끝나면, 영접준비 및 영접이 신속 정확하게 이루어지도록 노력하지 않으면 안 된다.

특급호텔의 수준 평가는 VIP의 영접이 원활히 이루어지느냐 못하느냐에 따라 다르다고 할 만큼 중요한 업무 중 하나이다.

3) 당일 생일고객일 경우 Birthday Cake 및 생일카드 준비

금일 생일고객리스트를 찾아 금일 생일인 고객의 객실번호를 확인하고 Birthday Cake을 주문하여 생일카드와 같이 객실에 투입하여 생일을 축하한다. (단골고객의 창출 및 인지서비스 목적)

4) 단골고객일 경우 인지(Recognition)서비스

단골고객일 경우 호텔 등록카드에 인지(認知) 서비스에 필요한 사항(최근 사용했던 Room Number, Room Type, 할인율, 호텔등록에 필요한 개인기록 등)을 미리 기록하여 고객번호의 선(先)배정 및 최근에 투숙 시 서비스 되었던 것(Express Check- In, Flower Basket 또는 Fruit Basket, Give-Away Item 투입 등)을 제공한다.

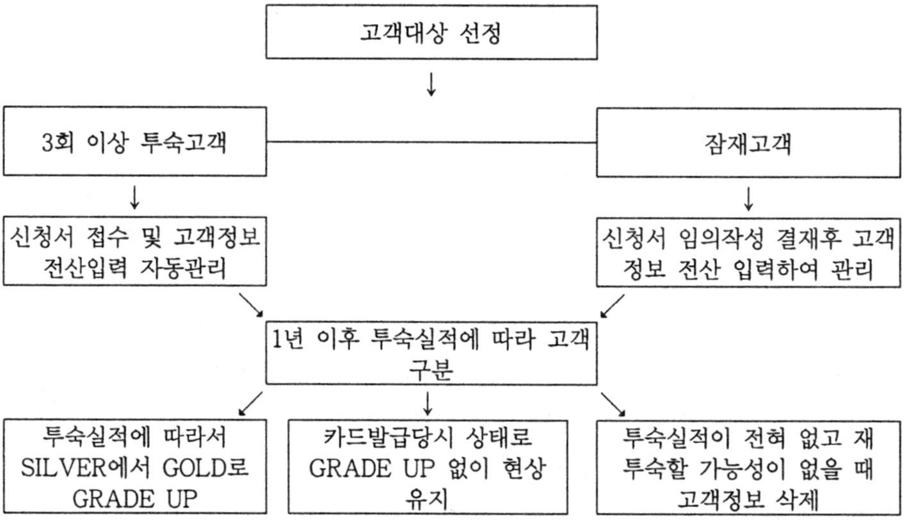

<그림 4-2> 고객관리 FLOW CHART

* 고객의 관리는 위와 같이 선정하여 관리하며, 단골고객의 창출로 많은 단골고객을 확보할 때 호텔의 이미지 및 소기의 목적을 달성할 수 있을 것이다.

<표 4-7> 호텔별 고객관리 현황

내용구분		HOTEL LO000	SHIooo	HILooo	HYAooo
기종및기능	1. 기종	FACOM340R	FOUR PHASEV16	IBM36	NIXDORF88G2
	2. 최대MEMORY 용량	100,000명	100,000명	60,000명	130,000명
	3. 현재 등록된 고객수	23,000A명	100,000명	25,000명	130,000명
	4. 완전자동처리여부	불능	불능	불능	불능
	5. 고객실적관리	가능	가능	가능	가능
고객관리현황	1. 고객CARD 발급	발급	발급	발급	발급
	2. 고객관리 대상	TOP HLP, VIP, VIP SOCIETY(80)	전 FIT고객	전 FIT고객	제휴카드확대
	3. 고객전담요원	무(예약직원)	전담요원 4명	예약/프론트 CLERK	예약/프론트 CLERK
	4. 특혜(특전)	EXPRESS C/I, LATE C/O, 성수기 예약의	EXPRESS C/I, LATE C/O, FLOWER OR	EXPRESS C/I, LATE C/O, FLOWER OR	EXPRESS C/I, LATE C/O, FLOWER OR

		우선권 부홍 고정할인율 적용, COURTESY 투입, 인지SERVICE	FRUIT 제공 성수기 예약의 우선권 부홍 고정할인율 적용	FRUIT 제공 성수기 예약의 우선권 고정할인율 적용	FRUIT 제공 성수기 예약의 우선권 고정할인율 적용
	5. 일일 처리조건 (현재)	1일 20~30건 처리	1일 80~120건	1일 50~80건	1일 50~60건
	6. OPERATION 방법	이중 CHECK,신규, 변경, 취소 조회 등 MANUAL 작업	고객관리 전담요원이 2중 CHECK, 신규, 변경, 취소 조회 등 MANUAL 작업	비수기 객실예약CLERK 이 2중 CHECK, 신규, 변경, 취소 조회 등MANUAL 작업	비수기 객실예약CLERK 이 2중 CHECK, 신규, 변경, 취소 조회 등MANUAL 작업
개선방안	1. 전담요원의 확대	전담요원 3명 확충			
	2. COMPUTER PROGRAM의 자동화의 관리 SYSTEM 구축	실무진 구성하여 PROGRAM 개발	POINT적립	POINT적립	POINT적립

2. 접객 실무

1) 고객관리의 목적

인지 서비스(Recognition Service)를 통한 단골고객의 확보 및 호텔이미지 구현, 단골고객을 통한 또 다른 고객의 창출, 장기 숙박객 유치의 용이점 등 많은 장점을 목적으로 하고 있으며

2) 단골 고객의 인지 서비스를 위한 특혜는 Express Check-In, Late Check-Out, 객실 및 식음료의 고정할인, 성수기 예약의 우선권 부여, 부대시설 이용시 할인 및 무료제공 등의 특혜를 제공함으로써 단골 고객화 하는데 목적을 두고 있다.

3) 단골고객의 선정기준은 호텔에 따라 다소 차이는 있지만 대부분의 경우

실적기준이 많고, 잠재 또는 판촉상의 이유로 선정되며, 실적에 따른 선정은 투숙 또는 이용 횟수가 3회 이상이 기준이 되며, 사용액으로 50만원 또는 백만 원 이상의 선정기준이 되기도 한다.(Silver Card)

그러나 Gold Card를 발급해줄 경우에는 10회 이상투숙 또는 사용액이 백오십만 원 또는 이백만원 이상 등으로 규정하고 이에 해당하는 고객에게만 발급해주는 것이 보통이다.(회사에 따라 다소 차이는 있다)

4) MESSAGE(LETTER, FAX, 전화메세지 등)가 있을 경우

예약카드에 첨부시켰다가 손님이 도착하게 되면 즉시 손님에게 전달해 주는 방법이 있으며, 선 객실배정 고객일 경우에는 투숙할 객실에 미리 투입하여 손님이 방에 도하면, 즉시 볼 수 있게끔 하는 방법 등이 있다.

5) RE-CHECK-IN GUEST(투숙하다가 중간에 지방이나 친척집에 있다가 다시 투숙하는 손님(보통 10일 이내임)의 등록

이런 경우 가능하면, 사용했던 방을 다시 배정해주는 것이 좋으며, 먼저 투숙시 기재한 등록내용을 갖고 있다가 재 투숙시에는 기재 않고 싸인 만 받음으로써 등록이 신속하게 완료되도록 한다.

6) 지불조건이 복잡하고 퇴숙시 문제가 예상될 경우에는 프론트 캐셔에 주의를 환기시킨다.

특히, Convention의 경우 지불조건이 복잡하고 동시에 많은 손님을 Check-Out 시켜야 하기 때문에 문제가 야기치 않도록 프론트 캐셔(Front Cashier)에 이 사실을 알리어 미리 퇴숙준비를 해 두는 것이 좋다. (고객별 지불방법을 명시하여 인계하고 협조한다)

7) EXECUTIVE, NO-SMOKING FLOOR의 구분 및 처리

미리 예약상 요청대로 객실을 선 배정(Pre-Assignment) 해 두었다가 손님

도착시 신속하게 등록을 받을 수 있도록 한다.

8) Room Space Control 상 예약실수, Room Type의 Over Booking의 처리

성수기에는 초과예약이 되는 경우가 많다. 초과예약으로 인하여 예약한 객실을 배정하기 곤란한 경우에는 예약된 객실보다 더 좋은 객실을 배정해 줌으로써 불평불만을 최소화하는 것이 우선이며(Grade-Up) 부득이, 잔실 부족으로 특실을 배정하지 않으면 안 될 경우 고객을 설득하여 수락하는 경우에만 배정하고(Up Selling) Grade Up하여 배정하는 것이 최선이다. 따라서 예약시 Room Space Control을 잘하여 Revenue Loss를 극소화 해야 한다.

9) 장애자, 고공공포증 환자의 객실배정

불편을 극소화 해주기 위하여 엘리베이터에서 가장 가까운 위치이며, 가능한 낮은 층으로 배정하고 장애자일 경우 장애자 룸(Handicapped Room)을 배정한다.

10) 객실을 회의실 또는 기타목적으로 사용코자 할 경우 가부결정 및 협조

객실의 사용은 숙식의 목적 외에 사업목적상 사무실로 이용되며, 그 이외 회의실 또는 기타목적으로 사용코자 할 경우에는 타 투숙객에게 피해가 가지 않는 조건이 우선이며, 상품의 전시 등 숙식이외 목적으로 비품이 반입되거나 시끄러워서 타 투숙객에게 피해가 가지 않아야 하기 때문에 상사에게 보고하여 가부를 결정 받도록 하는 것이 좋다.

11) CONNECTING ROOM, ADJOINING ROOM의 요청객실 처리

대부분의 호텔이 보유하고 있는 Connecting Room은 많지 않고, 고객이 원하는 형태의 Adjoining Room 또한 많지 않기 때문에 미리 배정하고 통제하여야 한다.

일반 객실의 예약은 되어 있으나 실제로 배정이 불가능할 경우에는 특실(Suite Room)로 Grade-Up하거나 할인을 많이 하여 배정하는 것이 좋으며, 반드시 상사에게 보고 후 조치토록 한다.

12) 예약없는 고객(WALK-IN GUEST)의 처리

호텔예약 없이 숙박코자 하는 손님의 경우, 예약처가 불분명하거나, 당일 예약객 또는 예약이 되어 있어도 사고가 발생 시 책임을 질 수 없는 곳(공항터미널, 버스터미널 등)의 예약은 무예약객으로 간주하여 같은 방법으로 처리하게 되는데 문제는 Skipper(도망객)의 방지이며, 따라서 Credit Card를 Imprint하여 손님의 싸인을 받아 등록카드에 첨부 승인번호를 받아 만일의 경우에 대처하고 Credit Card미소지자는 현금을 객실요금의 2~3배 받아 놓았다가 퇴숙시 정산하는 조건으로 선불처리 한다. 이때 특히 내국인의 경우에는 선불을 요구 시 기분이 상하지 않도록 화법에 신경을 써야 한다.

혹시 투숙기간의 연장을 요청시 위와 같은 방법으로 조치하고 가능하면, 손님 신원을 정확히 파악하여 Skipper 방지에 노력한다.

13) 2ND KEY, SAFETY BOX 요청객의 협조 및 처리

2nd Key 즉 Key의 추가 요청시 손님으로부터 2개를 갖고 있으며, 퇴숙시 Key 2개를 회수해야 하기 때문에 등록 화면상 2개의 Key를 발급했다는 정보를 입력하여 손님 퇴숙시 정확히 회수할 수 있도록 하기 위함이다.

Safety Box의 사용 요청시 프론트 캐셔 에게 알려서 요구에 응하고 2nd Key를 회수할 때와 같은 방법으로 등록 화면상 Safety Box를 사용할 때처럼 사용 정보를 입력하고 퇴숙시 회수하지 않으면 안 된다.

14) UNFAIR GUEST(주의요 손님)의 확인 및 처리

여신상 문제점이 많은 손님 또는 불평불만이 유난히 많은 손님으로 각 호텔의 Black List에 있는 요주의 인물로 가능하면 예약을 접수치 않는 것이 좋으며, 무예약객과 같이 처리하며, 퇴숙할 때까지 주의를 기울여야 한다.

15) 불평고객의 처리

"손님은 왕이다" "손님은 항상 정당하다" 라는 말과 같이 대고객 서비스에 있어 불평고객은 발생하게 도어 있으며, 불평고객을 극소화하는 노력이 없이는 서비스의 질적 향상을 기대하기 어렵다.

불평하는 고객은 그나마 고맙다는 생각을 해야 한다. 왜냐하면, 불만을 표시하여 불만을 해소하고 잘못된 서비스의 질적 개선을 피할 수 있지만 표현 없는 불평고객은 말없이 딴 호텔로 옮겨가면 그만이기 때문이다. 따라서 불평고객의 처리는 고마운 마음을 갖고 우선 불평에 경청할 수 있는 자세가 필요하며, 잘, 잘못을 가리기 전에 겸허하게 불평의 내용을 받아들여 슬기롭게 서비스 개선에 적용하고 Case Study하는 것이 좋으리라 생각한다. 따라서 불평전화 또는 불평객이 발생 시에는 신중히 대처하고 되도록 상사에게 보고하여 슬기롭게 처리토록 한다.

16) 객실배정 및 ENERGY SAVING 목적의 ROOM BLOCKING

객실배정은 전산입력 및 Key Box에 Stock Card로 표시하는 2가지 방법 또는 이중으로(전산입력으로 배정하고 Key Box에도 Stock Card로 배정) 배정하는 방법이 좋다. VIP일 또는 도착 며칠 전에 Connecting Room, Adjoining Room, 또는 Early Check-In 예약일 경우 선 배정하는 경우가 많이 있으며, 손님과의 연락사무실 목적으로 사용코자 선 배정하는 경우도 많다.

에너지절약 목적으로 특히 비수기에 Room Blocking 또는 Floor Blocking하는 경우가 있다. 비수기에 많은 객실이 비기 때문에 객실판매를 여러 층으로 흩뜨려서 판매하지 않고 몇 개 층으로 압축 판매하고 객실이 많이 빈 층은 필요 이외 전력을 끄고 Heating이나 Air Conditioning을 넣지 않음으로써 에너지 절감효과를 하게 된다. 그 이외에도 국제회의 또는 대형단체의 객실배정을 위한 Room Blocking 또는 Floor Blocking을 하게 된다.

<표 4-8> Room Blocking

Room No.	Room Type	Guest Name	G-ID	Arr.Date	Dep.Date	Room Rate	Remark
501	SD	Ashok Arora	C03	08.JAN02	08.JAN08	85,001	
507	ST	A.R.M. Ravikumar A.R.M. Gopinath	"	"	"	90,000	
508	"	Sri Niranjan Mohanty Sri Barun Barik	"	"	"	90,000	
509	"	Khawaja M. Khan Bashir Ahmed	"	"	"	90,000	
510	"	Wawa Khan Ghulam Rasool	"	"	"	90,000	
511	"	Shah Wali Allayddin	"	"	"	90,000	
512	"	Mohd Umar Zada Muhammad Ishaq	"	"	"	90,000	
514	"	Apenko Alferov	"	"	"	90,000	
515	"	Shipshakbaev Uknene	"	"	"	90,000	
516	"	Daniela Caius	"	"	"	90,000	
					TOTAL	895,001	

17) Change Slip의 활용

투숙 기간 중 변경사항 특히 객실요금 및 할인율의 변경, 지불조건 및 지불방법의 변경, 투숙기간 연장, 투숙객 성명의 변경, Room Change 등 변경사항은 상사의 결재를 필요로 하는 경우가 많고 보고의 형식이 되기 때문에 반드시 작성하여 등록카드를 보관하는 Folio에 삽입하여 보관하는 것이 좋으며, 문제 발생 시 참고자료가 된다. Change Slip 작성 시 변경되는 사항은 변경 전 사항과 변경후의 사항을 기재함으로써 변경내용을 손쉽게 확인이 가능하다.

따라서 투숙손님의 객실번호와 성명을 필수 기재항목으로 하고 변경해야 할 항목의 변경 전, 변경후의 항목만을 기재함으로써 시간을 절약할 수 있다.

18) ROOM INDICATOR 이용방법

Room Indicator란 객실상태의 표시기능으로 Key Box(Rack)에 램프의 색깔로 구분되어 투숙하고 있는 객실일지, 고장 객실인지, 청소중인 객실인지, 청소가 완료된 객실인지, 퇴숙하고 청소가 안 된 상태인지, 메시지의 유무 확인이 가능토록 되어 있다.

(1) ROOM INDICATOR

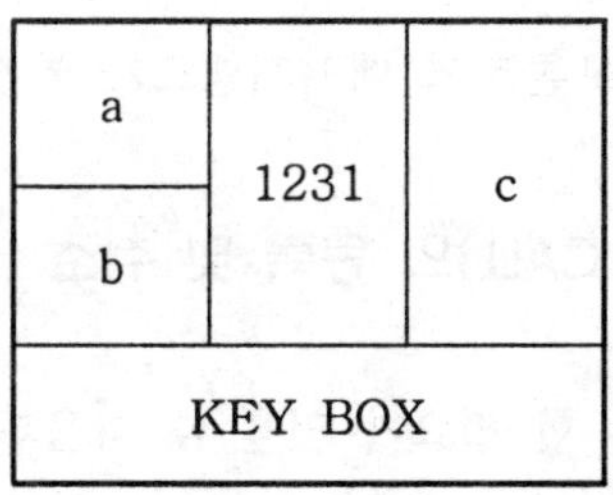

a : Green color lamp
b : Red color lamp
c : message lamp
1234 : 객실번호
KEY BOX

<그림 4-3> ROOM INDICATOR

(2) ROOM INDICATOR 기능(예)

Red Color Lamp : On : 퇴숙한 미 청소 객실
: Flicker: 고장객실
: Off: 투숙하고 있는 객실

Green Color Lamp : On : 청소 완료되고 판매 가능한 객실
: Flicker: 빈방이고 청소중인 객실
: Off: 투숙중인 객실

Message Lamp : On : 메시지가 손님에게 전달되지 않았을 경우
Off : 메시지가 손님에게 전달되었거나 없을 경우

단, 투숙하고 있는 객실의 청소상태는 프론트의 객실판매를 위해서는 Room Indicator상 표시가 필요 없기 때문에 컴퓨터에서 기억하고 있다가 필요시에 장

표로 프린트하여 이용할 수 있기 때문이다.

(3) 정보의 흐름

객실에서 청소중, 청소완료의 싸인을 전화다이알을 돌려 전화교환기에 전달	→	전화교환기에 전달된 정보(장소, 상태)를 Host Computer에 전달	→	전달받은 정보를 프론트의 Room Indicator House Keeping Floor Indicator Lamp로 전달

메시지는 프론트에서 전산입력으로 프론트의 메시지램프가 켜진다.

19) MORNING CALL(WAKE-UP CALL)의 등록 및 취소

휴식을 위하거나 잠을 자다가 깨어야 할 필요가 있을 때 다음과 같이 Morning Call(Wake-Up Call)을 등록 또는 취소를 할 수 있다.

(1) 본인이 객실에서 직접 등록시 : 등록번호가 51이고 깨어야 할 시간이 아침 7시라면 전화다이알을 510700을 돌리고 수화기를 놓으면 자동 등록되어 아침 7시에 전화가 울리게 된다. 취소하려면 59만 돌리면 자동 취소됨.

(2) 교환실에서 또는 프론트에서 등록시켜 줄 경우 객실번호가 1234호일 경우 전화다이알을 5112340700과 같이 돌리면 자동 등록된다. 취소의 경우는 취소번호가 59이라면 591234만 돌리면 취소됨.

20) SERVICE DIAL(단축 다이얼)의 관계

고객의 편의를 도모하고 체계적인 전화시스템을 구축하기 위하여 대부분의 호텔에서는 다음과 같이 이용하고 있다.

Room Service----1
Front Desk------2

Bell Desk-------3

Laundry---------4

Front Cashier----5

House Keeping---6

Room to Room---7번을 돌리고 방 번호를 돌린다.

당직지배인-------8

교환------------0

시내전화, 시외전화 9번을 돌리고 원하는 전화번호를 돌린다.

국제전화 Dial 9-001-국가번호-지역번호-전화번호

Wake-Up Call Registration---51 51+Wake Up Time(0700) 또는
51+Room No. +Wake-Up Time

Wake-Up Call의 취소-------59 59+객실에서 직접 취소할 경우 또는
59+객실번호

21) HIGH BALANCE 객실의 체크 및 처리

지불되지 않은 객실료가 호텔이 규정하고 있는 금액을 상회할 때 손님의 지불능력을 의심할 필요가 있다. 따라서 조기에 지불토록 권유하고 지불능력이 없다고 판단될 경우 여신담당에 통고하여 조치토록 협조한다.

22) NO-SHOW GUEST의 처리

No-Show Guest List를 참고하여 왜 No-Show가 되었으며, No-Show된 후 조치사항 즉 Suite Room 고객일 경우 Suite 장부를 정리하고, Commission 관계 고객일 경우 조치 및 예약이 Guarantee 예약일 경우 No-Show Charge 조치가 필요하다. 우선 예약처로 확인하여 No-Show된 이유를 확인하고 재 예약을 하게 될 경우를 대비하여 재 예약을 요청시 예약입력 등의 조치가 필요하다.

23) 고가객실(高價客室)의 유도 판매방법

객실수입의 극대화를 목적으로 손님이 호텔에 도착되면 고가객실을 유도하여 판매하게 되는데, 손님이 직접 지불하는 조건이며, 손님이 불만 없이 수락하는 경우에만 해당된다. 손님에게 바가지를 씌운다는 느낌을 주어서는 차후 불평불만을 감수해야 하기 때문에 주의를 기울여야 한다.

예를 들어 고객에게 특실을 이용할 경우 장점은 무엇이고 대신 할인율을 5% 또는 10% 더 할인해 드린다고 하여 우선 고객이 사용한 후 고가객실의 판매에 들어간다. 따라서 실질적인 객실수입을 올릴 수 있고 차후 고가객실을 다시 사용하도록 권유한다.

24) STOCK CARD 사용

객실 수가 많은 호텔에서(300실 이상) 객실상태를 손쉽게 눈으로 확인이 가능하도록 이용되고 있으며 종류 및 활용방법의 예는 다음과 같다.

(1) Green Color : 판매 가능한 객실
(2) Black Color : 수리중인 객실
(3) Red Color : Key Lost된 객실
(4) White Color : Group으로 Assign된 객실
(5) Yellow Color : Air Crew용 객실표시 등과 같이 이용된다.

25) 객실판매예측 및 통제방법(Room Allotment and Space Control)

객실수입의 극대화 및 서비스의 질적인 향상에도 직접, 간접으로 도움을 줄 수 있는 객실판매의 예측 및 통제방법은 객실업무 중 가장 중요한 업무라 해도 과언이 아닐 만큼 중요하고, 전문적인 지식 즉 논리적, 경험적인 Know-How를 필요로 할 뿐만 아니라, 시시각각으로 변하는 대내외적인 환경변화(정치적, 경제적, 경쟁호텔의 예약상태, 호텔의 목표, 판촉측면 등)에 민감하기 때문에 주위 정보에 밝아야 하며, 최종 정확한 정보를 갖고 가장 정확에 가까운 객실판매예

측과 통제를 하지 않으면 안 된다. 왜냐하면, 객실상품은 특히 재고 상품이 아니기 때문에 더욱 그러하며 판매할 기회를 놓치면 영원히 판매가 불가능하기 때문이다.

3. VIP 규정 및 영접

VIP(Very Important Person)에는 호텔의 영업방침에 따라 다소 차이가 있으나 크게 나누어 보면 대내적 VIP와 대외적 VIP로 구분된다. 대내적 VIP에는 호텔의 영업실적을 많이 올려주는 충성스러운 단골고객이나 고가(高價)객실이나 고가의 호텔상품을 이용하는 고객을 들 수 있으며, 대외적 VIP에는 공인으로서 인정을 받는 고위직의 분등 누가 보더라도 VIP로 느껴지는 고객이라 할 수 있다. VIP 고객은 호텔의 이미지를 높여주는 효과가 있으며 호텔의 영업전략 등에도 영향을 미치므로 아주 중요하다고 하겠다. VIP 예약에서 퇴숙까지의 중점 확인사항을 살펴보면

1) 예약 접수후 직속 상사에게 보고
2) Complimentary Service 및 영접준비를 위한 제반사항의 확정
3) 1일전 VIP Rooming List 작성 및 배포(관련부서)
4) 도착당일 객실상태 확인 및 객실에 투입된 Complimentary Service Item확인
5) 도착 항공편의 예약확인
6) 호텔 도착예정시간의 통보(당직지배인 및 총지배인)
7) 레드 카펫(Red Carpet) 준비
8) 로비그리추리스(Lobby Greetress), 엘리베이터 걸, 훌루어 그리추리스 정위치에 대기(Stand-By).
9) 등록카드 및 룸 키 준비(Hotel Registration Card, Room Key)
0) 체크인(Check-In)-----------퇴숙(퇴숙 수 시간 전에 호텔 빌 정산 준비)

<표 4-9> VIP의 구분 및 영접

VIP의 구 분	RED CARPET	국기게양	ELEVATOR BLOCK	과일 OR 꽃, 투입	ROOM CHECK	영접
VVVIP	Pope, Emperor, King, Queen Guest of the State 상, 하원의장, 수상 대법원장, 외무장관 대통령, 부통령, 유엔사령총장, I. O. C.위원장	0	0	0	0	회사 또는 GM
VVIP	부수상, 외무장관, 왕자 전VVVIP, Royal Suite 이용고객 Cardinal, Ambassador, 경영층에서 지정하는 고객	0	0	0	0	GM
VIP	장, 차관, 국회위원, 시장 대학총장, 주지사, 사장 (항공사, 호텔, 여행사사장,IOC 위원, 특실이용고객층지정고객			0	0	GM 또는 DAM
VIP TREAT-MENT	판사, 교수, 일반기업체 사장 전 VIP 특실이용고객			0	0	GM OR DAM
별도 C/I 고객	단골고객, 장기투숙객 고가(高價)객실이용객 잠재(潛在) VIP등			0	0	DAM OR GRO

** 보기: CHM(Chairman), PRE(President), GM(General Manager),

DAM(Duty Assistant Manager), GRO(Guest Relation Officer)

* 회사의 사정에 따라 구분 방법의 차이는 있을 수 있다.
* VIP의 취급은 까다롭고 특히, 주의할 점이 많기 때문에 특히 문제가 발생하지 않도록 미연에 방지하기 위하여 아래와 같은 VIP영접 체크리스트(Check List)를 활용하는 것이 좋다. 아래 확인사항(Check Point)은 추가 또는 축소될 수도 있고, 전담부장 및 담당과장은 조직에 따라 변경될 수도 있다.

<표 4-10> VIP 영접 체크리스트(예)

CHECK POINT	전담부서 및 담당부서

1. VIP ROOMING LIST 작성 및 일정표 관련부서 배포----------객실과장
2. GUEST NAME/ ROOM DOOR에 명찰부착 ----------------객실과장
3. 금박 STATIONERY 준비 -------------------- ------- 객실과장
4. WELCOME LETTER 투입----------------------------객실과장
5. 객실배정 및 객실청소상태 점검, 꽃, 과일, 명함, 확인-------------객실과장
6. FLOOR GREETRESS STAND-BY & TEA SERVICE----------객실과장
7. 객실정비,COMPLIMENTARY SERVICE, GOOD NIGHT CHOCOLATE MINI-BAR, BATH ROBE, TURN-DOWN SERVICE등 확인------객실과장
8. 회의용 탁자/의자,WHITE BOARD & 필기도구 및 지우개----객실정비과장
9. 객실내 FLOWER DECORATION --------------------객실정비과장
10. FLOWER, FRUIT 보충 (투숙기간중) -------객실정비과장
11. 호텔 출발시간 확인(이동,투숙시)-- -------현관/객실과장
12. 공항에서의 도착시간,변경시간,출발시간,행선지등의 정보전달 및 연락 ----------------------공항담당자
13. 주차, 차량통제, RED CARPET,ELEVATOR조작 국기게양, LOBBY GREETRESS STAND-BY------ ---------현관과장
14. 고객투숙중 ROOM SERVICE ATTENTION,BUTLER SERVICE--ROOM SEVICE
15. 지불조건, 변경시 확인조치-----------------------------수납과장
16. MORNING CALL,WHERE ARE YOU,MESSAGE ATTENTION----교환실장/객실과장
17. 사진촬영---홍보과장
18. 객실내, 통신시설(직통전화,FAX)설치 --- 통신실장/시설부장
19. MEAL, COUPON 발행,(관계직원및 기사용) -----------------수납과장
20. VIP도착 2일전 VIP LIST작성 및 배포 -------------------객실과장

제5장

객실관리업무

제1절 객실관리

1. HOUSE KEEPING의 부서와 주요업무

하우스키핑(HOUSE KEEPING)이란 원래 가사, 즉 집을 관리한다는 의미이지만 호텔에서는 객실의 관리 및 객실 부문에서 행하여지는 서비스 전반을 포함하며, 보다 넓은 의미로는 호텔의 옥상에서 지하실까지 공공장소를 포함한 전 지역의 청결 유지 및 안전관리를 담당한다고 볼 수 있다.

숙박객이 호텔에 기대하는 서비스는 쾌적한 거주성, 편리성, 그리고 마음 놓고 휴식을 취할 수 있는 분위기가 조성되어야 한다. 청결 성을 유지하기 위하여 완벽한 청소가 필요하며, 편리성을 확보하기 위해서는 설비, 가구, 비품류의 고장이나 불편함이 없도록 취급이나 점검을 철저히 하여 항상 완벽하게 정비가 되어 있어야 한다.

1) 호텔 전역의 청결 유지

하우스키핑은 객실 청소 뿐 아니라 레스토랑, 연회장, 현관, 복도, 로비, 화장실, 주방 등의 공유지역 및 호텔 외부에 이르기까지 호텔 전역의 청결 유지를 위하여 하우스키퍼라는 전문 관리인의 책임 하에 효율적인 관리를 하여야 한다.

2) 보수를 요하는 사항의 신속 처리

front office가 객실 상품을 판매하는 곳이라면 하우스 키핑은 상품을 생산하는 곳이다. 만일 기물이나 설비가 파손되었다던 지 혹은 고장이 나서 사용 불가능한 객실이 있다면 신속하고도 완벽하게 정비되어야 할 것이다. 객실의 청소와 세심한 관리로 투숙객에게 편안하고 안정감 있는 분위기가 되도록 하여 재판매를 위한 준비를 서둘러 상품 판매에 지장이 없도록 하여야 할 것이다. 객실의 청소와 세심한 관리로 투숙객에게 편안하고 안정감 있는 분위기가 되도록 하여 재판매를 위한 준비를 서둘러 상품 판매에 지장이 없도록 하여야 할 것이다.

3) 조명기구의 청결 유지 및 적당한 광도 관리

객실의 전반적인 조명은 너무 밝거나 너무 어두워도 아니 된다. 전반적인 사물을 확인할 수 있을 정도의 밝기는 분위기 조성을 필요로 하는 조명이어야 하며, 필요에 따라서는 한곳에만 비치게 하는 조명을 사용한다. 실내조명으로는 전반적인 조명과 부분만을 비추는 국부 조명의 설비를 하는 것이 호텔 조명의 공통된 점이라 하겠다. 특히 조명은 객실의분위기 창출효과 및 호화스러운 분위기를 돋보이게 하는 중요한 역할을 한다.

4) 고객 안전을 위한 방해물 제거

사고는 고객과 종사원의 부주의로 일어나는 경우도 있지만 완전한 시설과 철저한 경비, 순찰을 하는 가운데서도 자연적으로 발생되는 경우가 있다. 발생 원인이 어떻든 고객은 호텔을 원망하게 된다. 크고 작건 간에 사고가 발생한 후에는 인명의 피해, 정신적 피해, 재산상 피해가 따르기 마련이다. 그러므로 고객 안전을 위한 위험 요소나 방해물이 발견되면 이를 즉각 제거하는 세심한 배려가 필요하다.

5) 적정 수량의 린넨 및 소모품 준비

린넨류, 유니폼, 청소용품, 고객 용품 등 항상 적정 수량을 확보하여 고객 서비스에 만전을 기해야 한다. 특히 린넨류는 사용 중인 것과 사용 후 세탁 중인 것, 그리고 예비분을 포함해 3회전 분이 최소의 분량이다. 비상시를 대비해 4~5회전 분량의 린넨을 확보하는 것이 바람직하다고 하겠다.

6) 습득물 보관 및 처리

고객이 객실내에 물건을 잊고 가는 경우가 종종 있다. 침대, 옷장, 서랍 등 고객이 물건 넣어 둘 만한 곳을 샅샅이 살펴서 습득물이 나오면 값이 고하를 막론하고 호텔 규칙에 따라 사후 관리하도록 하여야 한다.

7) 호텔 재산의 관리

호텔의 재산을 유동자산(Current assets)과 고정자산(Fixde assets)으로 나누는데 건물, 기계, 시설 등의 고정 자산이 전체 자산의 80~90%에 달하고 있다. 이는 하우스키핑이 보유한 장비 이외에도 호텔 대부분의 재산을 관리한다는 막중한 책임을 갖게 되는 것이다. 객실을 비롯해 호텔 안의 모든 비품, 설비의 관리를 책임지고 있는 하우스키핑은 무엇보다 세심한 관찰과 주의와 손질을 함으로써 비용 절감이라는 목표를 실현할 수 있는 것이다.

2. 최근 호텔객실 형태의 변화

최근 관광호텔들의 경향을 살펴보면 호텔 상호간의 고객유치 경쟁이 활발해져 경쟁호텔보다 우의에 서기 위해 차별화된 최첨단 시설을 갖추려고 노력하고 있으며 고객의 안전과 보안에도 남다른 노력을 기울이고 있다. 따라서 변화하는 추세에 적응하지 못하면 결국에는 뒤떨어지게 마련이다. 이러한 변화의 움직임이 호텔 객실에도 반영되어 객실에서 사용되는 각종비품과 소모품의 품질이 고급화 다양화 되고 있으며 객실을 이용하는 고객에게 이를 제공하고 있다. 지금까지 호텔의 개념은 숙박·식음료·연회 및 집회의 세 가지 기능이었으나, 최근에는 이 세 가지 기능을 보완하는 부대시설로 문화·레저·스포츠·쇼핑·비즈니스 기능 등을 포함하는 경향으로 바뀌고 있다. 호텔투자자나 경영자들은 경쟁호텔을 의식해야 되고, 과거의 특별 계급이나 부유층만이 호텔을 이용하던 시대를 지나 작금에 이르러서는 호텔을 이용하는 고객층이 다양화되고 대중화됨에 따라 이들의 취향과 요구에 부흥하는 고객지향적인 방향으로 변모시켜 나가지 않으면 안 되게 되었다. 더욱이 호텔이란 상품은 그 생산에 있어서 고정자본의 투자가 대단히 크므로 건축비등과 더불어 생산면적을 최소한으로 축소해야 하는 등의 이유로 인하여 객실의 경향이 달라지고 있다.

1) 객실형태의 균일화

객실의 층이 다르더라도 동일한 장소에 있는 객실은 모두 같은 형태로 이루어지고 있다. 더블룸은 더블로 모두 구성하고 트윈룸은 모두 같은 트윈룸으로 하여 객실의 표준화를 기하고 있다. 이렇게 객실을 표준화, 규격화하는 이유는 객실의 다량판매를 용이하게 하여 종업원의 생산성을 높이고 숙련도를 낮게 할 수 있다는 이점이 있으며, 일반제품의 표준화를 기하는 것과 같다고 할 수 있다. 과거에는 건물의 각층마다 그 객실의 배치를 바꾸기도 하고 같은 형의 같은 분위기의 조성을 피하도록 해왔으나, 최근에 신축되는 호텔에서는 싱글이나 트윈 등 어느 객실이나 모두 같은 규격과 가구, 기물을 사용라고 요금을 동일하게 하는 경향이 높아지고 있다. 다만, 그 층에 따라 특색을 바꾸는 정도의 배려에 그치고 있다.

2) 객실의 융통성

기존의 객실 형태는 객실판매를 위주로 하여 잠을 목적으로 하는 객실형태를 갖추고 있었지만 요즘은 객실의 공간을 활용하여 비즈니스호텔은 티 테이블 대신에 책상을 넣어서 노트북 등을 이용하는 고객에게 편하게 객실내에서 작업을 할 수 있도록 도와주기도 하고 가령 스위트룸인 경우에는 침실과 거실의 문을 열고 연결하면 소회의장으로 활용할 수 있도록 하는 등 비즈니스맨들에게 매력을 주어 객실판매를 촉진시킬 수 있도록 변화를 주고 있다. 침대의 경우도 트윈룸의 경우는 과거의 싱글침대 2개가 아닌 더블침대를 2개를 넣어 핵가족 시대에 맞는 고객위주와 지역성을 고려하여 바꾸고 있다.

3) 객실공간의 최대 활용

사무용 책상이나 T.V, 냉장고 등을 붙박이장처럼 벽에 넣기도 하고, 벽걸이 T.V를 설치하는 등 객실의 공간을 넓고 크게 보이도록 하여 고객의 동선에 편안함을 주려고 노력하고 있으며 이렇게 객실의 공간을 최대한 유효하게 사용하려는 노력 등이 고객 확보와 고객을 놓치지 않고 단골고객으로 만들려는 현대 호텔경영에 있어서는 새로운 현상이라 할 수 있다.

4) 객실투숙객의 성향에 따른 변화

호텔의 입지여건과 객실투숙객에 이용성향에 따라서 호텔의 객실 종류가 다양하게 달라지고 있다. 객실 수 가운데 더블과 트윈과의 비율에 있어서도 도심지 비즈니스호텔의 경우 더블룸이, 휴양지 호텔의 경우 트윈이 많다. 이는 호텔 내부적으로 고객의 성향을 파악하고 어떤 종류의 객실을 얼마나 확보할지 데이터에 근거하여 객실 수의 종류를 조절 하였다. 예를 들면 과거에는 온돌 룸이 많았으나 온돌 룸을 없애고 침대 룸으로 전환시키고 있다.

5) 객실의 고급화 경향

동일한 공간에 동일한 기구를 설비하여 놓고 경쟁하기 위해서는 시설과 설비가 고급화되지 않을 수 없을 것이다. 더욱이 호텔용품은 다른 것에 비해 내구연한이 짧아 자주 교체해야 하므로 유행성에 민감한 고급의 것으로 구매, 설비하여 놓지 않으면 안 된다. 최근에 신축되는 호텔일수록 호텔시설은 물론, 집기 및 용품들이 매우 고급화되어가고 있는 실정이다.

6) 어메니티류의 다양성

호텔객실에서의 고객에게 무료로 제공되는 문구류나 샴푸, 스킨 종류를 말하는 것으로 고급화되고 비교적 고가의 품질 좋은 것으로 다양하게 제공되고 있다. 어메니티란 협의적인 개념으로 객실의 욕실 내에 비치하는 조그만 물건들을 의미한다.

7) Executive floor room의 강화

Executive floor room은 비즈니스맨들을 위한 특별전용 층에 위치한 객실 을 의미하며, 각 호텔들은 객실상품을 업무수행기능상 일반투숙객이 이용하는 객실과 상용목적으로 투숙하는 비즈니스맨들을 위한 특별객실로 물리적 차별화, 가격을 차별화 하여 판매 운영하고 있다.

이밖에 금연 층의 객실을 만드는가 하면 여성전용객실 및 장기투숙객 전용객실도 만들어 놓고 있다. 금연운동은 호텔업계에서도 영향을 미치고 있어, 호텔이용고객을 객실로서 차별화 할 수 없고, 다국적으로 차별화할 수 없는 흡연고객 및 비 흡연고객으로 분류하여 이들에 대한 욕구를 충족시킬 수 있는 기능을 수행할 금연층운동이 필수 불가결한 요소로 등장하게 되었다. 여성들의 사회활동에 대한 참여가 활발해짐에 따라서 관광 및 사업상의 목적으로 여행을 하는 여성들의 수도 증가하고 있다. 이에 따라 이들에 대한 특실객실운영이 요구되고 있는 현실이다. 오늘날의 정기적인 사업여행에서 두드러진 발전은 여행사업여행자의 증가이기에 이러한 여성고객들은 FIT 구성비에 또 다른 영향을 미친다.

사업을 목적으로 일정지역에서 장기적으로 체류하는 고객을 위해 특별히 운영하는 객실로서 침실기능, 취사기능, 사무실기능을 수행하는 형태이다.

<표 5-1> 호텔 종류에 따른 객실 면적

구분	city Hotel	Resort Hotel	Business Hotel	한국
싱글 룸(single room)	16.0	22.0	10.5	13.0
더블 룸(double room)	17.5	23.5	N/A	19.0
스튜디오 룸(studio room)	26.0	34.0	N/A	N/A
트윈 룸(twin room)	26.0	33.5	13.5	19.0

종류	길이	폭	비고
Single Bed	75inch	39	inch
Double Bed	75inch	54inch	
Semi Bed	80inch	60inch	
King Bed	78inch	80inch	
Extra Bed	75inch	39inch	접을 수 있음
Baby Crib	크기 다양함	크기 다양함	Baby Cot

3. 객실정비 업무개요

객실정비 업무는 객실과 함께 객실을 가기위한 공간 즉 Guest Elevator입구에서부터 복도에 있는 부문까지도 포함하게 된다. 복도에는 각 층에 FLOOR 용 전화기 등 호텔의 비품이 세팅되어 있다. 이때에 고객의 입장에서 보이는 곳은 항상 청결하고 깨끗한 이미지를 심어주지 않으면 안 된다. 청소상태점검 및 청소할 부분은 아래와 같다.

1) 객실입구의 복도와 카펫트 이음새 점검, Door의 개페상태 및 접착상태, Door의 표면상태 및 Door Chain 상태점검 등이며
2) 옷장의 Light, Blush, 구두주걱, Slipper, Shoe Shine Paper, 방연마스크, 옷걸이 정돈상태, 선반 위의 담요 정돈상태, 벽지 청결상태, Door의 표면 청결상태, Door Rail개폐시 유연성 등을 체크하여 조치하며,
3) 침실내의 커튼 청결상태, Drapery, 벽지, 스프링클러, 연기탐지기 이상유무, 미니바 세팅 및 Bill과 볼펜 정리 상태, Tent Card, TV Schedule, 재떨이,

성냥, No Tipping 안내문, 인쇄물 Holder, Room Service Menu 정리 상태, 거울청소 및 Desk Stand 작동상태 서랍내의 비치 물 확인보충(Laundry Bag, Shoe Shine Bag, Stationery Holder내 편지봉투, 편지지, 텔렉스 용지, 엽서, 제안지, 안내책자, 사진 봉투 등), 마호병 청결상태 및 얼음 유무상태, 커텐정돈상태 및 창문턱 청소상태 및 창문턱 청소선택, Night Table의 Night Stand 작동상태, Flash, 전화기, 매모패드, 연필, 성경, 불경, 크리넥스 등의 정돈상태 확인 점검 및 보충.

4) 베드 메이킹(Bed Making) 및 청소
침대위 Door Chain안내판, 담요와 Sheet에 머리카락 유무, Turn-Down Service 상태점검, 베개정돈, 시트 및 접힌 부분 확인, Foot 매트 정돈상태, 유리컵 청결상태, 사이드 테이블 청결상태, Head Board 뒤의 청결상태, 카펫트 청결상태 등의 점검 및 조치

5) 욕실내의 Door 개폐상태, Towel 걸이셋팅(Face towel, Wash cloth), Bath Tub Rubber mat, Towel 걸이, Shower Cap, 비누, Sewing Kit, Body Cleaner, Hair Shampoo, 면도기, Milk Lotion, Shaving Lotion, Basin Wash Cloth, Tumbler Tray, 유리컵, 휴지통, 재떨이, Sanitary bag, 크리넥스, Toilet Paper, Shower Curtain, 욕조 및 변기상태, Shower기 작동여부 확인, 벽면타일, 바닥타일 또는 암스트롱의 청소, 정비, 점검, 정리 등의 업무

6) 그밖에 Floor Carpet, Guest Elevator Hall, Pantry의 컵, Ice-Box, Ice Machine 유지상태, 각층 DPS 창고정리, Bin card 작성, Supply 용품 정리, Maid Box, Linen Box 정리정돈, 종업원 엘리베이터 홀, 미니바 창고 정리, 비상구 및 비상계단의 청소 등

제2절 룸 인스펙트리스(Room Inspectress) 업무

상사로부터 업무지시를 Room Maid에 전달하고 Room Maid 업무를 능률적으로 감독 및 협조하는 업무를 가지며, 종업원 중에서 고객과 마주치는 시간이 가장 많은 종업원이 Room Maid와 Room Inspectress이기 때문에 고객의 불편한 점이나 불평사항을 제일 먼저 발견할 수 있다. 따라서 항상 적극적이고 긍정적인 입장 하에서 대 고객 서비스에 만전을 기하도록 노력을 아끼지 말아야 할 것과 본인이 해결할 수 없는 사항은 상상에 알리어 신속, 정확하게 문제를 해결하도록 관련 부서와 협조한다. 객실판매의 증가를 위해서는 우선적으로 호텔 자체적으로 철저한 서비스가 제공되어야 한다. 따라서 자체 점검 하는 내용들을 알아볼 필요가 있다.

1. 룸메이드와 룸 인스펙트리스의 숙지 및 주의사항

고객에게 쾌적하고 안전하며, 불편 없는 서비스가 되게 하기 위하여 다음과 같은 사항들을 숙지하고 주의하여야 한다.

1) 소화기 사용법, 큰소리로 이야기 하거나, 복도에서 뛰지 않는다.
2) 객실청소는 완벽한지, 잡담금지, 복장단정, 좋은 인상, 손님에게 신뢰감, 고객의 성명을 숙지하여 인지 서비스, 층에 수상한 사람이 나타나면 담당부서장 또는 당직지배인에게 보고한다.
3) 작업화(신발)의 뒤축을 꺾어 신지 않는다.
   고객용 엘리베이터는 사용금지, 종업원용 엘리베이터만 이용한다.
4) 더러워진 유니폼은 즉시 교체 착용한다.
5) 장신구 및 짙은 향수 사용은 피한다.
6) 호텔내에서 일어나는 일이나 정보를 외부로 유출해서는 안 된다.
7) 투숙객의 사생활에 대하여는 본인만 알고 타인에게 말을 옮기지 않는다.
8) 외래방문객은 당직지배인이나 프론트 담당지배인의 허락 없이는 불허한다.
9) 작업을 진행할 때나 복도를 오갈 때에는 항상 조용하게 하고 예의를 지켜서 손님을 불쾌하게 하거나 불편하게 해서는 안 된다.

10) Room Inspectress는 Night House Keeper로부터 담당층 패스키 및 특기사항을 인수받고 상사로부터 금일의 업무지시를 받아 Room Maid에 전달하고
11) 룸체크시 유의사항으로는 Do-Not-Disturb card가 걸려있는 객실은 방해가 되지 않도록 유의해야 하며, 고객이 있는 경우 3초 간격으로 차임벨을 누르며 누를 때마다 「하우스 키핑입니다」라고 하여 차임벨을 누른 사람이 누구인지를 알려주어야 한다. 고객이 없을 경우에는 3번 이상 누른 후 응답이 전혀 없을 경우에는 문을 열어놓고(닫지 말고)들어가 체크한다. 이때엔 고객의 소지품에는 손을 절대로 대지 말아야 한다.

2. 룸 인스펙션(Room Inspection)

Room Inspection은 객실내의 F.F.&E.S.의 정비, 청결, 기능상태가 이상이 없는지를 체크하는 업무를 지칭하며, 제1절 객실 정비업무 개요 1번에서 6번까지 전체이며 고객에게 만족할 만한 서비스를 제공하기 위하여 매일 전체 객실을 점검하고 손질을 해야 한다. 그리고 룸 인스펙션 리포트(Room Inspection Report)는 아래와 같은 요령으로 작성한다.

◎ Room Inspection Report 작성요령

<표 5-2> 객실상태 표기방법

객실상태 표기방법		내용(객실상태 및 Floor Indicator 상태)
Occupied	OC	고객이 사용 중이며, 짐도 있고 Floor의 Room Indicator상 투숙중 표시상태
Sleep Out	SO	객실 안에 짐은 있고 침대를 사용치 않은 상태이나 Room Indicator상에는 투숙중 표시상태
Sleep Out (No Baggage)	SN	또는 객실사용 흔적도 없고 짐도 없고 Room Indicator상에만 투숙중 싸인이 있는 경우
Check-Out	CO	객실사용 흔적은 있고 짐은 없는 상태 그리고 Room Indicator상 Check-Out 표시 상태일 때

Vacant	VA	객실사용흔적도 없고, 짐도 없고, Room Indicator상 청소 완료 상태의 객실일 때
Out of Order(000)	00	고장 객실(사용불가능 객실)로 Room Indicator상 000 표시 객실
Day Use	DU	주간에 객실사용객실(12:00부터 17:00까지)
House Use	HU	회사 사정상 객실을 무료로 사용할 경우에는 Room Indicator상에 무료객실 정보를 등록을 시키고 House Use List를 객실로부터 전달받아 처리하게 된다.
Double Lock	DD	방안에서 Double Lock되었거나 Door Chain이 걸려있는 상태 또는 Do-Not-Disturb 싸인이 문에 걸려있는 경우(객실상태를 파악 불가)

고객이 실제로 사용하고 있지 않고 Room Indicator상에만 사용 중 객실로 표시되어 있고 간단한 짐만 있을 경우는 Sleep Out(No Baggage)로 표시한다.

Check-Out Room 또는 청소 완료된 객실이라 할 경우 고장객실이면 즉시 Out of Order Room으로 Room Indicator를 수정하여 프론트에 알리고 객실판매를 하지 않도록 한다. 객실청소 완료 후 청소완료 상태를 입력하고(전화다이얼을 돌려) Floor Room Indicator와 Double check하여 이상이 있을 경우 조치한다.

<표 5-3> TV-利用案內

TELEVISION INFORMATION (TV-利用案內)					
CH	한국방송(韓國放送)	CH	MUSIC&MOVIE	CH	SPORTS & INTERNATIONAL
6	TBC/SBS(大邱/SEOUL 放送)	18	HEN(가족영화-家族映畵)	2	NHK(일본방송-日本放送)
		21	KCN(무협영화-武俠映畵)	4	
7	KBS1(國營放送)	23	OCN(영화-映畵)	53	KBS SPORTS
9	KBS2(國營放送)	30	CINEMA TV(영화-映畵)	54	MBC-EPSN
11	MBC(文化放送)	62	HOME CGV(영화-映畵)	55	SBS SPORTS
13	EBS(敎育)	65	M.net(음악-音樂)	75	CNN(세계뉴스-世界放送)
		88	성인방송(成人放送)	76	NHK worldpremium

3. ROOM MAID의 객실정비 작업시 유의사항(안전사고 방지책)

<표 5-4> 객실정비시 유의사항

사고원인	사고발생내용	예방대책
욕실바닥에 비눗물이 있을 경우	욕실바닥의 비눗물이나 물기를 밟을 경우 미끄러지면서 욕실 시설물과 부딪힘.	욕실바닥의 물기나 비눗물을 닦은 후 들어갈 것.
욕조내부 청소시 엎드려 일할 경우	욕실바닥에 비눗물이나 물기가 있을 경우 미끄러지면서 욕조에 가슴 및 옆구리를 부딪힘.	욕실바닥의 물기나 비눗물을 닦은 후 엎드려 욕조내부 청소를 할 것.
욕조를 밟고 올라서서 천정을 닦을 경우	불안전한 자세로 미끄러지거나 옆으로 넘어지면서 사고발생.	사다리를 이용할 것.
욕조쪽 벽 타일을 닦을 경우	욕조를 밟고 닦음으로 욕조에서 미끄러짐.	욕조 안에 걸레를 깔고 들어가서 닦을 것.
욕실등 교체할 경우	무릎으로 세면대 테이블을 딛고 올라서는 경우 옆으로 넘어짐	사다리를 이용할 것.
물걸레로 전구를 닦을 경우	젖은 걸레로 전구를 닦을 때 전구가 열을 받아 터지면서 파편이 튀거나 감전사고 발생.	마른걸레로 닦으며 전등을 끄고 닦을 것.
침대를 당길 경우	불완전한 자세로 당김으로 허리를 상함.	완전한 자세를 취한 후 당길 것.
나이트테이블 뒷면 카펫 청소후 원위치 시킬 경우	나이트 테이블 뒷면바닥 전기콘센트 Box를 보지 않고 밀어 넣을 경우 플러그가 파손되면서 화재발생 위험.	나이트 테이블 뒷면바닥 전기콘센트 Box의 플러그를 잘 보면서 원위치 시킬 것.
침실 천정 환기통 휠 터 교체할 경우	창문턱이나 의자를 밟고 올라가서 교체하는 경우 몸중심을 잃고 추락사고 발생.	사다리를 이용하는 것.
복도 천정등 교체할 경우	스툴 또는 객실가구를 이용함으로 추락사고 발생.	사다리를 이용하는 것.
계단으로 의자를 옮길 경우	의자의 등받이 끝이나 다리가 계단이나 벽에 걸리면서 몸중심을 잃고 계단에서 넘어지면서 뒹굴게 됨.	엘리베이터를 이용할 것.

4. KEY의 취급 및 사용

1) Key의 인수인계는 상호확인하며 세심한 주의로 Key를 분실하지 않도록 하여야 한다. 만일 분실 시에는 상사에 즉시 보고하여 적절한 조치를 하여야 보다 큰 사고를 방지할 수 있다.
2) 투숙객의 방을 열고자 키를 사용할 경우에는 초인종을 눌러 손님의 양해를 득한 후 사용하여야 한다.
3) 키의 인수는 출근 시에 하고 퇴근 시에는 반드시 인계하여야 한다.
4) 키의 사용은 업무이외의 목적으로 사용하여서는 안 된다.

제3절 객실청소 요령

1. 객실청소 순위

1) 입구 문을 연다.
2) 청소중 카드를 건다.
3) 커튼을 연다.
4) 전등을 끈다.
5) 분실물을 확인한다.
6) 쓰레기, 담배꽁초를 카에 비우고 쓰레기통 청소
7) 룸서비스 츄레이를 내놓고 컵, 재떨이를 욕실에 내놓는다.
8) 침대를 50센치 뺀다.
9) 스프레드를 접는다.
10) 시트를 접는다.
11) 담요를 접는다.
12) 시트를 접는다.
13) 시트를 편다.

14) 시트를 편다.
15) 담요를 편다.
16) 시트를 펴서 접어놓는다.
17) 필로우 케이스를 갈아 끼운다.
18) 스프레드를 씌운다.
19) 침대를 밀어 놓는다.
20) 침대의 위치를 확인한다.
21) 욕실기구 작동 여부확인
22) 컵, 재떨이를 닦는다.
23) 타일 벽을 닦는다.
24) 욕조를 닦는다.
25) ㄴ자 핸들을 닦는다.
26) 샤워헤드를 닦는다.
27) 타월선반을 닦는다.
28) 변기를 닦는다.
29) 휴지케이스를 닦고 휴지를 갈아 끼운다.
30) 타월걸이를 닦는다.
31) 거울을 닦는다.
32) 암스트롱(바닥타일)을 닦는다.
33) 욕실비품 세팅
34) 침실 액자 청소
35) 사이드 테이블
36) 벽면 먼지제거
37) 헤드 보드
38) 나이트 테이블
39) 전구 확인 및 먼지제거
40) 전화기
41) 시계시간 확인
42) 나이트 테이블 스위치

43) 나이트 테이블 밑
44) 창문턱
45) 커튼 청결 확인 및 정리
46) 커튼걸이 고장 확인
47) 창문유리
48) 티 테이블
49) T.V.
50) 암체어(Arm Chair)
51) 훌로어 스탠드
52) 체스터 오브 드로우어
53) 라이팅 데스크
54) 메뉴 홀다
55) 기타 인쇄물 확인
56) 거울
57) 스둘(Stool)
58) 가방 대
59) 미니 바 다이
60) 냉장고
61) 옷장안 청소 및 세팅
62) 바킹 클리너 흡수(안쪽에서 바깥쪽으로)
63) pantry, 재떨이 원 위치
64) 객실청소 규정에 의한 최종 규정품 확인 및 쎄팅여부 확인
65) 도아체인 확인
66) 문을 조용히 닫고 벨을 확인한다.
67) 청소중 카드를 벗긴다.

2. 체크 아웃된 객실(CHECK OUT ROOM)의 청소

1) Make Up 카드 부착 및 분실물 확인

(1) 청소중에는 입구 문을 열어 놓는다.
(이때 '청소중'이라는 카드를 문 손잡이에 걸어 놓는다)

(2) 커튼을 연다. 그때 커튼이 더럽지 않은가 혹은 핀이 빠지지 않았나! 확인한다.

(3) 불필요한 전등은 끈다.

(4) 손님이 잊어버리고 간 물건은 없는가 살핀다. 이때 잊어버린 물건인지 버린 물건인지 판단이 곤란할 때는 인스팩트리스나 사무실에 보고한 후 지시에 따른다.

(5) 쓰레기통의 쓰레기, 재떨이의 담배꽁초, 사용이 끝난 면도칼날 등을 메이드 카까지 들고 나가 정해진 용기에 넣는다.

(6) 쓰레기통의 청소
특히 머리카락에 주의하며, 물에 씻거나 닦거나하여 특히 청결에 유지한다.

(7) 룸서비스의 츄레이 웨곤이 있으며 복도 한쪽에 내놓으며, 손님이 사용하는 컵, 마호병, 객실츄레이, 쓰레기통 등을 욕실로 갖다 놓는다.(이때 손님의 기물과 객실의 기물이 룸서비스로 가지 않도록 빼 놓는다)

2) 베드 메이킹(침대꾸미기)

(1) 우선 침대를 50㎝가량 뒤로 빼낸다.

(2) 시트, 담요, 시트, 필로우케이스의 순으로 벗겨낸다.
이때 시트나 필로우케이스를 둘둘 말아 벗기지 말고 보기 좋게 개면서 하나씩 순서대로 벗긴다. 담요는 소파나 스툴위에 얹어놓고, 바닥에 놓거나 바닥에서 끌면 안 되며, 머리카락이 붙어 있지 않나 살핀다.
다음 새것으로 교환해야 할 린넨류를 모두 거두어서(이때 욕실 타올류도 함께) 메이드 카의 정해진 자리에 정돈하여 놓는다.
이때 간혹 시트 사이에 손님의 잠옷이나 내의 또는 기타 물건 등이 휩쓸려

나가는 경우가 있으므로 주의 깊게 살펴야 한다.

(3) 새 시트와 필로우케이스 등 필요한 침대용 린넨류를 가지고 들어간다. 이때 타올류도 미리 필요한 수량만큼 가지고 들어가면 일이 훨씬 빠르다.(새 린넨 이라고 해도 세탁이 잘 안되며 얼룩기름이 묻어 있거나, 찢어진 것이 가끔 있으므로 잘 살펴보아야 하며, 다른 것으로 교체토록 한다)

(4) 시트 편다.

침대 끝에서 매트리스를 쌀 수 있을 만큼의 길이를 늘어뜨리고 좌우에 늘어지는 부분은 중심을 잡아 펴 놓는다.

다음에 머리 쪽으로 가서 시트 중심선을 맞추고 남은 부분의 시트로 매트리스를 싸면서 밀어 넣는다.

(5) 그 위에 또 한 장의 시트를 편다.

침대 끝에서 부터 펴서 좌우 균형을 맞추고, 침대 머리 쪽을 와서 시트 중심선을 아래 시트 중심선에 맞추어 팽팽하게 당기면서 침대머리 쪽으로 시트가 25㎝가량 늘어지도록 한다. 이때, 시트를 아래 시트처럼 상, 하, 좌, 우를 접어 넣지 않고 늘어뜨려 놓기만 한다.

(6) 담요를 그 위에 씌운다. 이것은 매트리스 머리 쪽 끝에서부터 맞추어 펴면서 중심을 잡아 끝 쪽으로 내려간다. 끝 쪽에 와서는 담요의 여유가 생긴다.

(7) 담요 위에 담요와 똑같은 위치로 시트 한 장을 더 씌운다.

(8) 머리 쪽에서 아래에 늘어진 시트를 담요를 싸서 접는다.

그 다음 침대 머리 쪽 나이트 테이블을 기준하여 먼 쪽에서 가까운 쪽으로 시트와 담요를 함께 삼각으로 접는다. 삼각 모양으로 접은 끝의 폭은 25㎝가량 되어야 하며, 폭이 나이트 테이블을 향하여야 한다. 좌우에 늘어진 시트는 잡아당기면서 밀어 넣는데 이때 옆으로 나오는 시트의 모양은 삼각형이 되어야 한다.

다시 침대 끝으로 와서 반듯하지 못한 시트를 팽팽히 당겨 매트에 밀어 넣고 양쪽 시트는 삼각형으로 밀어 넣는다.

(9) 필로우케이스의 입구 양면을 양손으로 잡은 후 힘을 주어 털면 팽팽하게 벌어지는데, 그 속에 필로우를 넣고 남은 부분은 안으로 접어 넣은 후 반드시

나이트 테이블과 반대쪽으로 놓고, 더블 침대일 경우에는 입구를 서로 마주 보게 놓는다.

(10) 베드 스프레드는 침대 끝 쪽에서 아래로 카펫트에 닿기 전까지 내리고 중심선을 맞추면서 머리 쪽으로 잘 덮어씌우면서 올라온 후 필로우 밑에서는 약간 더 들어가게 접고, 그 다음 필로우를 2단으로 주름을 잘 잡아주며 완전히 씌운다.

(11) 침대를 제 위치에 밀어 넣는다.
헤드보드에 바싹 붙여야 하며, 나이트 테이블로부터 약간 멀어지게 한다. 침대를 제자리에 밀어 넣을 때 침대 밑을 들여다보고 쓰레기 또는 유실물이 없는지 확인하여, 불필요한 것은 모두 제거하고 먼지가 쌓였을 때에는 크리나로 먼지를 없앤 후 밀어 넣는다.

3) 걸레로 닦기

꼭 짠 걸레로 나이트테이블 근처, 창문가, 중앙, 출입구 부근 순으로 닦아 나간다. 이때 각종 스위치, 시계, 텔레비전 등의 불량, 고장의 점검도 함께 한다.

(1) 나이트테이블 근처
액자유리, 액자 위 먼지 제거, 비뚤어진 것은 바로 한다.
헤드보드, 나이트테이블, 전구의 먼지제거, 전구는 정상인가, 전화기는 이상없이 정 위치에 놓였는가, 시계는 정확한 시간에 맞춰졌는가, T.V Remote control 작동이 완벽한가, 각종 스위치는 이상이 없는지를 점검하고, 나이트 테이블 밑의 먼지를 닦아낸다.

(2) 창문유리, 창문턱, 커튼, 커튼걸이, 창문유리의 안쪽이 불결하면 닦아내고, 창문턱을 청결히 한다. 창문턱 아래 벽지는 때를 잘 타므로 세제나 약품 등을 사용하여 때를 말끔히 제거한다.

(3) 객실중앙
티-테이블의 광택이 나지 않으면 약품으로 닦는다.
암체어나 소파는 천으로 싸여 있지만, 걸레로 살짝 닦아준다. 훌로어 램프, 스탠드의 줄이 흐트러져 있으면 잘 정돈하여 정해진 위치에 놓는다.

(4) 드레싱 테이블 근처
테이블 표면을 광이 나게 잘 닦는다.
메뉴홀다, 기타 인쇄물 등을 점검하여 정 위치에 놓고 부족한 것은 보충한다. 전면의 거울과 거울 주위를 닦고, 각종 서랍 내부를 닦으며 점검하여 라운드리 백과 슬립이 없을 때에는 보충하며, 가방대와 장롱 그리고 스툴도 잘 닦는다. 담요는 잘 정돈되어 있는지 확인하고, 옷걸이, 옷솔, 구두주걱, FIRE CUT, 구두닦이 헝겊, 슬리퍼 및 방연마스크 등 비품이 부족하면 채운다.

4) 바킹 클리너 사용

(1) 안쪽으로부터 차례로 빠지는 곳 없이 청소한다.
(2) 옷장내부
(3) 출입구까지 끝나면 전면 복도는 필히 해야 한다. 이때 의자등 셋트류는 정 위치에 정돈하여야 한다.

5) 최종 체크(실내)

(1) 침실 청소시 욕실에다 옮겨 놓은 컵과 츄레이, 마호병, 쓰레기통 등을 깨끗이 닦은 후 제 위치에 갖다 놓는다.
이때 마호병 속의 물은 팬츄리의 아이스박스에 준비된 얼음이 섞인 정수물을 넣어야 한다.
(2) 실내비품을 재점검한다.
(3) 드레퍼리커텐은 중간에서 합치도록 완전히 닫는다.

6) 욕실청소

욕실은 좁은 공간에 여러 가지 장치가 많으나 순서를 어기지 않으면 간단히 해낼 수 있다. 특히 위생 면에 조심하여 조그마한 때도 남기지 말고, 머리카락이나 작은 먼지에도 세심한 주의가 필요하다.

(1) 급수설비, 기타 기구의 분실, 파손, 고장을 체크한다.

(2) 텀블러(컵)는 깨끗이 닦아 엎어 놓는다.(반드시 스펀지로 닦아준다) 뜨거운 물에 걸레를 꼭 짜서 거울 전체를 닦아낸 후 마른걸레질을 한다. 샤워커튼에 때가 묻어있으면 씻어내고 청소에 지장이 없도록 샤워 커튼 걸이에 걸쳐 놓는다.

(3) 수세미에 세제를 묻혀 세면대, 타일벽, 욕조, 변기 순으로 닦은 후 세면대는 뜨거운 물에 짠 걸레로 닦아내고, 타일과 욕조는 샤워로 씻어낸 후 마른 걸레로 닦고 변기도 물걸레로 닦은 후 바른 걸레로 닦는다.

(4) 마른 걸레로 닦기

모든 부착물을 닦아야 한다. 특히 금속부품은 정성 들여 닦아야 한다.

(5) 샤워 커튼을 내려놓는다.

이때 고리가 빠졌거나, 수리할 부분이 있으면 정상대로 해 놓아야 한다.

(6) 모든 청소가 끝나면 다음 규정된 수의 비품을 소정 장소에 새로 셋-트한다.

① Bath Mat(발 타올) 1장

② Bath Towel(목욕타올) 1장

③ Face Towel(얼굴타올) 2장

④ Wash Towel(손 타올) 4장

⑤ 비누

⑥ 샴푸

⑦ 샤워캡 각 2개

⑧ 텀블러 컵 2개

⑨ Tumble Tray(쟁반) 1개

⑩ Sanitary Bag 1장

(7) 토일렛 페이퍼와 크리넥스의 사용량을 확인하여 끝을 삼각형으로 접어놓는다.

(8) 이것으로 욕실의 모든 정비가 끝났으므로 전체를 다시 한 번 점검하고 욕실 문을 반쯤 열어놓고 전등을 끈다.

7) 최종처리

(1) 입구문 앞에 서서 실내를 돌아보고 최종 점검을 한 후 청소도구를 떨어뜨리지 않았는지를 확인한 후 손님이 체크아웃 하면서 입구문 바깥쪽 손잡이에 디디 카드 또는 청소카드를 걸어 놓았을 경우에는 안쪽 손잡이로 옮겨 걸어주고 문을 닫고 나온다. 문이 꼭 잠겼는지 확인한 후 "청소중'이라는 카드를 벗겨낸다.

(2) 객실 1실을 청소할 때마다 린넨 리포트와 메이드 리포트에 필요사항을 기입한다.

3. 투숙중의 객실의 청소

숙박객이 체재중인 객실의 청소는 기본적으로 체크아웃 후 청소방법과 하등의 차이가 없으나 다음 사항에 유의한다.

1) FLOOR 인디케이터에 의해 확인한다.
2) 입구 룸벨을 세 번 누르고 "HOUSE KEEPING입니다"라고 말한다.
3) 잠시 기다렸다가 문을 연다.
4) 입구에 "청소중" 카드를 걸고 소등한다.
5) 메모, 서류, 잡지 등은 건드리지 말고 정리정돈에 그친다. 헌 신문, 시들은 꽃 등은 손님의 의사표시가 있거나 쓰레기통 부근에 놓였을 때 외에는 버리지 않는다.
6) 드레퍼리 커튼은 열어 놓고 레이스 커튼은 닫는다.
7) 의류는 옷장안에 걸고, 잠옷은 접어서 침대위에 놓는다.
8) 화장품은 정리하는 정도로 하고 마음대로 옮겨 놓지 않는다.
9) 청소의 우선순위

ㄱ. 브이, 아이, 피 룸

ㄴ. 청소를 원하는 카드 걸린 방

ㄷ. 스위트 룸

ㄹ. 사무실에서 통보하는 객실

ㅁ. 일반 객실

10) 엑스트라베드가 들어가 있으면서 투숙객이 1명이 더 있는 객실은 훼이스타올, 베드타올, 워시크로스, 슬리퍼를 추가로 하나씩 더 넣어준다.

11) 청소가 끝나고 문을 닫을 때, 문 바깥 손잡이에 걸려 있는 카드가 DD 카드일 때에는 그대로 두고 청소를 원하는 카드일 때에는 안쪽 손잡이로 옮겨 걸어 놓는다.

4. 빈 객실(VACANT ROOM)의 청소

전날 사용하지 않은 객실은 매일 아침 필히 체크하여 이상 유무를 확인하고 다음 3항에 의해 청소정비를 완수하여야 한다.

1) 책상, 옷장, 티테이블, 전화기 등을 걸레로 닦는다.

2) 마호병의 물을 갈아 놓는다.

3) 욕실내 급수시설, 전화, 전등, 나이트테이블 상태의 파손 및 고장 상황의 불량을 점검한다.

4) 공실 상태가 3,4일이 계속될 경우에는 위에 설명한 것 외의 다음 사항을 추가한다.

   ① 베드 스프레드 위의 먼지를 털어낸다.

   ② 변기 속의 물을 흘려보내고 기타 급수기구상태도 점검한다.

   ③ 객실내 각 부분에 걸레로 닦아낸다. 특히 옷장 내부에 주의한다.

   ④ 카펫을 클리너로 먼지를 흡수한다.

이상과 같이 평소 손질이 잘 안된 곳이나 침대 또는 가구 밑, 벽지 때, 오래된 먼지 등을 제거한다.

<표 5-5> 수리하여야 할 방의 준비 사항

1. 문 입구 손잡이에 "공사 중"이라는 카드를 건다. 2. 침실과 욕실의 비품, 깨질 우려가 있는 물건, 새타올 등을 서랍 속에 넣는다. 3. 사용한 시트, 타올, 비누 등은 빼낸다. 4. 특히 욕실 공사 시에는 못 쓰는 시트를 구하여 세면대 테이블을 덮어주고, 객실 입구에서부터 냉장고 앞까지 욕실 앞에 깔아 준다. 5. 카펫이 물에 젖은 경우에는 무조건 젖은 휠터는 빼서 버리고, 물을 기계로 흡수한 후 카펫을 말린다.

5. 턴다운 서비스(TURN-DOWN SERVICE)

1) 턴다운 서비스(TURN-DOWN SERVICE) 개요

OPEN BED, 즉 TURN DOWN SERVICE는 투숙한 손님이 잠자리를 더욱 아늑하고 편히 잘 수 있도록 침대의 담요를 접어 넘겨 잠자리에 들기 쉽도록 아이디어로 주간에 완전히 객실정비가 되고 철저히 점검된 객실을 가능한 한 가장 좋은 서비스로 유지하기 위해서 실시한다. 간단히 SPREAD를 걷고 정리한다든지, 담요를 접는 정도의 작업이 아니고, 주간에 미비된 것을 시정하고 고객의 투숙에 대한 환영의 표시를 남기는 것이다.

(1) Turn-Down Service란 투숙하고 있거나 투숙할 객실에 17:00 이후 Bed Spread를 벗기어 Portable Baggage Rack에 집어넣어 옷장에 넣고 Sheet는 그림과 같이 접어 잠자리에 들기 편하도록 하는 작업이다.

(2) Foot Mat를 잘 펴서 Night Table에서 약간 뗀 위치에 깔고, 슬리퍼는 옷장에서 꺼내어 가지런히 Mat 옆에 놓는다.

(3) 전구는 Night Table Stand만 켜 놓고 객실입구의 스위치를 On 시켜 놓는다.

(4) 재떨이와 휴지통을 비우고 욕실 청결상태를 확인하여 타올 교체, 욕실소모품의 점검 및 정리정돈하고 Drapery Curtain을 완전히 담아 놓는다.

(5) 미니바 얼음통에 얼음을 채워 놓고, 마호병의 얼음물을 교체하여 준다.

(6) Good night chocolate를 Night Table위에 놓아준다.

(7) 손님 수에 따라 Bath Robe를 투입하여 일본인 손님은 유가타 Bath Robe를

넣어준다.

(8) 객실실내온도를 쾌적한 상태로 유지시킨다.

2) 준비작업

(1) MAID CART의 정리

① 고객인적사항의 파악 및 확인

② 주요 인수인계 사항은 기록 정리한다.

(2) 복장과 용모를 점검하여 단정한 자세로 출입한다.

(3) BED의 끝부분을 15~20㎝정도 펴서 취침시 고객 발끝이 편안하도록 한다.

(4) 재떨이, 휴지통을 점검하고 테이블 위를 점검한다.

(5) CHECK-IN 예정이거나 재실인 경우는 LAMP를 켜 놓는다.

3) 작업방법

(1) BED ROOM

① BED SPREAD를 아래로부터 접어가며 벗기고 반듯하게 개어서 옷장 선반에 올려놓는다.

② MATTRESS를 덮은 첫째 SHEET가 베개 밑으로 삼각형이 되도록 담요와 시트를 밖으로 접어 넘겨 고객이 침대를 들기 편하게 한다. 보통 전화가 놓인 쪽으로 TURN DOWN한다.

③ 2인용의 DOUBLE BED나 KING ROOM 등 큰 치대는 양쪽 모두를 TURN DOWN하고 TWIN ROOM을 두 사람이 쓸 경우 중앙 NIGHT TABLE 쪽으로 TURN DOWN한다.

④ TWIN BED ROOM을 혼자 쓸 경우 보통 욕실이 가까운 침대나 TV를 보기 편리한 편의 침대를 TURN DOWN 한다.

⑤ TURN DOWN 한 침대 쪽의 LAMP를 켜 놓는다.

(2) BATH ROOM

① 사용한 LINEN 및 소모품의 보충
② 휴지통 및 재떨이 점검
③ 세면대(BASIN)와 욕조(BATH TUB)의 간단한 청소
④ 거울을 닦고, 청소 후 바닥의 물기를 완전히 닦는다.

(3) 유의사항

① ROOM MAID가 청소 및 TURN DOWN시 ROOM에 들어갈 때는 반드시 "MAID IS WORKING NOW" CARD(청소중)를 부착한다.
② 고객의 세탁물이 있는 경우에 CHECK LIST가 정확하게 기록되어 있으면 LINEN과에 통보한다.
③ 고객의 COMPLAINT(불평) 및 조언을 가능하면 신속하게 처리하고 INSPECTOR에게 보고한다.
④ 객실내에 짐승이나 새를 사육하는지를 확인한다.
⑤ 중대한 사항이나 판단하기 어려운 사항은 INSPECTOR에게 보고한다.
⑥ 객실을 나올 때에는 DOOR의 잠긴 상태를 확인한다.

6. 린넨의 관리

1) 린넨의 수령과 보관

주문에 의하여 신품의 린넨류가 수령되면 그 린넨류들은 린넨 실로 운반되어 점검된다.

운반된 린넨류들은 일반적으로 종이상자 등에 포장되어 배달된다.

종이상자에 포장되어 운반된 린넨류는 포장되어 있기 때문에 도난의 위험은 없다. 대개 린넨류 등은 10~20매가 한 묶음으로 되어 종이상자에 넣어져 포장되어 있다. 그러나 포장된 린넨 상자가 열려져 있으면 린넨류는 도난 되기 쉽다.

그러므로 수령과정에서 그 확인을 정확히 하여야 하며 많은 주의가 필요하다.

그리고 운반된 린넨(linen)상자가 열어졌다면 수령과정에서 그 린넨의 수량을 정확히 점검하여야 하며, 수령이 완료되면 그 린넨류들은 사용되기 전까지는 일정한 린넨 창고에 보관되어야 한다.

호텔에서 사용되는 린넨류(sheet, table-cloth, towel, uniform 등)는 호텔의 마크나 이름을 인쇄한다.

이러한 방법은 고객의 물품과 호텔의 물품을 구분하기 위해서 뿐만 아니라 호텔 린넨의 손실 및 분실을 방지하기 위한 방법이며 또한 종업원의 물품과 구별하기 위한 방법이다.

2) 린넨의 순환

린넨의 순환은 다음과 같다.

즉 린넨 실에 보관된 린넨은 각 업장에 필요에 의하여 공급된다.

각 업장에서 사용된 린넨은 세탁실로 보내져 세탁된 후 다시 린넨 실에 보관한 후 다시 필요에 의하여 각 업장에 공급된다. 이러한 린넨의 순환과정에서 린넨은 도난 되거나 분실될 수 있다.

그러므로 린넨의 도난 및 분실을 방지하기 위해서는 정확한 인수·인계가 필요한 것이다. 이와 같은 정확한 인수·인계는 도난과 분실을 예방하므로 호텔경영상 안전성을 유지할 수 있다.

다시 말해서 호텔재산의 손실을 방지하므로 호텔경영의 안전성을 유지할 수 있기 때문이다.

3) 린넨 취급의 소홀

린넨의 안전관리에서의 위험요소는 린넨의 도난 및 분실 뿐만 아니라 린넨류의 관리 소홀이다.

예를 들면 웨이터가 냅킨(napkin)으로 구두를 닦거나 식당 바닥을 닦는 데 사용하였을 경우 또는 조리사가 주방바닥을 닦는데 사용하고 페인트칠하는 사람이 시트(sheet)를 흘린 페인트를 닦을 때 사용하므로 린넨의 용도에 적합하지 않게 사용하는 등 소홀히 취급될 수 있다.

만약 이렇게 린넨류가 소홀히 취급된다면 호텔안전관리상 문제가 된다.

4) 린넨의 도난

린넨의 종업원이나 고객에 의해서 도난될 수 있다.

린넨은 호텔종업원의 대다수가 업무와 관련하여 항상 사용하고 있으며 고객은 당연히 사용하고 있기에 린넨의 절취가 용이하다.

그러므로 안전 관리원 뿐만 아니라 각 부서의 책임자는 항상 감독하여야 할 것이다.

고객에 의한 도난의 예를 들면 고객이 체크아웃(check-out)하면서 타월(towel)류 및 시트(sheet) 등을 가방에 넣어 가지고 가는 경우인데, 이런 절취행위를 예방하기 이해서는 체크아웃(check-out) 객실을 미리 파악하여 감독하여야 한다.

제4절 분실물(Lost and Found)의 처리방법

1. 분실물 처리방법

분실물 중 부패하지 않고 비싼 물건은 끝까지 보관해야 하며, 물건에 욕심을 내어 반출하였다가 손님이 찾으러 왔을 때에 즉시, 내어주지 못한다면 호텔의 망신이며 반출한 사람은 문책을 면할 수 없게 되니 특히 주의를 해야 한다. 분실물의 확인요청(객실부, 당직지배인 실)→객실관리 사무실에서 분실물 장부를 확인→고객에게 인수싸인을 받고 전달 및 전달일시 및 성명 기재하면 된다. 고가품이거나 눈으로 복 판단 할 때 중요한 물건이라고 판단되면 예약자나 혹은 등록시 고객이 적은 등록카드상의 전화번호로 연락을 드리는 것도 분실물 처리하는 하나의 방법이다. 호텔의 회원인 경우에는 고객의 히스토리가 잘 구축되어 있으므로 바로 즉시 확인가능하다. 분실물 보관은 일반적으로 일 년을 기준으로 하고 있으며 내부 결제나 호텔에서 정한 방식으로 처리하기도 한다.

1) 투숙했던 고객이 퇴숙후 Room Maid가 객실 청소할 때 발견되는 물건이나 서류 메모 등을 보관했다가 손님에게 전달해주는 대 고객 서비스의 일종으로 객실관리 사무실에 통보 보관한다.
2) 기록의 보존을 위하여 객실번호 분실물 품명, 습득 장소, 습득일시, 발견자명을 기록 유지한다.
3) Room Maid는 사소한 것이라도 불실물에 욕심을 내어 몰래 갖고 반출하는 일이 없도록 하여야 한다.
4) 쓰레기통을 비울 때에도 혹시 손님이 모르고 버린 중요한 물건이 없나 확인하여야 한다.
5) 메모지나 서류(전화번호가 적힌) 또는 책 등은 버리지 않는다.
6) 더러운 옷이나 양말 또는 옷이라도 쓰레기통에 넣지 않은 것은 보관한다.
7) 손님이 먹다 남은 음식물, 특히 냉장고 안에 들어있는 음식물도 마음대로 먹거나 버리면 안 된다.
8) 침실이나 욕실에서 쓰다 남은 향수, 비누, 기타 세면도구를 가지고 가거나 버리면 안 된다.

<표 5-6> 분실물 대장

방번호	성 함	퇴숙날짜	습득물 내용
776	김영무(HTG)	2007.11.18	하얀색 티셔츠
217-275	보라테그	2007.11.19	헤어젤, 안경집, 양치컵
479	FIT	2007.11.20	머플러(분홍색)-찾아가심
371	개인 열쇠 분실	2007.12.19	혹시 열쇠가 나오면 연락드릭기
?	?	2007.12.19	돋보기 안경
?	설경환	2007.12.30	티셔츠(복사기옆 라운드리백안에 있음)
	카리야	2008.01.01	마우스
476	AKIHO(HTG)	2008.01.01	진회색 양말, 초시계
?	지배인님 손님	2008.01.02	회색모자(9층보관)
?	?	2008.01.03	초록색 체크무늬 손수건(9층보관)
672	키우치(개인열쇠)	2008.01.04	개인 열쇠
971	유동상(NMB)	2008.01.05	오랄비 전동치솔

2. 고객의 실수에 의한 분실신고

도난신고가 아주 빈번하게 물품소지자의 실수에 의한 분실로 밝혀져 그 객실에서 발견되는 경우가 있다.

예를 들면 여성고객이 그녀의 보석반지 등을 저녁에 화장지에 싸서 매트리스 아래 혹은 배게 속에 잘 두거나 또는 다른 장소에 두고서 다음날 아침 그 여성고객은 전날 밤에 자신이 그 보석을 둔 것을 잊어버리고 도난으로 신고하게 되는 경우가 있다.

이러한 분실신고가 되어졌을 때 침대를 완전히 벗겨내고 침대시트와 매트리스 그리고 쿠션까지 세밀히 조사하여야 한다.

그 물건이 숨겨질 만한 장소와 떨어질 만한 곳은 모두 검사되어야 한다.

쓰레기통이 빈 것이 아닐 때에는 내용물을 주의 깊게 확인해야 한다.

화장지에 싸인 반지 같은 것이 사용된 화장지인 줄로 착각되어 휴지통에 버렸을 수도 있기 때문이다.

3. 분실에 대한 신고처리

만약 객실내에서 고객의 보석 및 귀중품들이 분실되었을 경우 그 물품들은 일반시중에 유출되었을 경우이다.

따라서 고객의 보석 및 귀중품의 분실에 대한 사항을 경찰 관서에 신고하면 경찰은 보석일 경우 각 전당포에 고지할 것이다. 그리고 안전관리원은 고객으로 하여금 그 분실된 보석 및 귀중품이 보험에 가입되었다면 보험회사에 신고하도록 한다.

아울러서 전 직원은 분실된 고객의 보석 및 귀중품에 대한 조사기간 중에는 배상책임에 관해 언급을 해서는 안 된다.

다만, 호텔경영자 및 안전관리원은 조사한 자료를 보험회사에 인계하여야 한다. 그 이후 보험회사로 하여금 처리하도록 하며 호텔경영자 및 안전관리원은 고객에게 협조하여 고객 자신으로 하여금 신고하도록 한다.

제5절 미니-바(Mini Bar) 관리업무

1. 미니-바의 물품 관리

1) 품목 설정, 변경

품목별 판매 자료 통계에 근거하여 새로운 품목을 추가로 비치한다던지 혹을 고객으로부터 인기 없는 품목은 변경을 하여 상황에 따라 품목을 정리하도록 한다.

2) 구매, 공급

미니-바에 비치된 안주류와 음료수 종류는 직접 구매 요구로서 구입하여 공급하며, 양주류 및 알코올음료는 식음료부 음료과에서 구매하여 음료 창고에서 불출·공급한다.

3) 물품 불출

물품 보고에 의하여 각층별로 판매·소모 분을 불출하므로 서 층 보유 분량을 보충할 수 있도록 불출한다.

2. 미니-바 점검 업무

각 층의 미니-바 담당자들은 출근 이전에 일찍 퇴숙 하는 고객을 위하여 야간 근무 벨맨과 협력하여 미니-바의 점검 업무를 담당한다.

점검은 신속·정확하여야 하며, 확인 즉시 프론트로 우선 통보하므로 서 계산서 발생과 수납이 정확히 진행되도록 하여야 한다. 점검이 진행되는 대로 점검표에 객실별로 물품의 수량을 기재한다. 점검시 손님의 입회 여부, 점검자명, 점검시간 등은 빠짐없이 기재하며 D. N. D.객실은 캐셔로 통보하여 재점검을 시도할 수 있도록 한다.

점검시의 유의사항으로는 다음과 같다.

1) 객실에 고객이 투숙중인 것을 항시 가상하며, 고객이 응답할 수 있는 충분한 시간을 기다려야 하며 급한 마음에 서둘러 객실 문을 열면 안 된다.
2) 공손히 아침 인사를 한 후 정중하게 양해를 얻은 다음 신속히 점검을 마치고 기재한다.
   상냥한 작별 인사도 잊지 말아야 한다.
3) 손님이 점검 후에도 잔류 시에는 판매분의 현찰지불 당부도 하고, 재점검 객실로 표시하여 둔다.
4) 점검 전 퇴숙 객실은 나중에 해도 괜찮으며 혹시 객실 문이 열려있으면 객실 문은 닫는다.

3. 미니-바 업무

객실 안에 설치된 미니바의 이용 및 빌(Bill)작성은 고객 스스로 하여야 하는 일이나 고객이 이용은 할 줄 알아도 빌(Bill)처리까지는 하지 않는 것이 보통이다. 호텔의 규모나 업무에 따라 다르지만 고객이 이용한 빌(Bill)관리는 담당자 및 룸메이드가 해야 한다. 여기서는 룸메이드를 중심으로 미니바업무를 기술한다.

1) 미니바(냉장고)에 물건을 채워넣는 일과 체크 아웃 하는 손님의 빌(Bill)은 그 객실담당 룸메이드가 책임지고 처리한다.
2) 룸메이드가 작성한 미니바-의 빌은 고객명과 객실번호 수량 및 가격산출을 정확히 하여 빌의 입력 Front Clerk 또는 In-Put Clerk에게 전달하여 입력하게 한다.
3) 판매된 수량만큼 룸메이드는 재고품을 보충하여야 한다.
4) 고객이 퇴숙시 빌을 작성하지 않고 사용한 것을 현금으로 놓고 퇴숙 하였을 경우 현금과 사용한 품목 및 수량을 작성하여 미니바 담당 책임자에게 전달

한다.

5) 투숙고객이 시간이 없어 미니바를 사용하고 퇴숙할 경우에는 프론트 캐셔에게 통보하여 입력하고 함께 정산토록 한다.

6) 투숙고객이 체크아웃하고 다시 객실을 잠시 이용하게 될 경우에는 주의를 환기시켜 혹시 미니바를 사용할 경우 현금으로 계산하여 달라고 요청한다.

7) 미니바의 관리를 위하여 항상 기본적인 재고를 유지하여야 한다. 그리고 새로운 유행상품이 나오면 교체 또는 추가하여 상품의 다양화에 노력하여야 한다.

8) 미니바의 품목은 위스키, 진, 와인류, 맥주류, 사이다, 콜라 등 청량음료, 마른안주로 시중가격보다 비싸게 받는 편이다.

<표 5-7> 미니바의 계산입력화면(예)

NO	STOCK	DESCRIPTION	UNIT PRICE	CONSUMPTION	AMOUNT
1	1	BORZOI VODKA (보드카)	4,000		
2	1	CAMPARI (캄파리)	4,000		
3	1	BEEFEATER GIN (진)	4,000		
4	1	JACK DANIEL BLACK (버어번위스키)	6,000		
5	1	WHITE HORSE SCOTCH (스카지위스키)	6,600		
6	1	HENNESSY,V.S.O.P. (꼬냑)	8,000		
7	1	JOHNNIE WALKER(B) (죠니워커)	8,000		
8	1	GLENFIDDICH MALT (몰트위스키)	8,000		
9	1	SCOTCH WHISKY (GRANT & VIP)	35,000		
10	1	WINE(MAJUANG) (마주앙)	5,000		
11	2	BEER(STROH'S) (스트로우)	3,900		
12	3	BEER(CARLSBE고) (칼스버그)	3,300		
13	3	BEER(BUDWEISER) (버드와이져)	2,000		
14	2	ORANGE JUICE (오렌지쥬스)	1,600		
15	2	COLA (콜라)	1,600		
16	2	CIDER (사이다)	1,600		
17	2	APPICOT NECTAR (살구넥타)	1,500		
18	2	B.B. COL (비비콜)	1,500		
19	2	YOUNG BI CHUN (영비천)	3,300		

20	2	GINSENG · D	(삼왕천)	2,800		
21	2	GINSENG NECTAR	(진생넥타)	2,800		
22	2	GUAVA NECTAR	(구아바넥타)	1,100		
23	1	MINERAL WATER (SPARKLE)		1,200		
24	1	CHEJU MINERAL WATER		4,000		
25	2	CHOCOLATE LINDT	(린트쵸코렛)	2,200		
26	1	CHOCOLATE M.M	(땅콩쵸콜렛)	2,500		
27	2	BEEF JERKY	(육포)	2,500		
28	1	SMOKE SQUID	(오징어)	2,500		
29	1	ONION CHEESE	(양파치즈)	2,200		
30	1	MIXED NUTS	(혼합땅콩)	4,000		
31	1	MACADAMIA NUTS	(마카다미아)	3,000		

제6절 기타 객실 관리 업무

1. 세제 및 광택제

1) 중성세제 : 욕실문, 타일, 스테인리스, 거울, 욕실바닥, 사기부분, 세면대, 테이블, 카펫의 부분세척, 벽지의 때 제거시, 스테인리스와 사기부분의 광택제로 사용할 때 사용한다.
2) 가구용 광택제 : 가구의 먼지나 때를 제거하는 동시에 광택 및 가구의 수명 연장 목적으로 사용하며, TV케이스, 전화기, 플라스틱 제품의 때를 제거시(除去時) 사용한다.
3) 공기 청향제 : 세면대나 불쾌한 냄새가 날 때 신선하고 상쾌한 향가를 풍겨준다.
4) 돌가루 : 세면대나 벽지, 가구 등에 테이프 자국이나 물감 등의 강한 때가 묻은 경우에 사용한다.
5) 유리세척제 : 거울의 세척 및 선명한 상태 유지시 사용.
6) 신주광약 : 가구의 신주광택, Night Table, Tea Table, 책상 등의 세척 및

광택용으로 사용한다.

7) 껌이 카펫에 묻었을 때 : Colloid Cleaner를 껌에다 뿌린 후 약 10분 정도 경과 후에 떼어낸다.
8) 가구에 뜨거운 것을 놓아서 자국이 생겼을 때 : Johnson Pledge와 Ajax를 섞어서 걸레로 문지르며, 심한 경우에는 알코올과 Ajax를 섞어서 닦아준다.
9) 세면대 테이블이나 사기부분에 자국이나 물감이 묻었을 경우 : Colloid Cleaner와 Ajax를 섞어서 수세미로 닦아준다. 그래도 지워지지 않을 경우에는 샌드페이퍼로 갈아준다.
10) 벽지에 구두자국이나 때가 묻었을 경우 : Colloid Cleaner와 Ajax를 섞어서 닦아내며 비눗물이 마르기 전에 걸레로 닦아내어 얼룩이 생기지 않게 한다.
11) 세면대 테이블에 담뱃불에 탄 자국이 생겼을 때 : 가는 샌드페이퍼로 갈아내며, 심한 경우에는 특수처리를 해야 한다.
12) 카펫의 얼룩제거 : 샴푸 또는 비눗물로 처리한다.

2. 세탁업무

투숙중인 고객의 물세탁(Laundry), 기름세탁(Dry Cleaning), 다림질(Pressing)에 대한 서비스, 종업원의 유니폼(Uniform), 객실 및 식음료 업장에서 발생되는 린넨류(Linen)에 대한 세탁물 처리로서 세탁소를 자체 운영하기도 하고 별도로 계약에 의하여 하청 주는 경우도 있으나 자체 운영하는 것이 비용절감을 위하여 바람직하다 하겠다.

1) 투숙중인 고객의 세탁업무

투숙중인 고객이 세탁을 의뢰할 경우 전화로 세탁을 의뢰하고 객실 안에 비치되어 있는 Laundry Bag에 세탁물을 넣어 세탁소 종업원이 오면 전달하여 필요로 하는 시간 내에 서비스 받을 수 있도록 Regular Service(보통 24시간 내에 서비스 받을 수 있는 서비스) 또는 Special Service(3시간 내외에 서비스 받을 수 있는 서비스)로 구분하여 서비스 하며 Special Service는 그 Charge가 Regular Service보다 비싸다.

2) 세탁서비스 Item

양복상하(Coat & Trousers), 와이셔츠, 파자마, 내복상하, 손수건, 팬티, 양말, 바바리코트, 여성자켓, 스커트, 바지, 원피스, 블라우스, 잠옷, 스웨터, 속치마, 팬티, 양말, 스타킹, 브라자, 파자마 등이며, Item에 따라서 물세탁, 기름세탁으로 구분하며, 다림질만 요청할 경우도 있다.

3) 종업원용이나 회사 영업용 세탁은 본인 또는 업장에서 직접 의뢰하여 서비스 되지만 고객용은 할인 또는 모두 Charge하는 것을 원칙으로 한다.

4) 고객용 세탁물은 그 Charge를 전산 입력하여 고객이 퇴숙시 정산할 때 함께 정산되며, Item별로 입력처리 함으로 데이터의 전산처리가 용이하다.

5) 세탁업무 또한 기능직의 업무이며 특히 Spotting업무는 약품처리 함으로 고도의 기술을 필요로 하고 있다.

6) 세탁 및 Pressing을 위한 세탁기계의 관리 또한 중요하며 전문지식을 필요로 하기 때문에 전문입력 양성에도 힘을 기울이지 않으면 안 된다.

7) 고객으로부터 세탁의뢰는 전화를 통하여 직접 주문받기 때문에 Order Taker의 외국어 구사능력은 능통하여야 한다. (영어, 일본어) 그리고 항상 겸허하고 고마운 서비스맨의 마음자세가 되어 있어야 한다.

8) 주문받은 고객용 세탁물에 있어 고객의 요구대로 서비스가 되지 못하여 발생되는 Complaint은 그 내용을 담당지배인에게 보고하여 더 이상 확대되지 않도록 주의를 환기시켜야 한다.

9) 주문받은 세탁물의 처리시간을 손님에게 미리 알려주고 객실번호와 성명

을 정확히 받아 Delivery에 차질이 없도록 하여야 한다.

※ 세탁업무 전산입력 화면(예)

<표 5-8> 물세탁(LAUNDRY) 입력 화면

PLEASE CHECK SERVICE DESIRED. 印をおつけ下さい。	
REGULAR SERVICE 普通 サービス	24-HR SERVICE □
SPECIAL SERVICE : 特別 サービス 50% SURCHARGE ADDED 50%の料金を加算いたします。	4-HR SERVICE □
SPECIAL INSTRUCTIONS: 特別要求事項	

STARCHING のりつけ	
LIGHT 薄く	NONE 無し
MEDIUM 中弱	
HEAVY 濃く	

COUNT 數量		GENTLEMENT'S LIST 紳士用	PRICE 單位₩	AMOUNT 金額₩
GUEST	HOTEL			
		COAT 양복(상의) コート	3,800	
		TROUSERS 양복(하의) ズボン	3,100	
		SHIRT Y셔츠 シャツ	2,200	
		SHORT SHIRT 셔츠(스포츠) スポーツシャツ	2,500	
		PAJAMA SUITS 파자마(상하) パジャマ	3,200	
		UNDER SHIRT 런닝셔츠 アンダーシャツ	1,050	
		UNDER SHIRT LONG 런닝셔츠 アンダーシャツ(長)	1,100	
		DRAWERS 팬티 パンティー	1,000	
		HANDKERCHIEF 손수건 ハンカチーフ	500	
		SOCKS PAIR 양말 靴下	800	
		BATHROBE 욕의 浴衣	4,100	
		RAIN COAT 바바리코트 レインコート	5,700	
		SHORT PANTS 반바지 半ズボン	1,600	
TOTAL PIECE 합계수량		TOTAL AMOUNT ₩합계금액		
NAME : お名前				
ROOM NO. : お部屋番號 :				
DATE : 日付				

COUNT 數量		LADIE'S LIST 淑女用	PRICE 單位₩	AMOUNT 金額₩
GUEST	HOTEL			
		JACKET 양복(상의) ジャケット	3,800	
		SLACKS양복(하의) ズラックス	3,100	
		SKIRT스커트スカート	3,100	
		DRESS PLAIN 원피스 ドレス	4,400	
		BLOUSE 브라우스 ブラウス	2,300	
		NIGHT GOWN 잠옷 ナイトガウン	2,700	
		SWEATER스웨타 セーター	2,700	
		SLIP 속치마 スリップ	2,100	
		PANTIES팬티 パンティー	1,000	
		SOCKS OR HOSE 양말·스타킹 ソックス	800	
		BRASSIERE 브라자ブラジャー	800	
		PAJAMAS SUIT 파자마(상하) パジャマ	2,900	
TOTAL PIECE 합계수량		TOTAL AMOUNT ₩합계금액		
RECIEVED BY :				
MARKED BY :				
AM :		PM :		

자료 : L 호텔 전산매뉴얼 참고

<표 5-9> 기름세탁(DRYCLEAN) 입력 화면

PLEASE CIRCLE		印をおつけ下さい゜	
REGULAR SERVICE	24-HR SERVICE □	普通 サービス 普通料金	24時間 サービス□
SPECIAL SERVICE : 50% SURCHARGE ADDED	4-HR SERVICE□	特別 サービス 50%の料金加算をいたします゜	4時間 サービス□
SPECIAL SERVICE : 100% SURCHARGE ADDED	1-HR SERVICE□	特別 サービス 100%の料金を加算をいたします゜	1時間 サービス□
SPECIAL INSTRUCTIONS: 特別要求事項			

COUNT 數量		GENTLEMENT'S LIST 紳士用	PRICE 單位₩	AMOUNT 金額₩
GUEST	HOTEL			
		SUIT 2PCS 양복(상하) スーツ(上下)	9,570	
		COAT 양복 양복(상의) コート	5,060	
		TROUSERS 양복(하의) ズボン	4,730	
		VEST조끼チョッキ	1,870	
		NECKTIE 넥타이 ネクタイ(絹)	1,980	
		NECKTIE SILK넥타이(실크) ネクタイ(絹)	2,090	
		OVERCOAT 오바코트 オーバーコート	10,780	
		SWEATER 스웨타 ヌーター	3,960	
		SHIRT WOOL etc. 셔츠(모) シャツ(毛)	3,300	
		RAIN COAT 바바리코트 レインコート	9,020	
		MUFFLER 마후라 マフラ	1,760	
		SHIRT SILK 셔츠(실크) シャツ(絹)	5,940	
TOTAL PIECES 合計數量		TOTAL AMOUNT ₩合計金額		

COUNT 數量		LADIE'S LIST 淑女用	PRICE 單位₩	AMOUNT 金額₩
GUEST	HOTEL			
		SUIT 2PSC 양복(상하) スーツ(上下)	9,570	
		JACKET 양복(상의) ジャケット	5,060	
		SLACKS 양복(하의) スラックス	4,620	
		SKIRT 스커트 スカート	4,510	
		SKIRT LONG	4,630	
		DRESS PLAIN 원피스ドレス	8,140	
		DRESS 2PCS 드레스(상하) ドレス (上下)	9,350	
		DRESS SILK 드레스(실크) ドレス (絹)	10,500	
		DRESS EVENING 롱드레스 イブニングドレス	9,900	
		BLOUSE 브라우스ブラウス	3,850	
		BLOUSE SILK 브라우스(실크) ブラウス(絹)	6,600	
		SWEATER 스웨타 ヌーター	4,180	
		RAIN COAT 바바리코트 レインコート	9,020	
		SCARF 스카프 スカーフ	1,980	
		OVER COAT 오바코트 オーバーコート	10,780	
TOTAL PIECES 合計數量		TOTAL AMOUNT ₩合計金額		

NAME : お名前	RECIEVED BY :
ROOM NO. : お部屋番號 :	MARKED BY :
DATE : 日付	AM : PM :

자료 : L 호텔 전산매뉴얼 참고

<표 5-10> 다림질(PRESSING) 입력 화면

PLEASE CIRCLE		印をおつけ下さい °ワ	
REGULAR SERVICE	24-HR SERVICE □	普通 サービス 普通料金	24時間 サービス□
SPECIAL SERVICE : 50% SURCHARGE ADDED	4-HR SERVICE □	特別 サービス 50%の料金を加算いたします °	4時間 サービス□
SPECIAL SERVICE : 100% SURCHARGE ADDED	1-HR SERVICE □	特別 サービス 100%の料金を加算をいたします °	1時間 サービス□

SPECIAL INSTRUCTIONS:
特別要求事項

COUNT 數量 GUEST	HOTEL	GENTLEMENT'S LIST 紳士用	PRICE 單位₩	AMOUNT 金額₩
		SUIT 2PCS 양복(상하) スーツ(上下)	4,730	
		COAT 양복 양복(상의) コート	2,420	
		TROUSERS 양복(하의) ズボン	2,310	
		VEST조끼チョッキ	880	
		NECKTIE 넥타이 ネクタイ(絹)	880	
		NECKTIE SILK넥타이(실크) ネクタイ(絹)	990	
		OVER COAT오바코트 オーバーコート	5,390	
		SWEATER 스웨타 セーター	1,980	
		SHIRT WOOL etc. 셔츠(모) シャツ(毛)	1,980	
		RAIN COAT 바바리코트 レインコート	4,640	
		MUFFLER 마후라 マフラ	880	
		SHIRT SILK 셔츠(실크) シャツ(絹)	2,970	

TOTAL PIECES 合計數量 TOTAL AMOUNT ₩合計金額

NAME : お名前

ROOM NO. : お部屋番號 :

DATE : 日付

COUNT 數量 GUEST	HOTEL	LADIE'S LIST 淑女用	PRICE 單位₩	AMOUNT 金額₩
		SUIT 2PSC 양복(상하) スーツ(上下)	4,730	
		JACKET 양복(상의) ジャケット	2,420	
		SLACKS 양복(하의) スラックス	2,310	
		SKIRT 스커트 スカート	2,310	
		DRESS PLAIN 원피스ドレス	4,130	
		DRESS 2PCS 드레스(상하) ドレス (上下)	4,950	
		DRESS SILK 드레스(실크) ドレス (絹)	5,060	
		DRESS EVENING 롱드레스 イブニングドレス	5,450	
		BLOUSE 브라우스ブラウス	1,870	
		BLOUSE SILK 브라우스(실크) ブラウス(絹)	3,300	
		SWEATER 스웨타 セーター	1,980	
		RAIN COAT 바바리코트 レインコート	4,640	
		SCARF 스카프 スカーフ	990	
		OVER COAT 오바코트 オーバーコート	5,390	

TOTAL PIECES 合計數量 TOTAL AMOUNT ₩合計金額

RECIEVED BY :

MARKED BY :

AM : PM :

자료 : L호텔 전산 매뉴얼 참고

3. 마스터 키 시스템

1) 키의 개요

호텔에 있어서 Master Key의 의미는 비상시에 사용할 목적으로 제작되어 사용하며, 관리되고 있다. Grand Master Key는 모든 객실, 모든 주방, 식음료업장, 시설관련사무실 등 잠겨있는 문은 모두 개폐가 가능한 Key이다. 따라서 그 관리는 소홀히 해서는 안 된다. 만일 Master Key를 분실하였다고 할 경우 호텔전체의 Lock Set(자물통)을 전부교체하지 않으면 안 된다. 그리고 객실 층용, 주방/식음료업장용, 시설부용 Master Key는 해당 업장의 모든 문을 개폐할 수 있는 Key이며 그 부서의 장 책임 하에 관리되어야 한다. 따라서 사용하게 되거나 인수인계시 사용대장에 철저히 기록되어야 하고 관리되어야 한다. 만일의 경우 분실 시에는 가장 신속하게 보고 조치하여야 함은 물론 문책을 피할 수 없게 된다.

당직지배인은 모든 업장 및 호텔 시설의 문으로 개폐가 가능한 Grand Master Key는 물론 객실 층마다 별도로 제작되어 있는 Floor Master Key까지도 갖고 관리하여야 한다. 그 이유는 만일의 Grand Master Key를 분실하였을 경우 큰 손실 및 혼잡을 초래하기 때문에 업장 별, 층별 Master Key를 제작하여 사용하게 되는 것이다.

최근 Key System의 발달로 인하여 Card Key, Magnetic Key 등 다양하지만 Master Key System은 필요하게 된다.

따라서 Key의 제작 및 취급은 안전을 위하여 상사의 책임 하에 제작 관리되어야 한다는 것을 잊어서는 안 된다.

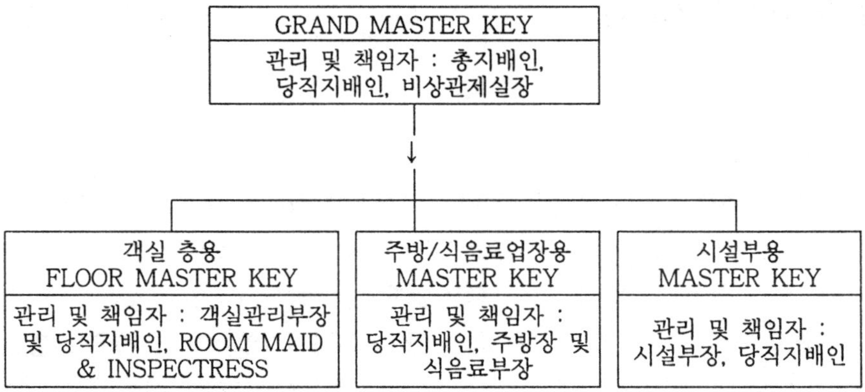

<그림 5-1> MASTER KEY SYSTEM 관리(예)

자물쇠나 열쇠는 관리 측이나 안전관리담당측에 큰 문제를 당면하게 하는 것들 중 하나이다.

자물쇠란 것은 그 자물쇠에 관계된 열쇠만의 조절을 받는다.

그러나 룸메이드나 기타의 직원들이 객실에 출입하여야 하기 때문에 열쇠의 처리문제는 여전히 존재한다.

따라서 열쇠에 관한 안전관리는 중요하다.

호텔에는 모든 객실의 문을 열 수 있는 열쇠가 있다. 이러한 열쇠들은 대개 지배인에 의해서 관리된다.

이러한 열쇠에 대한 정확한 파악이 항상 이루어져야 하며, 분실되었을 경우에 안전관리책임자에게 즉각 보고해야 한다.

만약 이러한 열쇠 중 하나가 파손 혹은 분실되었을 경우는 즉시 원상회복이 불가능하게 자물쇠는 파괴, 처리해야 한다.

그리고 파괴 혹은 분실된 열쇠를 다시 만들게 될 경우에는 인가된 자물쇠공이나 자물쇠 제조업자만이 이러한 열쇠를 복사할 수 있게 해야 한다.

어떤 경우에는 객실의 자물쇠를 폐쇄할 경우도 있다. 이러한 경우 고객이 요금을 지급하지 않거나 어떤 이유에서 일정한 객실을 폐쇄해야 할 경우에 폐쇄된 객실의 문을 열 때에 한하여 사용되며, 이러한 열쇠(master key)는 지배인이나 credit manager에게 맡겨진다.

객실의 문이 폐쇄되어 잠궈지게 되면 다른 어떤 열쇠 즉 메이드용 열쇠로도 열 수가 없다.

그러므로 이러한 문을 열 수 있는 열쇠는 마스터키뿐이다. 이 열쇠는 확실하게 보관되어야 한다. 그리고 메이드용 열쇠뿐만 아니라 층별 열쇠도 있다. 이것은 각층의 모든 문을 열 수 있는 열쇠로서 해당 층의 종업원이나 기타 그 층의 다른 직원에게 맡겨진다.

층별 열쇠는 정해진 층에서만 사용 가능한 열쇠이다. 마지막으로 고객들이 사용하는 개별 열쇠가 있다. 쉽게 알 수 있는 것처럼 열쇠의 관리문제는 모든 면에서 큰 문제가 되고 있다.

2) 열쇠(key) 관리문제

(1) Room Key(룸키)의 종류

① Guest Key : 숙박객에게 주어지는 열쇠이다.
② Pass Key : 각 층별로 주어지는 것으로써 해당되는 층의 모든 객실은 어느 것이든 열 수 있도록 되어 있는 비상용인 동시에 룸메이드가 객실청소 때에 사용
③ Master Key : 숙박객이 열쇠를 분실하였거나 객실내부에 이상이 발생되었을 경우에 어느 객실이나 쉽게 열 수 있는 글자 그대로 만능열쇠
④ Grand Master Key : 보통 호텔의 객실 및 창고 등의 전체를 열 수 있는 열쇠로써 최고경영자인 총지배인이 소지한다.

객실의 열쇠(guest room key)는 대개 프론트의 열쇠 담당직원(key clerk)에 의해서 고객에게 인계된다. 고객이 객실을 배정받게 되면 객실열쇠가 객실고객에게 주어진다. 고객은 호텔에 머무르는 동안 열쇠를 자기가 보관하며 또는 외출할 떠날 때 프론트에 다시 열쇠를 맡기기도 한다.

프론트에서 열쇠를 요구하는 사람은 항상 철저하게 본인인지의 여부가 확인되어져야 한다. 예를 들어 "917호실 열쇠 좀 주실까요?"라는 요구만으로는 항상 부족하다.

프론트의 열쇠 담당직원은 그 사람의 성명을 숙박부와 대조하여 그 호실의 고객인지 확인해야 한다. 어떤 경우에는 고객의 주소를 물어 대조하는 것도 좋다.

도둑이 객실의 번호와 투숙객의 주소를 알기는 상당히 어렵다.

고객들이 프론트에 보관시킨 열쇠는 아무렇게나 방치하여 누구나 손을 댈 수 있게 해서는 안 된다. 열쇠가 때로는 잃어버려질 수도 있으므로 여분의 열쇠가 항상 준비되어 있어야 한다. 이러한 여분의 열쇠는 항상 안전한 곳에 보관되어야 하며, 책임이 없는 사람에 의해서 관리되어서는 안 된다. 고객들은 열쇠를 잊거나 체크아웃(check-out)시에 그냥 열쇠를 가져가 버릴 수 있다. 기회 있을 때마다 열쇠를 출발 전에 돌려 줄 것을 이야기해야 한다. 대부분의 호텔은 열쇠의 끝에 조그마한 고리를 달아 여기에 호텔명을 표기하는 것도 있다. 또 여기에는 열쇠를 무의식적으로 가져갔거나 혹은 이 열쇠를 발견한 사람은 우편함에 넣어주시면 호텔로 돌아오게 된다고 쓴 것도 있다.

3) 빔카드 KEY

수년 동안 객실에 침입한 절도범에 대한 사실의 조사에 있어서 그 객실에 물리적인 침입이 있었느냐 없었느냐 하는 것을 알아보는 것이었다. 만약 고소자가 자기의 객실이 침입되었다는 사실을 증명하지 못한다면 대부분의 경우 호텔기업주는 책임을 면할 수 있을 것이다. 법원(法院)은 문을 방어하는 자물쇠가 부적절하거나 쉽게 조작되어질 수 있거나 혹은 쉽게 파괴될 수 있는 것은 호텔기업주가 책임을 질 수 있다는 판결을 내리게 됨에 따라 이러한 경우는 그러한 원리로 적용될 것이다.

객실의 고객은 그의 객실에 자물쇠가 그와 그의 재산을 안전하게 지켜 줄 수 있다는 것을 보장받을 수 있는 권리를 가진다.

만약에 그 자물쇠가 이런 안전을 보장해 주지 않는다는 것이 확인될 때 호텔경영자가 책임을 져야 할 것이다.

그러나 새로운 자물쇠 장치에 관한 개념이 발전됨에 따라서 안전에 대해 염려하는 호텔기업주들의 자물쇠에 관한 새로운 제도들을 받아들이게 되었다.

새로운 성공적인 자물쇠 장치는 열쇠구멍을 설치해야 하는 비용과 새로운 열쇠를 제작하는 비용이나 혹은 자물쇠통을 부착할 필요나 그밖에 현재 고객을 보호하기 위해 취해지고 있는 여러 가지 수단들에 대한 비용과 함께 전통적인 금속열쇠에 거추장스러운 점을 제거하도록 개발되어 왔었다.

따라서 새로운 자물쇠 장치는 컴퓨터로 조절되어지는 장치로 플라스틱 카드 열쇠를 사용하여, 보다 효율적인 안전을 제공해 주었다.

이러한 플라스틱 카드열쇠는 호텔 전체를 통하여 열쇠와 자물쇠의 관리체제에 통합성을 준다.

또 그것은 레스토랑이나 그밖에 호텔내의 다른 장소에서 그 고객의 비용 지급에도 이용되어질 수 있으며 또 그것은 호텔의 다른 제한된 장소를 전체적으로 관리할 수 있게도 해 준다.

이러한 열쇠가 없는 잠금 체제에 의해서 실현되어진 많은 이익은 과거의 열쇠구멍이나 혹은 새로운 열쇠를 제작하거나 혹은 새로운 자물쇠통을 장치하는 데 필요로 했었던 비용에 비교해서 훨씬 적은 가격으로 아주 짧은 시간에 단 하나의 자물쇠이며 혹은 전체 자물쇠 모두를 재 프로그램화할 수 있다는 것이다.

의심할 바 없이 이러한 새로운 카드식 장치는 안전한 열쇠가 될 것이다.

단, 하나의 문제는 비용이 비싸다는 것이다.

그러나 최근의 이러한 것들에 대한 기술개발은 가격을 줄이게 되었고, 그래서 이러한 장치를 훨씬 매력적인 것으로 만들었고 또한 소규모 호텔경영자에게도 재정적으로 가능한 것으로서 만들게 되었다.

<표 5-11> 호텔의 빔카드

4. 유틸리티(UTILITY)업무

호텔에 있어서 가장 중요한 업무 중 하나가 유틸리티 업무이며, 소홀히 생각하기 쉬운 업무이기도하다. 그러나 고객의 입장에서 보면 가장 중요한 업무 중 하나라고 해도 과언은 아니다.

고객의 입장에서 보면 호텔을 찾는 이유가 청결하고 위생적이고 친절하기 때문에 호텔을 찾는다고 할 수 있다. 따라서 유틸리티(Utility) 업무 또한 호텔의 이미지 구현 및 사용자의 측면에서 볼 때 매우 중요한 업무 중 하나이다.

호텔의 입구에서부터 로비지역의 바닥 청소 및 재떨이 및 휴지통 청소, 고객 엘리베이터 및 화장실 청소, 눈이 올 때 제설작업 및 미끄럼 방지를 위한 조치, 비올 때 우산관리를 위한 시설 및 비닐 준비 등 호텔을 출입하는 모든 고객이 사용할 수 있는 시설의 이용에 청결 상태를 24시간 유지해야 한다는데 어려운 점이 있으며, 호텔로비의 바닥 샴푸작업 또는 청소, 코팅 등의 작업은 손님이 가장 적은 새벽에 행해야 하는 점이 특징이며, 고객의 입장에서 볼 때 가장 보기 흉하고 항상 청결 상태를 유지하기 어려운 곳이 화장실과 재떨이이다. 따라서 호텔종업원은 오가다 휴지가 발견되면 지위고하를 막론하고 줍는 습관을 가지며 계속적인 관심을 가지고 청결(淸潔)유지(維持)에 계속적인 노력을 하지 않으면 안 된다.

제7절 F.F & E.S.관련 용어의 해설

1. 시설물(FIXTURE EQUIPMENT)

<표 5-12> 시설물 용어해설

용 어	해 설
DOOR	객실입구문
DOOR FRAME	객실입구문틀
DOOR VIEW	객실 안에서 밖을 내다보는 장치
DOOR FUSE	객실 문을 고정시키는 역할을 하며 화재시는 퓨즈가 끊어짐과 동시에 객실 문이 EKE힘으로 복도와 객실의 불을 차단시키는 역할을 한다.
DOOR BACKING	객실 문을 닫을 때 충격을 방지하기 위한 고무장치
NAPLOCKBAR	입구문턱의 흰 스테인리스를 말함
LOCK SET	문을 잠그는 자물쇠 장치
DOOR CHAIN	쇠줄 끝에 달린 머리 부분의 작은 쇳덩이
DOOR CHAIN COVER	쇠줄을 보이지 않도록 씌운 가죽으로 된 커버
DOOR CHAIN HOLDER	쇠줄 끝을 거는 고리
DOOR HOLDER	문이 떨어지지 않도록 위아래서 고정시키는 장치
CARPET	카펫(융단)
CARPET FILTER	카펫의 탄력을 위해서 밑에 넣는 휠타
SMOOTHAGE	카펫을 고정시키는 것
SKIRT	벽지 아랫부분을 보호시키기 위해서 부착된
CLOSET(WARDROBE)	벽에 부착된 옷장(가구옷장)
WARDROBE DOOR	옷장문
WARDROBE RAIL	옷장문을 열고 닫기 위해서 설치된 레일
OPENER	병따개
TOWEL HANGER	타올걸이
SOFA BED	걸으면 소파가 되고, 펴면 의자가 됨
SOFA	소파
EASY CHAIR	안락의자
CENTER TABLE	SOFA와 EASY CHAIR 중간에 놓는 테이블

용 어	해 설
NIGHT TABLE	침대 옆에 있는 것으로 라디오, 시계, 각종 버튼장치가 되어있는 가구
BED SIDE TABLE	나이트테이블 반대편의 침대 옆에 위치하여 서랍이 달려있음
SOFA SIDE TABLE	SOFA 옆에 놓는 가구
MABLE	대리석
COMMODE	00실의 침실과 응접실을 분리하여 침대가 보이지 않도록 침대뒷면에 위치한 가구
OTTOMAN	키 큰 손님을 위하여 넣어주며 침대 뒤에 바싹 붙여 침대를 꾸밀 때 시트와 담요를 펴서 꾸민다.
HEAD BOARD	침대머리판
MATTRESS	베드위에 놓는 쿠션을 말함
REVOLVING	TV를 회전시키는 받침대
FOLDING SCREEN	병풍
PICTURE	그림
EXTRA BED	아동침대(손님이 침대를 더 원할 경우 넣어줌)
BABY CRIB	애기침대
CLOSET(WARDROSE)	벽에 부착된 옷장
WARDROSE DOOR	옷장문
WARDROSE RAIL	옷장문을 열고 닫기 위해서 설치된 레일
WARDROSE SHELF	옷장 선반
HANGER ROD	옷걸이 대
WARDROSE HOOK	옷장안에 구두주걱을 걸기 위해 만들어 놓은 천정문
점검구	객실 천정을 출입하기 위해서 만들어 놓은 천정문
WALL PAPER	벽지
WINDOW SHIL	창문턱
WINDOW FRAME	창문틀
WINDOW GLASS	창문유리
ENTRANCE MIRROR	입구거울
MIRROR HOLDER	거울을 위아래서 고정시키는 장치
DOOR STOPPER	문과 벽이 부딪치는 것을 방지하기 위한 장치
FIRE LAMP	화재시 켜지는 등
SPRING COOLER	화재시 분무형식으로 물을 뿌려주는 장치
SMOKE DETECTOR	화재탐지기

2. 전기(ELECTRONIC)

<표 5-13> 전기용품 용어해설

용　　어	해　　설
REFRIGERATOR	냉장고
ENTRANCE SWITCH	입구등 스위치
CONSENT	전기제품의 프라그를 꽂을 수 있는 곳
CONSENT BOX	나이트테이블 뒷면 바닥에 설치된 전기박스
LAMP	전구
DESK STAND	책상위에 놓는 전기스탠드
NIGHT STAND (TWIN LAMP)	트윈침대중간 나이트테이블 위에 실행된 쌍등 스탠드
NIGHT STAND (SINGLE LAMP)	더블침대 양옆 나이트테이블과 베드사이드 테이블위에 설치된 스탠드
MESSAGE LAMP	나이트테이블에 설치되어 있는 작은 램프로써 손님에게 메시지가 있을 때 프론트에서 작동시킴
EMERGENCY LIGHT	객실천정에 설치되어 전 객실에 전기가 안 들어올 경우, 호텔자체 발전시설에 의하여 작동되는 비상등(평상시에는 전기가 들어오지 않음)
LIMIT SWITCH	옷장문에 설치되어 있으면서 문이 열리면 전등이 켜지고 문을 닫으면 전등이 꺼지는 장치
3 WAY BUTTON	입구 스위치와 나이트테이블의 룸라이트 버튼중의 어느 것으로나 입구등과 후로아 스탠드 램프를 동시에 켜거나 끌 수 있는 장치
FOOT LIGHT	나이트테이블 밑에 설치되어 있는 램프
INTERPHONE	욕실에 설치되어 있으며 받을 수만 있음
SHADE	전기스탠드에 씌우는 갓
LAMP COVER	욕실거울에 부착되어 있는 전구카바
TELEPHONE	전화기
HEALTH METER SCALE	체중계

3. LINEN

<표 5-14> 린넨류 용어해설

용 어	해 설
BED PAD	매트리스를 보호하기 위하여 갈아주는 패드
SHEET	매트리스를 싸서 접어주는 하얀 세트 담요
BLANKET	담요
SPREAD	먼지가 앉는 것을 막기 위하여 베게와 침대전체를 씌워주는 커버
BED SKIRT	침대와 침대다리가 보이지 않도록 씌워주는 커버
HARD PILLOW	아래로 놓는 베개로서 스펀지가 들어있음
SOFT PILLOW	아래로 놓는 베개로서 닭털이 들어있음
BATH TOWEL	목욕타월
FACE TOWEL	세면타월
WASH CLOTH	손 닦는 타월
BATH ROBE	목욕 후 입는 가운
PILLOW CASE	베개를 씌워주는 커버
DRAPERY	창문이 달려 있으며 빛이 통과할 수 없는 두꺼운 커튼
LACE CURTAIN	창문에 달려 있으며 엷은 천으로 된 커튼
SHOWER CURTAIN	욕조위에 설치된 커튼
TRAY MAT	쟁반위에 깔아놓는 천

4. 장비

<표 5-15> 장비 용어해설

용 어	해 설
MAID CART	객실청소에 필요한 모든 비품을 담아가지고 다니는 카
VACUUM CLEANER	카펫의 먼지를 바람으로 빨아들이는 진공청소기
SWEEPER	수동식 카펫 청소기
DETERGENT HOLDER	세제용기(FOR ROOM MAID)

용 어	해 설
HARD BOARD	허리가 아픈 손님을 위하여 침대와 매트리스 사이에 넣어주는 나무판
CANVAS WAGON	비품이나 린넨을 실어 나르는 카
BASKET	바케스
ICE BOX	얼음 담는 통
ICE SCOOP	얼음 삽
MOP	바닥 닦는 긴 나무가 달린 걸레
MOP POLE	마포대
BROOM	비
DUSTPAN	쓰레받기
SLIPPER	슬리퍼
STATIONARY HOLDER	문방구류를 넣는 케이스
MEMO PAD	메모지 받침대
BALL POINT PEN	볼펜
BIBLE	성경책
BUDDHA	불 경책
SEWING KIT	바늘쌈지
NOTICE	알림
BROCHURE	호텔영업상 안내책자
SHAMPOO	샴푸
SOAP	비누
SHOWER CAP	샤워할 때 머리에 쓰는 모자
SANITARY BAG	위생봉지
SOAP CASE	비누 케이스
HOTEL REGULATION	호텔규칙 안내문
INFORMATION DIRECTORY	호텔영업상 전화번호부
FLASH	후레쉬(손전등)

5. PAPER SUPPLY

<표 5-16> PAPER SUPPLY 용어해설

용 어	해 설
ENVELOPE(AIR MAIL)	편지봉투(국외용)
ENVELOPE(DOMESTIC)	편지봉투(국내용)
WRITING PAPER (AIR MAIL)	편지지(국외용)
WRITING PAPER (DOMESTIC)	편지지(국내용)
MEMO PAPER	메모지
CLEENEX	크리넥스
TOILET PAPER	화장지

6. GLASS WARE

<표 5-17> GLASS WAR용어해설

용 어	해 설
ROOM TUMBLER	침실컵
BATHROOM TUMBLER	욕실컵
BATHROOM MIRROR	욕실거울
SANITARY HOOK	위생빽을 거는 고리
ASHTRAY	재떨이
TOILET PAPER BOX	화장지 거는 통
TOILET PAPER HOLDER	화장지 걸이
TOILET WATER TANK	변기물 탱크
FRESHER	변기물 탱크의 물이 내려가도록 늘려주는 손잡이
TOILET BODY	변기몸통
TOILET COVER	변기의 앉는 부분
TOILET SEAT	변기뚜껑
TOILET VLM	변기시트 밑에 부착된 고정반침
TOILET COVER	변기의 나사가 보이지 않도록 세우는 커버
DRAIN	하수구

7. CLEANING SUPPLY

<표 5-18> CLEANING SUPPLY 용어해설

용 어	해 설
SCRUBBER	수세미
DUST BAG (PLASTIC BAG)	쓰레기를 담는 비닐 주머니
COLLOID CLEANER	중성세제
AJAX	돌가루(STONE POWDER)
METAL POLISH	신주광약(BASSO POLISH)
JOHNSON PLEDGE	가구광약(FURNITURE POLISH)
AIR WICK	공기청량제(AIR SPRAYER)
INDEX	유리세척제
RUBBER GLOBE	고무장갑
SPONGE	컵 닦는 스펀지
SHOE POLISH	구두약
CLOTH BRUSH	옷솔

제6장

호텔객실마케팅

제1절 호텔객실마케팅의 이해

1. 호텔객실마케팅의 업무 및 시기

1) 호텔 판촉업무

호텔 판촉업무를 요약하면, 언제, 어디서, 무엇을, 어떻게, 얼마에 그리고 왜 판매할 것인가에 대한 기회 및 계획 그리고 그 활동을 의미한다 해도 과언은 아니다. 환언하면 WHEN : 언제(성수기, 비수기, 주중, 주말을 구분, 판매가 가능한 날에), WHERE : 어디서(국내, 국외의 Market 즉 판촉대상지역), WHAT : 무엇을(객실, 식음료, 연회), HOW : 어떻게(판매촉진방법), HOW MUCH : 얼마에(가격), WHY : 왜(매출액의 제고 또는 회사정책상)의 이른바 5W, 2H의 활동이다.

(1) WHEN(언제) : 객실이나 식음료의 판촉이 필요할 때 (대부분의 경우 1년 내내이지만 비수기)에 즉 필요한 날에 판촉이 필요로 하지만 만실일 때나 모든 업장이 Full이 될 경우에는 필요하지 않을 것이다.

(2) WHERE(어디에서) : 국내, 국외로 구분하여 판촉대상 지역에서(즉, 국내 기업체, 국내단체, 해외여행사 등)에서 판촉활동을 하게 되며,

(3) WHAT(무엇을) : 객실, 식음료 또는 연회상품을
(4) HOW(어떻게) : 판촉방법(방문판매, 정기, 부정기적으로 DM 발송, 계약체결방식, 전화 Sales Call에 의하여, 신문광고 등 매개체를 이용하여 등)
(5) HOW MUCH(얼마에) : 가격정책에 의한 가격결정 즉 공표요금, 할인요금, 협정요금
(6) WHY(왜) : 대부분의 경우는 매출액의 제고목적이 대부분이지만 회사정책상 또는 잠재시장의 개척을(잠재고객의 창출을 목적으로) 목적으로
(7) WHO(누가) : 대개의 경우는 판촉사원들이 되지만 중요도, 볼륨(Volume)에 따라서 지배인이 아니면 판촉담당 중역 또는 총지배인, 또는 객실담당지배인과 함께 하는 판촉활동을 해야 할 필요성이 있다.

이와 같이 판촉활동을 이해하기 쉽게 5W, 2H의 활동이다. 라는 전제하에 판촉업무를 이해하는 방법, 활동을 설명하고자 한다.

2) 호텔 판촉시기

판촉 해야 할 시기(WHEN)가 중요하다. 대부분의 경우에는 연중 내내라고 하지만 특히 집중적으로 판촉활동을 해야 할 시기가 있고 판촉관리만으로도 족할 경우가 있다. 이는 비수기와 성수기를 구분하여 비수기에 집중적으로 판촉활동을 강화하지 않으면 안 된다. 왜냐하면, 주지하는 바와 같이 객실상품의 특성인 비 재고성(부패성)상품이기 때문이다. 또한 성수기에는 판매의 한계성으로 인한 수요의 포화상태 때문에 판촉관리만으로도 족하다는 이야기이다.

판촉대상은 하나의 Hotel Market이라고 할 때 국내냐 아니면 해외냐 즉 어디를(WHERE) 기업체를, 여행사를 아니면 항공사를 하는 판촉대상이자 하나의 호텔시장을 의미하게 된다. 요즈음의 호텔판촉대상의 유형을 보면 아래와 같다.

(1) 기업체(Corporate Account)로는 대기업과 중소기업으로 분류하여 기타 군소(群小)기업으로 분류, 판촉대상으로 하여 일반적으로 Corporate A, B, C로 구분하여 판촉비 중에 차등을 두어 판촉 활동하는 것이 보통이다. 그리고 대기업에 있어서는 부문별로 세분화하여 판촉활동을 하는 경우가 많다.
(2) 정부관련기관(특히 외무부, 공보, 문화, 경제기획원, 국회 등)과 같이 외국

국빈 등 초청객을 유치할 수 있고 조찬 만찬 등 식음료 판매가 가능하고 그 빈도수가 많은 외무부 또는 국회 등을 판촉대상으로 하고 판촉활동을 벌이게 된다.

(3) 국내단체, 협회 등의 회의 또는 행사를 유치하며 초청객의 숙박시설제공이 많은 단체나 협회를 공략하기 위하여 판촉대상으로 한다.

(4) 국내여행사는 FIT, Group 판촉의 중요한 판촉대상이며 국내여행사에서 송객(送客)되는 고객의 양적인 숫자는 무시할 수 없으리만큼 높다. 다만 비수기에 있어서 가격 면에서 저렴한 것이 문제일 뿐 판촉대상으로서는 중요한 판촉대상인 동시에 중요한 시장이다. 따라서 긴밀한 유대관계를 맺고 공존하는 입장 하에서 상호 협조한다.

(5) 항공회사의 Air Crew, Layover, Passenger, 고객 서비스의 일환으로 항공사 Package(Program), 일반 예약객을 유치하기 위하여 판촉대상으로 하고 있으며, (항공사 FIT Program의 예 : CPA의 STAY A WHILE, JAL의 JWHS, MAS의 CITY STAY, KAL의 JOYFUL HOLIDAYS, SWISS AIR의 HORIS, SQ의 TRADEWINDS, TH의 ROH, CAL의 DYNASTY TOURS, etc)

(6) 국내주재 해외공관은 대부분이 호텔홍보 또는 국제회의 유치시, 자국의 공무로 인한 인사의 호텔이용 등의 고객을 유치할 목적으로 판촉대상으로 하고 있지만 실적 면에 있어서는 기대에 못 미치는 것이 보통이다.

(7) 해외특약사(SRS, GTH, UTELL, PHW 등)는 호텔예약 대행업체로 전 세계를 대상으로 하고 있다. 따라서 호텔홍보 측면이나 FIT고객 유치면에서 중요한 판촉대상이 되며 호텔판촉을 대신하고 있어 특히 중요한 판촉관리대상이 된다.

(8) 해외여행사는 대부분 상호계약에 의해 거래가 되고 있으며 커미션을 지급하게 되며 국내여행사와 같이 FIT나 GROUP을 송객하는 송객사로서 호텔홍보 측면에서도 중요한 판촉대상이 된다.

(9) 해외주재 KNTC, KOTRA, 협회, 단체 등 또한 호텔홍보 측면에서 볼 때에 중요한 판촉대상이며 호텔의 브로슈어나 DM발송을 통한 상호유대관계를 계속 유지하여 그 나라의 판촉에 관련된 정보수집의 용이점을 들 수가 있다.

(10) 해외 사무소의 관리로 호텔의 직원이 근무하고 있지만 호텔의 홍보 및 고객유치를 위한 지원이 중요하다. 따라서 관리적인 면에서 상호 필요한 정보를 제공하고 지원을 아껴서는 안 된다.

(11) 기획 상품 개발 및 판촉은 주로 비수기에 이루어지지만 획기적이며 장기적인 기획상품개발이란 생각보다는 쉽지 않다. 따라서 Yield Management의 측면에서 기획되고 개발되어 효과를 거둘 수 있는 상품개발이 필요하다. 그리고 대내판촉의 일환으로 전 종업원의 판촉 요원화를 위한 종업원의 판촉결과에 대한 Incentive 제도의 도입으로 최근에는 가족모임(결혼식, 약혼식, 피로연, 회갑연 등)의 판매실적은 그 신장률이나 실적측면에서 많은 증가율을 보이고 있다.

<표 6-1> 영업, 판촉 향상을 위한 회의

MEETING MINIATURES (2007/12/15)
Sales & Marketing Department

발 신	:	판촉 계장
수 신	:	실장, 총지배인, 각 부서장
제 목	:	영업, 판촉 향상을 위한 회의
일 시	:	2007년 12월15일 / 15:00~15:40
장 소	:	소회의실
참 석	:	총지배인, 조리과장, 객실대리, 판촉계장, 객실주임, 예약실

아래와 같이 회의 내용을 알려 드리오니 각 부서는 참고 하시기 바랍니다.

아 래

1. 전주 Meeting에 관한 결과 보고
- 외부판촉 à 법인 실적 자료가 완료됨에 따라 다음주부터 4공단을 시작으로 순차 적으로 Grouping 외부 판촉 실시.
- 투숙 고객에 대한 조식 Sales 적극 실시
- 장기 등 특별 요금이 필요 할 경우 판촉에서 접촉 계약 건 마무리.
- 프런트에서는 고객이 투숙이 되면 고객 동향 등을 파악 고객서비스에 만전을 기함.
- 전화 응대 시 자기 소속 성명 먼저 말하고 상대방이 전화를 먼저 끊고 전화를 끊기.
- 전화 응대 시 상대방이 통화를 원하는 사람이 부재중 일시 상대방의 회사명 성함 전화번호를 꼭 메모하여 전달하기. (금기 사항: 5분 후 또는 다음에 전화를 다시 달라는 주문을 하지 않기.)
- 조리 과에서 채식주의자를 위하여 감자스테이크를 상시 메뉴로 준비 중이며 다음 주까지 새로운 소스 개발 중.

2. 객실 Inspection
- 청결한 객실 유지를 위하여 매일 야간 당직지배인 1Rm, 객실 대리 3Rms, 총지배인 3Rms, 정비 계장 수시로 객실 점검실시 예정.

3. Newspapers
- 프런트에서는 아침 로비의 신문 부수를 점검하여 사전 주문 등으로 고객이용에 불편함이 없도록 한다.

4. 객실 소모 품 Up Grade 작업실시
- DD급을 시작으로 창원 호텔과 함께 샤워 스펀지를 투입 할 예정이며 호응이 좋을 시 전 객실로 확대 투입 예정.
- 현재 당사는 객실내에 구둣주걱, 옷솔, 슈샤인, 라운드리백 이 옷장안의 벽에 걸려 있거나 삼단 서랍장에 들어 있어 고객이 한 번에 사용이 불가능 한 점이 있어 이번 벤치마킹을 통하여 보고 온 한 번에 정리할 수 있는 수납 물품을 연구 기안 후 비치한다.

5. Sales의 다양 화
- 해외 여행사와의 Commission 부분이 세무관계 지리로 문제점이 없는 것으로 판명되어 일본NEC여행사와의 계약을 필두로 Sales의 다양화를 시켜 고객 유치에 만전을 기한다.

2. 객실 판촉방법의 유형

객실 판촉의 방법은 판촉에 종사하는 근무자의 성향이나 방법에 따라 달라질 수 있으며 현재 호텔의 경영자의 방침에 따라서 여러 가지면에서 다양하게 이루어지고 있다.

1) 계약체결 방식의 판촉은 주로 상호의 편익을 목적으로 이루어지는 판촉방법이기 때문에 실효는 물론 관리상 용이한 이점이 있다.
2) 방문판촉방법은 특히 거래가 없는 또는 타 호텔을 자주 이용하는 회사와 잠재고객이 있으며, 차후 판촉효과를 기대할 수 있을 뿐만 아니라 불평, 불만의 내용파악이 용이한 이점이 있다.
3) Direct Mail(정기, 비정기)은 아주 흔한 방법으로 비용이 적게 들고 주소 성명만으로 상호 부담 없는 홍보 및 판촉활동이다.
4) 신문, 광고, TV를 통한 매개체 홍보는 일반대중을 상대로 할 때에 이용된다.
5) 전화판촉(Telephone Sales Call)은 Sales Lead에 의한 판촉, 잠재시장에 대한 공략방법으로 가장 저렴하고, 용이하며, 시간절약형의 판촉방법으로 최근에는 많이 이용되는 방법이다.

6) Sales Lead 방법이란 예약루트를 잘 몰라서 호텔에 고객이 직접 전화통화 또는 FAX로 예약 요청될 경우 판촉요원에게 정보를 주어 고객의 편의를 제공하여 자기 고객화(단골 고객화) 하도록 고객의 주소, 성명, 전화 또는 FAX, TELEX 번호를 작성한 고객정보를 받아서 관련 판촉요원에게 건네주는 방법으로 예를 들면 뉴욕에 있는 고객이 국제전화로 호텔예약을 할 경우 그 고객은 물어 물어서 호텔 전화번호 알아내어 전화를 한 매우 고마운 고객 중 하나이다. 따라서 뉴욕에 호텔사무소 또는 예약대행업체가 있을 경우 Sales Lead하여 고객의 편의를 도모해 주었다고 할 때 손님의 입장에서는 매우 고마울 수밖에 없을 것이다.
7) 기타 Walk-In Guest는 단골고객이라서 예약 없이 올 경우도 있지만 여러 가지 예기치 못한 사정 때문에 예약 없이 찾아오는 손님으로 고객관리를 잘 해 줌으로써 단골 고객화 하기가 용이하다. 따라서 이런 Walk-In Guest를 Sales Lead하는 방법이 좋으리라 생각된다.

   그리고 Catering Service를 통한 판촉효과도 많은 실적을 보이고 있다.

제2절 미래지향적 객실마케팅

1. 호텔 인터넷마케팅

현 시대의 일반적인 마케팅으로는 미래의 급격한 환경변화 속에서 보다 초월적이고 신속한 대응을 하지 못하고 궁극적으로 고객 만족을 꾀한다는 마케팅의 기본 이념이 현실적용면에 있어서 한계가 있으므로 공간과 시간을 초월한 인터넷마케팅이 등장하였다.

인터넷을 도입시켜 호텔과 고객이 서로의 목적을 충족시키기 위해 서로 정보를 교환하고 그 과정에서 발생하는 호텔의 마케팅 활동인 것으로 일반적으로 일방적인 커뮤니케이션의 단점을 보완할 수 있는 가장 강력한 무기이다.

호텔인터넷 상거래의 거대한 잠재력은 고객정보의 획득이 용이하고 마케팅

성과를 높일 수 있으며 고객 욕구에 즉각적인 대응이 가능한 것이다.

또한 고도화된 시장일수록 고객의 욕구는 더욱 개인화함으로써 고객 개개인의 만족을 주기 위해서는 개별마케팅이 필요함으로 고객요구의 공유, 고객접촉과 같은 고객 개개인과의 관계를 중요시하는 마케팅커뮤니케이션에 중점을 두는 인터넷을 통한 마케팅이 중요하다.

인터넷을 통한 호텔마케팅은 우수 고객들에게 별도의 인센티브를 제공함으로써 추가 구매를 유도하고 확실한 단골고객으로 만들 수 있으며, 고객들에게 일 대 일 마케팅을 펼칠 수 있어 보다 효과적인 전략을 펼칠 수 있게 된다.

2. 스피드와 시장분할 마케팅

현 마케팅은 급변하는 시장 환경에 따라 변화하는데 스피드를 추구하여 신속하게 대응하지 않으면 기회를 놓치기 쉽다. 스피드 전략은 보다 빨리 제일 앞서 마케팅전략을 수립하는 것이다. 미래의 시장은 제품, 가격, 판촉, 경로 이른바 4P's 관리에 스피드라는 시간의 요소를 마케팅에 새로운 자원으로 인식한 것이다.

이것은 마케팅 대상인 소비자의 변화를 예측하는데서 그치는 것이 아니라 바로 실행에 옮기는 스피드전략을 강화하는 것이다.

그러나 소비자가 세밀하게 세분화된 환경에서는 적절하지 못하므로 다양한 시장세분화를 통해 심도 있는 고객을 분류하여 빠르게 대처하는 마케팅이 필요하다.

또 다른 가치증대를 위한 마케팅으로서 서비스마케팅은 차별적 서비스로 고객에게 특별한 혜택을 주는 활동이다. 호텔 서비스마케팅의 기본 전개로서 신규고객확보와 기존고객 유지, 소비자를 세분화시켜 특정상품을 일정량 이상으로 구입하는 경우에는 가격할인, 사은품 증정, 호텔견학 초청, 경품제공, 무료서비스 등의 방법으로 제공함으로써 다수의 고객을 확보한다.

호텔경영 위기를 극복하려는 기업들은 나름대로 과제를 설정하거나 체크 포인트들을 마련하고 이를 근거로 합리적인 의사결정을 유도하여야 한다.

집중마케팅은 호텔기업들에게 있어서 체계적으로 구축된 핵심역량을 확보하여 기업 내부적으로 강인한 체질로 무장하고, 차별적인 경쟁우위를 제공한다. 즉 핵심역량을 기반으로 한 시장 경쟁력은 경쟁자들이 쉽게 따라잡을 수 없을 만큼 차별적이라는 의미를 내포하고 있다.

3. 제휴 마케팅

미래의 호텔시장은 개성이 서로 다른 고객에 대응한 전략이 필요함에 다라 호텔서비스 상품도 복합화를 추구할 것이다. 그러나 호텔 신상품 개발시 투자비용, 인력의 확대 등에 어려움이 있으므로 타 기업의 강점을 가져온 공동마케팅이 필요할 것이다. 이것이 타 기업과의 제휴를 통한 마케팅전략이다.

제휴란 말 그대로 둘 이상의 기업 간에 이루어진 합의로서 제휴사 모두가 승자가 되는 공동 전략이 개발되고 선택된다. 제휴사의 강점을 공유함으로써 상호 호혜적인 관계가 유지되며, 투자가 한쪽의 이익보다는 공동 이익을 위해 이루어진다.

그래서 기업이 혼자 내부적으로 개발하기에는 투자비용이 너무 클 때 전략적 제휴는 선택 가능한 대안이다.

전략적 제휴는 Copetition이라고 명하는데 Cooperation(협력)과 Competition(경쟁)을 동시에 추진하는 것으로서 소위 Win-Win전략이라 한다.

우리의 호텔업계도 예를들어 보면 힐튼호텔이 남대문시장의 점포와 제휴를 맺어 Friend's Shop이라는 것을 운영하여 호텔고객의 쇼핑에 많은 도움을 주고 있으며, 또한 신라호텔과 인터콘티넨탈 호텔과의 호텔우대카드를 제휴하여 공동운영을 하고 있으며, 프라자호텔과 래디슨이 전략적인 제휴를 맺어 공동마케팅으로서 래디슨의 마케팅능력과 국제적 인지도와 해외영업에 활성화를 기할 것이다.

이와 같이 미래에는 기업과 기업이 제휴하는 이유는 위험공유, 규모의 경제 실현, 특정시장에의 접근, 지리적 접근, 자금제약, 신 경영기술 습득, 인수장벽 등에 이용할 것이며, 인터넷시대에 경쟁력을 높일 뿐만 아니라 기업의 생존으로서 선호할 것이다.

4. 가격정책 및 고객관리

가격정책에 있어서 성수기와 비수기를 구분하여 선 확정요금, 할인요금, Negotiation Basis(협상요금) 등으로 대별할 수 있다.

위의 요금에 있어서 선 확정요금의 적용은 문제가 없다. 다만 상황변화에 따른 할인요금의 적용과 협상요금의 적용이 문제가 된다. 전술한 바와 같이 호텔상품의 특수성 때문에 할인요금이나 협상요금이 있을 수밖에 없는 현실을 감안할 때에 어느 정도까지냐가 중요하며 자타가 인정하는 가격은 없다. 왜냐하면 상황변화를 설명하기 전에는 더욱 그러하다. 따라서 최종확정 하기까지는 상사의 설득이 필요하며 소신껏 진실 된 마음과 성의를 갖고 업무에 임하여 결정하여야 한다. 최선의 판촉방법은 꾸준한 고객관리를 통한 판촉이 최선이라 생각한다. 왜냐하면, 한두 번 거래를 통하여 맺어진 거래 선이기 때문에 접촉이 용이하고 서비스의 잘 잘못을 쉽게 파악할 수 있는 이점 및 다음 송객에 대한 정보를 미리 파악할 수 있는 이점 및 다음 송객에 대한 정보를 미리 파악할 수 있는 이점 등이며, 단골 고객화 하여 최소의 경비로 용이하게 관리할 수 있고 호텔 서비스의 양, 부에 대한 정보수집도 가능하기 때문이다.

제7장

호텔안전관리

제1절 산업안전보건법

1. 산업안전보건법

이 법은 산업안전보건에 관한 기준을 확립하여 산업재해를 예방하고 쾌적한 작업환경을 조성함으로써 근로자의 안전과 보건을 유지·증진함을 목적으로 한다.

1) 사업주의 의무(법 제5조)

사업주는 이 법과 이 법에 의한 명령에서 정하는 산업재해 예방을 위한 기준을 준수하여야 하고 근로조건의 개선을 통하여 적절한 작업환경을 조성함으로서 근로자의 생명보전과 안전 및 보건을 유지 증진하도록 하여야 하며 국가에서 시행하는 산업재해예방 시책에 따라야 한다. 기계·기구 기타 설비를 설계·제조 또는 수입하는 자 또는 건설물을 설계·건설하는 자는 그 설계·제조·수입 또는 건설을 함에 있어서 이 법과 이 법에 정한 명령에서 정하는 기준을 준수하여야 하고 그 물건의 사용에 의한 산업재해 발생의 방지에 노력하여야 한다.

2) 근로자의 의무(법 제6조)

근로자는 이 법과 이 법에 의한 명령에서 정하는 산업재해 예방을 위한 기준을 준수하여야 하여야 하며, 사업주 기타 관련 단체에서 실시하는 산업재해의 방지에 관한 조치에 따라야 한다.

3) 안전상의 조치(법 제23조)

① 사업주는 사업을 행함에 있어서 발생하는 다음 각 호의 위험을 예방하기 위하여 필요한 조치를 하여야 한다.
- 기계·기구 기타 설비에 의한 위험
- 폭발성, 발화성 및 인화성 물질 등에 의한 위험
- 전기, 열 기타 에너지에 의한 위험

② 사업주는 굴착·채석·하역·벌목·운송·조작·운반·해체·중량물 취급 기타 작업에 있어 불량한 작업방법 등에 기인하여 발생하는 위험을 방지하기 위하여 필요한 조치를 하여야 한다.

③ 사업주는 작업 중 근로자가 추락할 위험이 있는 장소, 토사, 구축물 등이 붕괴될 우려가 있는 장소, 물체가 낙하·비례할 위험이 있는 장소 기타 천재지변으로 인하여 작업수행상 위험발생이 예상되는 장소에는 그 위험을 방지하기 위하여 필요한 조치를 하여야 한다.

4) 보건상의 조치(법 제24조)

① 사업주는 사업을 행함에 있어서 발생하는 다음 각 호의 건강장해를 예방하기 위하여 필요한 조치를 하여야 한다.
- 원재료·가스·증기·분진·산소결핍공기·병원체 등에 의한 건강장해
- 방사선·유해광선·고온·저온·초음파·소음·진동·이상기압 등에 의한 건강장해
- 사업장에서 배출되는 기체·액체 또는 잔재물 등에 의한 건강장해
- 계측감시·컴퓨터단말기조작·정밀공작 등의 작업에 의한 건강장해

- 환기·채광·조명·보온·방습 및 청결 등에 대한 적정기준을 유지하지 아니함으로 인하여 발생하는 건강장해

5) 근로자의 준수사항(법 제25조)

근로자는 제23조 및 24조의 규정에 의하여 사업주가 행한 조치로서 노동부령이 정하는 사항을 준수하여야 한다.

제2절 화재예방 및 응급조치

안전이란 사전적 의미로 "온전하여 걱정이 없음"이라 하였고, The Heritage Dictionary of the English Language에서는 Security와 Safety로서 즉 Security : Freedom from risk or danger. Safety : Freedom from doubt anxiety, or fear라 하였으며, 웹스터 영영사전에 의하면 안전은 상해, 로스(loss, 감원), 고통, 위해 또는 위험에 노출되는 것으로부터의 자유라 하고 그와 같은 자유를 위한 보호, 관리 또는 방호장치(locking system) 및 질병(직업병)의 방지에 필요한 기술과 지식이라고 하였다. 인명(人命)과 재산을 보호할 목적으로 철저한 화재예방교육과 화재 발생 시 응급조치가 필요하다. 왜냐하면 화재가 발생 후 5분이 지나면 진압에 어려움이 있을 뿐만 아니라 조기에 화재진압이 불가능하고 빠른 속도로 불이 번지기 때문이다.

또한 화재가 발생하면 실제상황이기 때문에 생각하고, 행동에 옮길 수 없는 상황들이 많이 발생하게 된다. 따라서 평소에 몸에 익혀서 습관적으로 즉시 행동에 들어갈 수 있는 연습이 필요하다. 평소에 연습 및 훈련을 하지 않고서는 소기의 목적을 달성할 수 없다는 것이다.

1. 화재의 분류

화재의 발생요인은 대부분이 담뱃불, 전기누전, 가스, 페인트 작업시 취급 부주의로 인한 화재가 가장 많다. 따라서 평소에 조심하여 예방하는 것이 가장 이상적이다. 일단 화재가 발생하면 인명과 재산의 피해가 뒤따르기 때문에, 호텔의 이미지 실추와 엄청난 재산손실은 피할 수 없다.

위험성의 것은 열을 가하거나, 충격을 주거나, 하찮은 것에 의해서 발화하고 폭발할 위험한 성질을 가지고 있으며 화약, 다이너마이트 등이 여기에 해당된다. 화학적으로 어려운 이름이 여러 가지가 있으나 여러분의 직장에서 사용되는 물품의 명칭과 그 표시를 기억해 두고 어디에 취급되는지 알아 두자. 발화성의 것에는 적린이나 황린과 같이 대기에 접촉되면 위험한 것이나 카아바이트나 금속나트륨과 같이 물에 젖으면 위험한 것이 있다. 이와 같은 것의 취급도 교육받은 바와 같이 취급하는 것이 중요하다. 인화성의 것은 석탄가스, 아세틸렌, 프로판 가스 등의 연소하기 쉬운 가스는 불을 일으키기 쉬울 뿐만 아니고 공기와 어떤 비율에서 혼합하면 화원에 의해 폭발하는 성질이 있다. 또 가솔린이나 신나 등은 인화하기 쉬울 뿐만 아니고 폭발하기 쉽다. 약간의 부주의로부터 화재나 폭발을 일으키는 경우가 많다.

화재는 불에 타서 물체의 성질에 따라 여러 가지 종류로 나누어지게 되는데 우리나라에서는 일반화재, 유류화재, 전기화재 크게 세 가지로 구분하고 있다.

1) 일반화재

목재, 섬유류, 종이, 고무, 플라스틱처럼 다 타고난 후 이후에 재를 남기는 화재를 말하며 보통화재라고도 한다.

2) 유류 및 가스화재

휘발유 또는 석유와 같이 불에 타기 쉬운 가연성가스와 프로판 가스 같은 가연성 가스 등에서 발생한 불로 다 타고난 후에 아무것도 남지 않는 화재를 말하며 이를 유류화재 또는 가스화재라고 한다.

3) 전기화재

변압기, 전기다리미, 안전기 등 전기가 통하고 있는 기계나 기구 등에서 발생한 화재를 말한다.

위와 같이 구분하는 이유는 진화 할 때에 소화방법이 서로 다르기 때문이다. 예를 들면 전기 화재가 발생 시 소화전을 사용하게 되면 전기 누전으로 오히려 피해가 발생할 수 있기 때문이며, 초기 진압으로는 소화기를 사용하는 것이 좋다.

최근에는 대부분의 소화기가 모두 소화(消火)할 수 있는 소화기가 많기 등장하고 있기 때문에 구분 없이 모든 화재 발생 시 소화기 하나로 초기진압을 하게 되며, 다만 불이 크게 번지면 소방대원들이 진압하게 되는데 이때에는 이미 많은 인명과 재산의 손실을 면치 못하게 된다.

2. 소화기 및 소화전의 사용방법

1) 하론 소화기: 축압식 용기 안에 Halogen 액화가스를 충전하여 필요할 때에 누름판 조정만으로 방출시켜 진화한다.
2) 분말 소화기: 용기 안에 불연성 가스를 축합하여 필요할 때 레버 조정만으로 분말 소화 약제를 방출, 소화시키며, 바람이 불 때에는 바람을 등지고 사용한다.
   이때에 레버를 조정하기 전에 안전(安全)핀을 뽑는 것을 잊어서는 안 된다.
3) 옥내 소화전 사용: 화재 발생 시 화재 발신기를 누른다. 비상전화로 비상관제실에 통보한다. 압력이 약할 경우 가압 스위치를 누른다.
   호수가 꼬이지 않도록 화재 현장까지 연결한다. 개페 밸브를 좌측으로 돌려서 개방한다. 화재장소로 물을 뿜어댄다. 이때 수압을 감안하여 3인 이상 협력한다.

3. 피난 및 대피유도

방연마스크를 쓰고 또는 물수건을 코와 입에 대고 가능한 낮은 자세로 유도한다. 왜냐하면 화재 발생 시 인명 피해의 대부분이 가스에 질식되어 사망하는 경우가 가장 많기 때문이다.

이때 침착하게 화재발생지역 반대방향의 비상구로 탈출하며 가능한 아래쪽으로 이동하도록 유도한다.

☞ 비상계단이 화재시에는 굴뚝 역할을 하기 때문에 판단을 잘해서 항상 화재발생 장소로부터 반대 장소로 탈출하는 것이 가장 이상적이라 생각한다.

그러나 옥상으로 탈출하기 쉬운 상층부에 위치하고 있는 고객은 옥상으로 대피시키는 것이 좋다.

상황에 따라서 로프나 구조대 또는 완강기로 탈출하게 될 경우도 많으니 사용방법을 평소에 숙지하는 것이 좋다.

화재가 발생하면 인간의 두뇌 회전이 50% 감소한다고 한다. 즉 멍청한 상태가 되기 때문에 평소 몸에 익혀 자동으로 몸이 움직일 수 있도록 관심을 가지고 훈련을 해 두는 것이 최선의 방법이다.

4. 재해발생시 조치

사업주는 재해발생의 급박한 위험이 있거나 중대재해가 발생하였을 경우에는 즉시 작업을 중지시키고 근로자를 작업장소로부터 대피시키는 등 필요한 안전보건상의 조치를 취하여야 하며 일선에서 근로자를 직접 지휘 감독하는 관리감독자는 소속 작업에서 재해가 발생하였을 경우 응급조치를 취한 후 이에 대한 보고를 하도록 산업안전보건법에 규정되어 있다.

이는 재해가 발생되지 않도록 물적, 인적, 관리적인 조치를 취하는 것이 우선이지만 부득이 재해가 발생하였을 때 그 피해정도를 최소화하기 위한 적절한 조치 역시 중요하며 그 임무를 명시하는 것으로 볼 수 있다.

일반적으로 재해가 발생하였을 경우에는 즉시 다음과 같은 조치를 취하여야 한다.

(1) 재해에 결부된 설비의 운전을 일시 중지한다(스위치를 차단하거나 밸브를 잠그는 등).
(2) 피해자를 구출한다.
(3) 피해자에 대하여 응급처치(지혈, 인공호흡 등)하고, 즉시 병원으로 후송한다.
(4) 병원 등 기타 관계자에게 연락하고 상사에게 보고한다.
(5) 폭발이나 화재의 경우에는 즉시 소화활동을 개시함과 동시에 2차재해의 확산방지에 노력해야 한다. 또한 현장에서 작업자를 대피시켜야 한다.
(6) 재해원인의 조사에 대비하여 현장을 보존한다(사진, 기타 확실한 근거를 남기는 것).
(7) 작업자의 기분을 진정시킨다.

이러한 일련의 조치를 신속하게 강구하기 위해서는 평소부터 사고발생에 대비한 연구와 훈련을 하여야 한다. 이러한 경우에는 평소에 알고 있는 것과 같은 것이라도 순간적으로 머리에 떠오르지 않을 때도 있으므로 당황하지 않도록 한다. 따라서 평소에 사고발생에 대비하여 다음의 준비를 하는 것도 필요하다.

5. 화재예방을 위한 점검사항

화재는 예방하는 것이 가장 이상적이다. 일단 화재가 발생하면 피해를 입게 되고 이미지 또한 실추하게 되기 때문이다.

소화기, 소화전의 작동 상태 여부확인, 스프링클러(Sprinkler), 연기탐지기(Smoke Detecter)의 작동상태 점검, 주방가스 안전점검, 전기배선, 전열기, 재떨이 및 담배 공초함 점검, 자동 화재탐지기 및 가스누설 감지기 점검 등이 매우 중요하다 따라서 매일 점검하는 것을 잊어서는 안 된다.

6. 교육훈련 내용

소화시설 사용방법, 피난 등의 이론 및 실습훈련, 피난설비(구조낭, 완강기, 곤돌라, 구조대) 이용방법, 대피유도 훈련, 소화전 사용의 실습훈련(호스연장법, 방수구 및 노즐 연장법, 방수훈련) 부서별 소방훈련, 종합훈련 및 소방경진대회를 통하여 전 직원의 소방대원화가 되어 어떤 화재가 발생하더라도 큰 문제가 없도록 해야 하며, 모든 종업원의 관심을 갖게 함으로써 화재를 미리 예방이 가능하기 때문이다.

기본적으로 화재가 발생하면, 시설물만 손해를 보고 인명피해가 없었다면 그나마도 큰 문제가 없다고 생각한다. 왜냐하면, 시설물이란 다시 복구가 가능하지만 사망자가 발생 시 복구가 불가능하기 때문이다. 따라서 화재가 발생하면 고객 및 직원들의 대피유도가 최우선하여야 한다.

L호텔에서 발생한 화재의 대부분은 자체 소방대원 및 종업원에 의해 전부 진화 되었다고 한다.

<표 7-1> 소방훈련 안내문

A. 소방훈련 안내문(훈련실시 20분전 아내방송) 2회 반복

1. 고객 여러분께 안내방송 드립니다.
   금일 2시부터 약 20분간 당 호텔에서는 소방훈련이 실시될 예정이오니
   손님 여러분께서는 당황하지 마시고 참고하여 주시기 바랍니다. 본 소방훈련의 목적은 만일의 사태가 발생 시 고객의 귀중한 생명과 재산을 보호 하고 화재가 발생 시 초기진압에 능동적으로 대처하기 위하여 실시하고 있습니다.
   이점 널리 양해하여 주시기 바랍니다.

2. Ladies and Gentlemen May I have your attention please?
   A Fire drill will take place today March 2000. 2pm for about
   20 minutes. We will appreciate your cooperation in advance.
   Thank you.

3. おきゃくさまに ごあんない もうし あげます.
   きょう2時から やく20ぷんかん かざい よおぼ くんれんが じし されゐ
   よてい ですから りかい して くださいませ.
   どうも ありがとう ございます.

오꺄구사마니 고안나이 모우시 아게마스 교우니지까라 야꾸니지뿐꺙 카자이 요오보 쿤랭가 짓시 사례루 요떼이 데스까라 리까이 시떼 쿠다사이마세 도우모 아리가또우 고자이마스.

<표 7-2> 화재발생시 대피유도 안내문

B. 화재발생시 대피유도 안내문(00호텔)

1. 호텔 투숙고객 여러분께 긴급한 상황을 알려드립니다.
   지금 호텔 5층에서 화재가 발생하였습니다.
   고객 여러분께서는 당황하지 마시고 침착하게 복도 중앙에 위치한
   비상계단을 이용하여 신속히 대피하여 주시기 바랍니다.
   엘리베이터 이용은 불가능하오니 비상계단으로 즉시 대피하여 주시기 바랍니다.

2. Your attention please.
   May I have your attention please.
   There is a fire on the 5th floor.
   All the Hotel guest must escape the Hotel immediately
   by the nearest emergency exit located at the center of the corridor
   Do not attempt to use Guest Elevators.

3. おきゃくさまに ごあんない もうし あげます.
   ただいま ほてる ごかいで かざいが はせい しましだ
   おきゃくさまわ ごあんないしょの じしに したがって すみやかに
   ぎくがいだん ろうかの いちばん むこうに ある ひじょう がいだんから
   ごたいひ くださいませ.

   오갸꾸사마니 고안나이 모우시 아게마스
   타다이마 호테루 고까이데 카자이가 핫세이 시마시다.
   오갸꾸사마와 고안나이쇼노 짓시니 시따갓떼 스미야까니
   가꾸가이당 로우까노 이찌방 무꼬우니 아루 히죠우 가이당까라
   고따이히 쿠다사이마세.

7. 민방위훈련시 안내문 준비 및 투입

내, 외국인의 투숙객 및 영업장 이용고객을 위하여 훈련당일 또는 1일전 객실에 안내문을 투입하고, 프론트나 영업장에 배포하여 훈련에 적극 협조토록 한다. 만일 훈련일자가 2008년 1월 15일이라면 안내문의 예는 아래와 같이 작성하여 배포한다.(투입방법은 1일전 Room Maid로 하여금 아침에 투입)

<표 7-3> NOTICE OF CIVIL DEFENCE EXERCISE

NOTICE OF CIVIL DEFENCE EXERCISE

Dear Guest:

A Civil defence exercise will take place today, January 15th, 2008, as follows. As it is a government regulated, mandatory drill, we will appreciate your full understanding and cooperation.

1. Time of Drill : January 15, 2008 at 14:00 p.m.-14:20 p.m.
2. Stage of Drill : 5 minutes---- Warning
15minutes---- Air-Raid Drill
3. Area of Drill : No matter where you are in Korea, the drill will be in effect unless otherwise broadcasted by the authorities concerned.
4. What To Do : If you are in Hotel, We recommend you proceed to your room and relax. If you are on the street, you are required to look for a shelter or underground passage for temporary refuge. If you are in an automobile, it is important that you stop immediately and go to the nearest shelter.
5. Airport Departure : As the drill will affect city traffic, we would like to recommend that you depart for the airport 30minutes earlier than normal. Hence, you will run the risk of missing a flight should the alarm be sounded while you are in transit.

We sincerely hope this won't cause you any inconvenience

Thank you.

The Management

<표 7-4> 안전담당지정

안전담당자 지정서

직 위 : 차 장
소 속 : 공무부
성 명 : 홍길동

위 사람을 산업안전보건법 제14조, 동법 시행령 제11조 에 의거하여 안전관리에 대한 업무를 수행하기 위하여 ( )작업 안전담당자로 지정합니다.

※ 안전담당자 업무

1. 관리감독자로서의 업무
2. 유해·위험한 작업에 관한 특별교육 중 안전에 관한 교육
3. 유해 또는 위험한 기계·기구 및 설비에 대한 자체검사
4. 기타 당해작업의 성격상 유해 또는 위험을 방지하기 위한 업무

2007년 12월 11일

(주) 00호텔 대표 홍길동 (인)

❖ 부 록

[별지 제1호 서식] (앞 쪽)

<table>
<tr><td colspan="3" rowspan="2">관 광 사 업 등 록 신 청 서</td><td colspan="2">처 리 기 간</td></tr>
<tr><td colspan="2">○ 여행업 및 관광숙박업 : 7일
○ 종합휴양업 : 12일
○ 기 타 : 5일</td></tr>
<tr><td rowspan="3">신
청
인</td><td>①성명(대표자)</td><td></td><td>②주민등록번호</td><td></td></tr>
<tr><td>③주 소</td><td colspan="3"></td></tr>
<tr><td>④본 적</td><td colspan="3"></td></tr>
<tr><td colspan="2">⑤상 호(명 칭)</td><td colspan="3"></td></tr>
<tr><td colspan="2">⑥업 종</td><td colspan="3"></td></tr>
<tr><td colspan="2">⑦주사업장소재지</td><td colspan="3"></td></tr>
<tr><td colspan="2">⑧자 본 금</td><td colspan="3">원</td></tr>
<tr><td colspan="2">⑨영업개시연월일</td><td colspan="3">. . .</td></tr>
<tr><td colspan="5">관광진흥법 제4조제1항 및 동법시행규칙 제2조의 규정에 의하여 관광사업의 등록을 신청합니다.

년 월 일

신청인 (서명 또는 인)

┌ 문화관광부장관 ┐
│ 특 별 시 장 │ 귀하
│ 광 역 시 장 │
└ 도 지 사 ┘</td></tr>
<tr><td colspan="4" rowspan="2">구비서류 : 뒤쪽 참조</td><td>수 수 료</td></tr>
<tr><td>30,000원(숙박시설이 있는 경우 매 실당 700원을 가산한 금액)</td></tr>
</table>

33334-00111민 210mm×297mm
99.4.30개정 (일반용지 60g/㎡, 재활용품)

(뒤 쪽)

1. 공통서류
  가. 사업계획서 1부
  나. 신청인(법인의 경우에는 대표자)의 성명 · 주민등록번호 및 본적을 기재한 서류(외국인의 경우에는 법 제7조제1항 각호에 해당하지 아니함을 증명하는 당해 국가의 정부 기타 권한있는 기관이 발행한 서류 또는 공증한 신청인의 진술서로서 재외공관 공증법에 의하여 당해 국가에 주재하는 대한민국공관의 영사관이 확인한 서류) 1부
  다. 법인등기부등본(법인의 경우에 한합니다) 1부
  라. 부동산의 소유권 또는 사용권을 증명하는 서류(가족호텔업 · 휴양콘도미니엄업의 경우에는 신청인 소유의 부동산등기부등본을 제출하되, 각 부동산에 저당권이 설정되어 있는 경우에는 영 제25조제1항제2호 단서의 규정에 의한 보증보험가입 증명서류를 함께 제출하여야 합니다) 1부
  마. 외국인투자촉진법에 의한 외국인투자를 증명하는 서류(외국인투자기업의 경우에 한합니다) 1부
2. 여행업 및 국제회의기획업의 경우
  관할세무서장 또는 공인회계사가 확인한 등록신청 당시의 대차대조표(개인의 경우에는 영업용 자산액명세서 및 그 증빙서류) 1부
3. 관광숙박업 · 관광객이용시설업 및 국제회의시설업의 경우(사업계획승인된 내용에 변경이 없는 사항의 경우에는 제1호각목의 서류중 그와 관련된 서류를 제출하지 아니합니다)
  가. 법 제14조의 규정에 의하여 승인을 얻은 사업계획에 포함된 부대영업을 하기 위하여 다른 법령의 규정에 의하여 소관관청에 신고를 하였거나 인 · 허가등을 받은 경우에는 각각 이를 증명하는 서류(나목 또는 다목의 서류에 의하여 증명되는 경우에는 이를 제외합니다) 1부
  나. 법 제17조제1항의 규정에 의하여 신고를 하였거나 인 · 허가등을 받은 것으로 의제되는 경우에는 각각 그 신고서 또는 신청서와 그 첨부서류 1부
  다. 법 제17조제1항각호에서 규정된 신고를 하였거나 인 · 허가 등을 받은 경우에는 각각 이를 증명하는 서류
  라. 시설의 평면도 및 배치도 각 1부
  마. 시설별 일람표 각 1부
    (1) 관광숙박업 : 별지 제2호서식의 시설별 일람표
    (2) 전문휴양업 및 종합휴양업 : 별지 제3호서식의 시설별 일람표
    (3) 국제회의시설업 : 별지 제4호서식의 시설별 일람표

이 신청서는 아래와 같이 처리됩니다.

신 청 인	처 리 기 관 문화관광부(관광담당부서) 특별시 · 광역시 · 도(관광담당부서)

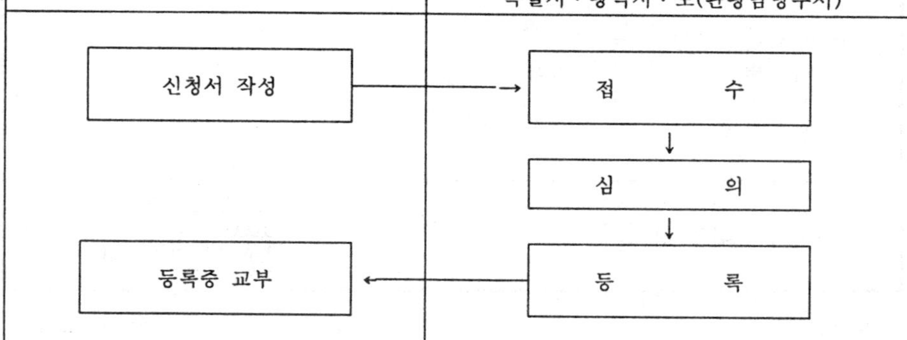

[별지 제6호 서식]

<table>
<tr><td colspan="4" rowspan="2">관광사업변경등록신청서</td><td colspan="2">처 리 기 간</td></tr>
<tr><td colspan="2">○ 국내여행업 : 3일
○ 일반, 국외여행업 : 5일
○ 관광숙박업·관광객이용시설업·국제회의업 : 4일</td></tr>
<tr><td rowspan="2">신청인</td><td>①성명(대표자)</td><td colspan="2"></td><td>②주민등록번호</td><td></td></tr>
<tr><td>③주 소</td><td colspan="4">(전화 :)</td></tr>
<tr><td colspan="2">④상 호 (명 칭)</td><td colspan="4"></td></tr>
<tr><td colspan="2">⑤주사업장 소재지
(전 화 번 호)</td><td colspan="4"></td></tr>
<tr><td colspan="2">⑥등 록 번 호</td><td colspan="2"></td><td>⑦등록연월일</td><td>. . .</td></tr>
<tr><td colspan="2">⑧업 종</td><td colspan="4"></td></tr>
<tr><td colspan="2">⑨변경등록내용</td><td colspan="4"></td></tr>
<tr><td colspan="6">관광진흥법 제4조제3항의 규정에 의하여 위와 같이 관광사업의 변경등록을 신청합니다.

년 월 일

신청인 (서명 또는 인)

문화관광부장관
특 별 시 장 귀하
광 역 시 장
도 지 사</td></tr>
<tr><td colspan="5" rowspan="2">※ 구비서류 : 변경사실을 증명하는 서류 각 1부</td><td>수 수 료</td></tr>
<tr><td>15,000원(숙박시설중 객실변경 등록의 경우에는 매 실당 600원을 가산한 금액)</td></tr>
</table>

33334-10711민
99.4.30.개정승인

210mm×297mm
(일반용지 60g/㎡, 재활용품)

[별지 제2호 서식]

관광숙박업 시설별 일람표

<table>
<tr><td>법 인 명</td><td>※법인의 경우</td><td>상호(명칭)</td><td></td><td>대 표 자</td><td></td></tr>
<tr><td>사업계획
승인일</td><td></td><td>소 재 지</td><td></td><td>입 지</td><td></td></tr>
<tr><td>최종 등록일</td><td></td><td>등 급</td><td></td><td>등급결정일</td><td></td></tr>
<tr><td rowspan="2">시설규모</td><td>대지면적</td><td>㎡</td><td>건축면적</td><td>㎡</td><td>연건축면적</td><td>㎡</td></tr>
<tr><td>층 수</td><td colspan="2">지하 층, 지상 층</td><td>객실수</td><td colspan="2">실</td></tr>
<tr><td rowspan="2">객실형태</td><td>싱글(평형)</td><td>더블(평형)</td><td>투윈(평형)</td><td>한실(평형)</td><td>스위트(평형)</td></tr>
<tr><td>㎡
(실)</td><td>㎡
(실)</td><td>㎡
(실)</td><td>㎡
(실)</td><td>㎡
(실)</td></tr>
<tr><td rowspan="2">운영형태</td><td>가족호텔</td><td colspan="4">객실회원수 명</td></tr>
<tr><td>휴양
콘도미니엄업</td><td colspan="4">객실공유자수 또는 회원수 : 명, 연간이용일수 : 일</td></tr>
<tr><td>부대시설</td><td colspan="5">일반음식점, 유흥주점</td></tr>
<tr><td>주차시설</td><td colspan="5">ㅇ 법정대수 : 대 (㎡)
ㅇ 현 황 : 대 (㎡)</td></tr>
<tr><td colspan="6">※휴양콘도미니엄의 경우 객실형태에 평형 및 객실수를 기재합니다.</td></tr>
</table>

33334-18811일
99.4.30승인

210mm*297mm
(일반용지 60g/m2,재활용품)

[별표]

호텔업 등급평가기준(제7조관련)

1. 현관·로비·복도(150점)

평가내용	평가기준	평가결과		비고
		자율평가	심사평가	
가. 현관로비				
1) 로비의 면적				
※ 100실미만은 33㎡, 200실미만은 66㎡, 300실미만은 100㎡, 300실이상은 150㎡을 기준면적으로 적용				
○ 기준면적의 130%이상 확보	(10.0)			
○ 기준면적의 120%이상 확보	(8.0)			
○ 기준면적의 110%이상 확보	(6.0)			
○ 기준면적의 110%미만 확보	(4.0)			
2) 로비의 안락감 및 품위유지 상태 ※ 바닥(또는 카펫트)의 색상, 색조화, 재질 및 관리(청결)상태와 호텔의 테마를 나타낼 수 있는 인테리어 등 고객에게 주는 인상을 중심으로 평가	우수(15.0) 양호(12.0) 보통(9.0) 미흡(6.0)			
3) 현관 및 로비 종사원의 서비스 상태				
가) 종사원의 복장 및 용모 ※ 호텔의 테마와 어울리는 종사원의 복장 및 두발 등 용모 상태, 유니폼 상태 (유니폼의 재질, 디자인, 계절별 유니폼 제공 여부)	우수(5.0) 양호(4.0) 보통(3.0) 미흡(2.0)			
나) 고객 수화물 서비스 ※ 고객의 수화물을 신속하고 친절하게 처리하는 과정, 고객의 귀중품에 대한 보관상태, 고객에게 수화물 및 귀중품 보관에 대한 자세한 설명 등	우수(5.0) 양호(4.0) 보통(3.0) 미흡(2.0)			
다) 종사원의 친절성 ※ 친절한 환영인사, 등록데스크로의 안내, 신속한 행동, 상냥한 미소 등	우수(10.0) 양호(8.0) 보통(6.0) 미흡(4.0)			

평가내용	평가기준	평가결과		비고
		자율평가	심사평가	
4) 화장실의 유지관리 상태 ※ 내부시설 및 편의용품의 청결 및 유지관리상태 등 - 내부시설 : 세면대, 거울, 변기, 옷걸이, 화장실 출입문 등 - 편의용품 : 비누, 타월 또는 종이타월, 방향제 등	우수(7.0) 양호(5.0) 보통(4.0) 미흡(3.0)			
5) 국제전화가 가능한 공중전화 관리상태 ※ 다양한 공중전화방식 (동전, 전화카드, 신용카드 등), 안내표지판, 메모지의 비치상태, 주변 소음의 차단 정도 등	우수(5.0) 양호(4.0) 보통(3.0) 미흡(2.0) 미설치(0)			
6) 관광안내 서비스 상태 ※ 관광홍보물의 종류, 다양한 외국어로 된 홍보물 비치 및 무인관광안내시스템 설치상태 등	우수(5.0) 양호(4.0) 보통(3.0) 미흡(2.0) 미제공(0.0)			
7) 호텔시설물 안내표지판 상태 ※ 현관·로비·복도 내 고객의 눈에 쉽게 띌 수 있는 안내표지판의 적정위치, 색상, 다양한 외국어 표기 등	우수(5.0) 양호(4.0) 보통(3.0) 미흡(2.0) 미설치(0.0)			
8) 동선의 편의성 ※ 출입구(현관)에서부터 프론트데스크, 엘리베이터(에스컬레이터, 계단), 각종 편의·부대시설까지의 동선의 편의성, 출입구에서 객실까지의 이동 용이성 등	우수(8.0) 양호(6.0) 보통(4.0) 미흡(2.0)			
9) ATM(현금자동인출기) 설치 유무	유(5.0) 무(0.0)			
나. 프론트데스크 1) 프론트의 기능 가) Check in, check out system 적정여부 및 고객의 이용편의성 ※ 혼잡도 완화를 위한 창구구분(Express, Repeat guest 처리방법) 및 고객의 대기장소 확보, 대기시간의 적정성 등	우수(10.0) 양호(8.0) 보통(6.0) 미흡(4.0)			

<table>
<tr><th rowspan="2">평가내용</th><th rowspan="2">평가기준</th><th colspan="2">평가결과</th><th rowspan="2">비고</th></tr>
<tr><th>자율
평가</th><th>심사
평가</th></tr>
<tr><td>나) Cashier Information Reception 기능의 적정여부
① 적정인력 확보
- 3교대 근무 이상
- 2교대 근무
② 환전서비스 여부
- 서비스 제공 및 자동환율시스템 설치
- 서비스 제공 및 환율게시판 설치
- 서비스 미제공</td><td>

(5.0)
(3.0)

(5.0)
(3.0)
(0.0)</td><td></td><td></td><td></td></tr>
<tr><td>다) 프론트 근무자의 능력 및 근무자세
① 업무숙지능력, 어학실력(영어 · 일어외의 특수외국어 구사여부)</td><td>우수(10.0)
양호(8.0)
보통(6.0)
미흡(4.0)</td><td></td><td></td><td></td></tr>
<tr><td>② 근무자의 복장과 용모 및 접객태도</td><td>우수(5.0)
양호(4.0)
보통(3.0)
미흡(2.0)</td><td></td><td></td><td></td></tr>
<tr><td>③ 안전금고 설치 및 운영, 객실 Key의 관리상태 등</td><td>우수(5.0)
양호(4.0)
보통(3.0)
미흡(2.0)</td><td></td><td></td><td></td></tr>
<tr><td>라) 교통 및 문화행사 티켓 예약 서비스
※ 철도, 버스, 항공 등 교통수단 및 타지역 숙박 예약 가능
※ 셔틀버스 보유, 택시와 렌트카서비스 가능
※ 현지 이벤트, 연예공연 등의 예약 가능</td><td>우수(5.0)
양호(4.0)
보통(3.0)
미흡(2.0)</td><td></td><td></td><td></td></tr>
<tr><td>2) 프론트데스크 업무의 전산화 상태
※ Check in · out의 전산화 상태 (내 · 외국인 구분, 이용인원 및 수입금 관리 등), 고객영수증의 전산발급(세부내역 기재)상태 등 전산화 처리가 안될 경우에는 "0점" 처리</td><td>우수(10.0)
양호(8.0)
보통(6.0)
미흡(4.0)
미설치(0.0)</td><td></td><td></td><td></td></tr>
</table>

평가내용	평가기준	평가결과		비고
		자율평가	심사평가	
다. 복도 및 계단관리				
1) 계단의 관리 및 청결상태	우수(5.0) 양호(4.0) 보통(3.0) 미흡(2.0)			
2) 복도의 관리상태 ※ 복도내 조명시설, 편의시설 등의 유지관리상태 등	우수(5.0) 양호(4.0) 보통(3.0) 미흡(2.0)			
3) 복도의 청결상태 ※ 복도 바닥 및 벽면, 천정의 청결상태 등	우수(5.0) 양호(4.0) 보통(3.0) 미흡(2.0)			

2. 객실부문(230점)

평가내용	평가기준	평가결과		비고
		자율평가	심사평가	
가. 객실 수				
○200실이상	(20.0)			
○200실미만 : 10점+(10점× $\frac{객실수}{200}$)=취득점수	(취득점수)			
※ 수상관광호텔의 경우, 선박의 전장으로 계산				
○100m 이상	(20.0)			
○90m 이상	(17.5)			
○80m 이상	(15.0)			
○70m 이상	(12.5)			
○70m 미만	(10.0)			
나. 객실의 종류				
※ 표준 객실 이외의 객실의 다양성 여부				
○6종류 이상	(10.0)			
○5종류 이상	(8.0)			
○4종류 이상	(6.0)			
○3종류 이하	(4.0)			
다. 객실의 면적				
※ 기준면적은 표준객실(더블 · 트윈)로서 19㎡를 기준으로 평가				
○기준면적의 130% 이상	(15.0)			
○기준면적의 120% 이상	(13.0)			
○기준면적의 110% 이상	(11.0)			
○기준면적의 100% 이상	(8.0)			
○기준면적 이하	(5.0)			
라. 욕실의 면적				
※ 기준면적은 3.3㎡를 기준으로 평가				
○기준면적의 130% 이상	(10.0)			
○기준면적의 120% 이상	(8.5)			
○기준면적의 110% 이상	(7.0)			
○기준면적의 100% 이상	(5.0)			
○기준면적 이하	(3.0)			
마. 객실의 보안관리 상태				
1) Key handling system, Door Chain lock, Door view, Double lock의 설치 유무				
○4개 설치	(5.0)			
○3개 설치	(4.0)			
○2개 설치	(3.0)			
○1개 설치 ※ 미설치시 '0'점 처리	(2.0)			

평가내용	평가기준	평가결과		비고
		자율평가	심사평가	
2) Key handling system, Door Chain lock, Door view, Double lock의 관리상태	우수(5.0) 양호(4.0) 보통(3.0) 미흡(2.0)			
바. 객실의 안락도 1) 객실의 바닥, 벽·천장 벽지의 관리 및 환기상태	우수(10.0) 양호(8.0) 보통(6.0) 미흡(4.0)			
2) 객실내 가구의 품위 유지상태 가) 가구의 디자인과 색상의 조화, 가구의 품질, 훼손정도	우수(10.0) 양호(8.0) 보통(6.0) 미흡(4.0)			
나) 객실의 분위기, 전체적인 색상 조화 등	우수(10.0) 양호(8.0) 보통(6.0) 미흡(4.0)			
3) 객실의 조명시설 상태 ※ 객실내 부분별 조명밝기, 조명밝기의 조정 가능 여부 등				
○3곳 우수	(5.0)			
○2곳 우수	(3.0)			
○1곳 우수	(1.0)			
○모두 미흡	(0.0)			
※ 한국기술표준원에서 제시하는 KS 규정 - 객실 전반 : 60 ~ 150 (표준조도 100) - 화장대 주변 : 300 ~ 600 (표준조도 400) - 책상 주변 : 300 ~ 600 (표준조도 400)				
4) 객실의 방음상태 ※ 객실과 객실, 객실과 복도, 객실과 외부간의 방음상태 ※ 벽의 차음상태, 객실유리, 문 등의 차음상태, 기기소음 또는 외부의 소음으로부터의 완벽한 방음 등	우수(10.0) 양호(8.0) 보통(6.0) 미흡(4.0)			

평가내용	평가기준	평가결과		비고
		자율평가	심사평가	
사. 객실과 욕실의 편의용품 관리상태				
1) 객실의 편의용품 관리상태 ※ 메모지와 볼펜, 화장품, 물통, 유리컵(2개), 전신용 거울 등 편의용품 구비 및 적정위치 비치 ※ 특급호텔 추가비품 : 업무가 가능한 책상과 의자, 실내복(2벌), 안전금고, 사용 가능한 휴대가방, 커피포트, 슬리퍼(2개), 옷걸이(6개), 미니바 등 객실과 욕실의 편의용품 관리상태	우수(10.0) 양호(8.0) 보통(6.0) 미흡(4.0)			
2) 욕실의 편의용품 관리상태 ※ 헤어드라이기, 타월(4종 이상), 티슈, 비누, 샤워캡, toilet paper 등 비치	우수(10.0) 양호(8.0) 보통(6.0) 미흡(4.0)			
3) 옷장의 관리 상태 ※ 옷걸이 보유상태(재질 : 나무, 6개 이상), 옷장의 적정위치 및 청결상태 등	우수(5.0) 양호(4.0) 보통(3.0) 미흡(2.0)			
4) 침대 및 침구류 관리 상태				
가) 침대의 크기 및 재질, 매트리스와 스프링 상태	우수(5.0) 양호(4.0) 보통(3.0) 미흡(2.0)			
나) 침대시트 및 모포 등 침구류 일체의 유지관리상태	우수(5.0) 양호(4.0) 보통(3.0) 미흡(2.0)			
아. 객실과 욕실의 청결상태				
1) 객실의 청결상태 ※ 객실의 바닥, 벽면, 천장의 청결상태 ※ 침대의 린넨류, 가구류, TV, 창문틀, 조명시설 등의 청결상태	우수(10.0) 양호(8.0) 보통(6.0) 미흡(4.0)			
2) 욕실의 청결상태 ※ 욕실바닥, 벽면, 천장의 청결상태 ※ 조명등, 욕조, 러버매트, 욕조손잡이, 세면대, 비누받침대, 샤워기, 변기 등의 청결상태	우수(10.0) 양호(8.0) 보통(6.0) 미흡(4.0)			

평가내용	평가기준	평가결과		비고
		자율평가	심사평가	
자. 객실내 호텔시설물 및 관광안내 상태				
1) 객실내 TV 또는 안내물을 통해 호텔의 주요시설 및 주변 관광지에 대한 안내를 받을 수 있는지 여부	우수(5.0) 양호(4.0) 보통(3.0) 미흡(2.0) 미제공(0.0)			
2) 한국어를 포함한 3개 이상의 외국어로 안내 가능 여부 (TV, 안내홍보물 등)	우수(5.0) 보통(3.0) 미제공(0.0)			
3) 한국을 소개하는 외국어 TV방송의 시청 가능 여부	유(5.0) 무(0.0)			
차. 룸서비스 상태				
1) 룸서비스 가능 시간 ○24시간 ○20시간 이상 ○16시간 이상 ○16시간 미만	 (5.0) (4.0) (3.0) (2.0)			
2) Maid Call의 신속성 ※ 전화벨이 3번 이상 울리기 전에 받는지, 고객의 요구에 대한 신속한 대응능력 등	우수(5.0) 양호(4.0) 보통(3.0) 미흡(2.0)			
3) Maid Call의 접객태도 ※ 전화 받는 사람의 친절성, 고객 요구에 대한 이해정도, 룸 번호 확인 여부 등	우수(5.0) 양호(4.0) 보통(3.0) 미흡(2.0)			
카. 객실내 TV 및 통신상태				
1) TV방송 수신상태	우수(5.0) 양호(4.0) 보통(3.0) 미흡(2.0) 미설치(0.0)			

평가내용	평가기준	평가결과		비고
		자율 평가	심사 평가	
2) 국제전화 사용 상태	우수(5.0) 양호(4.0) 보통(3.0) 미흡(2.0) 불가능(0.0)			
타. 객실내 인터넷 연결 상태				
1) 객실내에서 인터넷 연결을 위한 시설 가능 여부 ㅇ(인터넷 가능 객실 수/전체 객실 수)×10점 ※ 미설치는 0점 처리	(10.0) (취득점수)			
2) 객실 내에 컴퓨터 설치 여부 ㅇ객실의 40% 이상 ㅇ객실의 25% 이상 ㅇ객실의 10% 이상	우수(7.0) 양호(5.0) 보통(3.0) 미설치(0.0)			
파. 객실내 Wake-up Calls 등의 기능				
1) Wake-up Calls의 유무	유(3.0) 무(0.0)			
2) Night Table의 기능 ※ 조명, 공조, 방송, TV, 시계 상태 등 ㅇ5개 이상 가능 ㅇ4개 가능 ㅇ3개 가능 ㅇ2개 가능 ㅇ1개 가능 ㅇ미 설 치	(5.0) (4.0) (3.0) (2.0) (1.0) (0.0)			

3. 식당 및 주방부문(160점)

평가내용	평가기준	평가결과		비고
		자율평가	심사평가	
가. 식당시설 및 관리				
1) 식당의 다양성				
가) 식품위생법에 의한 '일반음식점'을 대상으로 평가 ○5종류 이상 ○4종류 이상 ○3종류 이상 ○2종류 이하	(15.0) (12.0) (9.0) (6.0)			
나) 한식당의 유무 ※ 수상관광호텔은 한식당 또는 해양관련식당의 유무	유(5.0) 무(0.0)			
다) 커피숍의 유무	유(5.0) 무(0.0)			
2) 식당의 구조 및 품위				
가) 출입동선의 구조, 집기와 장식(꽃, 그림 등)의 분위기, 공간의 활용상태, 식당의 종류에 따른 분위기 등	우수(10.0) 양호(8.0) 보통(6.0) 미흡(4.0)			
나) 식당시설의 품질 (테이블, 의자 등) 및 인테리어 상태	우수(8.0) 양호(6.0) 보통(4.0) 미흡(2.0)			
3) 식당 종사원의 서비스 상태				
가) 종사원의 용모 및 복장 ※ 종사원의 두발, 면도, 손톱 등의 청결상태와 유니폼의 재질, 디자인 상태 등	우수(7.0) 양호(5.0) 보통(4.0) 미흡(3.0)			
나) 근무자세(접객태도), 식사메뉴에 대한 지식 등	우수(10.0) 양호(8.0) 보통(6.0) 미흡(4.0)			
다) 외국어의 구사능력 ※ 등급심사자가 외국어로 질문하여 평가	우수(10.0) 양호(8.0) 보통(6.0) 미흡(4.0)			

평가내용	평가기준	평가결과		비고
		자율 평가	심사 평가	
4) 식당 내부의 관리 및 청결상태 ※ 식당관리체제 및 청결상태 등(식당 바닥의 먼지 등)	우수(10.0) 양호(8.0) 보통(6.0) 미흡(4.0)			
5) 메뉴의 종류 및 메뉴판 상태 ※ 식당 종류에 따른 메뉴판 디자인, 메뉴판에 기록되어 있는 음식의 외국어 표기 상태 등	우수(5.0) 양호(4.0) 보통(3.0) 미흡(2.0)			
나. 주방시설 및 관리				
1) 주방의 업장에 대한 면적점유율 ※ 주방면적/총식당면적×100을 기준으로 비교평가				
○총업장면적의 30%이상 점유	(10.0)			
○총업장면적의 20%이상 점유	(8.0)			
○총업장면적의 10%이상 점유	(6.0)			
○총업장면적의 10%미만 점유	(4.0)			
2) 주방의 설비 및 환경상태				
가) 식자재의 관리(보관)상태 및 유효기간 준수상태 ※ 식자재 보관시 냉장창고, 냉동창고, 건조한 창고 관리(보관)상태 확인	우수(10.0) 양호(8.0) 보통(6.0) 미흡(4.0)			
나) 주방설비 및 환경상태 ※ 조리대 주변의 정리상태, 주방의 청결상태, 바닥의 배수상태, 환기상태, 취기 확산방지 상태, 외부인 접근통제 상태 등	우수(10.0) 양호(8.0) 보통(6.0) 미흡(4.0)			
3) 주방근무자의 복장 및 근무태도 가) 주방근무자의 용모 및 복장 상태 ※ 주방근무자의 두발 등 용모상태와 위생복, 위생모, 작업화의 착용 등의 복장상태 등	우수(10.0) 양호(8.0) 보통(6.0) 미흡(4.0)			
나) 주방근무자의 근무태도 ※ 안전, 위생의 숙지도, 주방근무인력의 교대 또는 적정인력 확보여부 등	우수(10.0) 양호(8.0) 보통(6.0) 미흡(4.0)			

평가내용	평가기준	평가결과		비고
		자율평가	심사평가	
4) 주방에서 조리한 음식이 고객에게 전달되는 체계 ※ 신속하고 위생적으로 고객에게 전달될 수 있는 동선 확보 여부	우수(10.0) 양호(8.0) 보통(6.0) 미흡(4.0)			
5) 주방쓰레기의 분리수거 상태	우수(10.0) 양호(8.0) 보통(6.0) 미흡(4.0)			
6) 조리법의 비치상태	우수(5.0) 양호(4.0) 보통(3.0) 미흡(2.0)			

4. 부대시설의 관리·운영부문(110점)

평가내용	평가기준	평가결과		비고
		자율평가	심사평가	
가. 부대시설의 품위 및 서비스상태				
1) 부대시설의 분위기, 내부 색상, 이용시설의 수준 등 ※ 부대시설 : 커피숍, 칵테일바, 로비라운지	우수(10.0) 양호(8.0) 보통(6.0) 미흡(4.0)			
2) 종사원의 외국어 구사능력	우수(5.0) 양호(4.0) 보통(3.0) 미흡(2.0)			
3) 종사원의 접객태도	우수(5.0) 양호(4.0) 보통(3.0) 미흡(2.0)			
나. 국제회의시설				
1) 국제회의(연회장) 가능 시설의 유무 ○ 200명 이상 수용 ○ 100명 이상 수용 ○ 100명 미만 수용 ※ 미설치시 '0'점 처리 ※ 1인당 1.2㎡를 기준으로 산정 평가	 (10.0) (5.0) (3.0)			
2) 동시통역시설 및 시청각시설 가) 동시통역시설 ※ 3개국어 이상 가능 여부	 유(5.0) 무(0.0)			
나) 시청각 시설 ※ OHP, 프로젝터, 레이저 빔 등 구비 여부	우수(5.0) 양호(4.0) 보통(3.0) 미흡(2.0)			
3) Function room의 능력 ※ 회의실 확보 여부	우수(5.0) 양호(4.0) 보통(3.0) 미흡(2.0)			
다. 예약시스템				
1) 예약시스템의 전산화 여부	유(5.0) 무(0.0)			

평가내용	평가기준	평가결과		비고
		자율평가	심사평가	
2) 예약실의 운영 및 서비스 상태 가) 담당자의 외국어 구사 능력	우수(5.0) 양호(4.0) 보통(3.0) 미흡(2.0)			
나) 담당자의 서비스 상태 ※ 담당자의 접객태도, 서비스 제공시간, 전화의 연결상태, 담당자의 적극성 등	우수(5.0) 양호(4.0) 보통(3.0) 미흡(2.0)			
다) 웹을 이용한 예약 가능 여부 ※ 자체 운영 싸이트, 포탈싸이트 등 활용	우수(5.0) 양호(4.0) 보통(3.0) 미흡(2.0)			
3) 해외예약망 구축여부 ※ 해외지점의 설치 또는 공동운영 협정체결 등	유(5.0) 무(0.0)			
라. 비즈니스센터 설치 · 운영상태				
1) 비즈니스센터 운영상태	우수(5.0) 양호(4.0) 보통(3.0) 미흡(2.0) 미제공(0.0)			
2) 비즈니스센터내 지원시설의 비치 및 운영·관리상태				
가) 지원시설 비치 및 이용 상태 ※ PC, FAX, 복사기, 인터넷 통신망 등	우수(5.0) 양호(4.0) 보통(3.0) 미흡(2.0) 미제공(0.0)			
나) 지원시설 지원 및 대여 상태 ※ 핸드폰, 노트북, PDA 등 전산 및 통신기기 지원(대여) 가능 여부	우수(5.0) 양호(4.0) 보통(3.0) 미흡(2.0) 미제공(0.0)			
3) 비즈니스센터 서비스 가능 시간				
ㅇ24시간	(5.0)			
ㅇ12시간 이상	(3.0)			
ㅇ8시간 이상	(2.0)			
ㅇ미제공	(0.0)			

평가내용	평가기준	평가결과		비고
		자율평가	심사평가	
마. 장애인 이용시설				
1) 호텔내 장애인 이용시설 가능 여부 ○5종류 이상 ○4종류 이상 ○3종류 이상 ○2종류 이하 ○없음	 (10.0) (8.5) (7.0) (5.0) (0.0)			
2) 시각장애 등 각종 신체장애인이 혼자서 현관에서 객실 (장애인 객실이 별도 설치되어 있을 경우에는 장애인 객실)까지 이동의 가능 여부	가능(5.0) 불가능(0.0)			
바. 세탁서비스의 처리가능 시간 (세탁 주문을 받아 완료하여 배달되는 시간) ○3시간 내 ○3시간 이상 ○세탁서비스 미제공	 (5.0) (3.0) (0.0)			

5. 종사원 복지 및 관광산업에의 기여 부문 (100점)

평가내용	평가기준	평가결과		비고
		자율평가	심사평가	
가. 종사원 후생복지				
1) 종사원 후생복지시설				
가) 종사원식당의 운영상태 ※ 식당의 규모, 시설내용 및 식당의 운영, 종사원의 반응 등	우수(5.0) 양호(4.0) 보통(3.0) 미흡(2.0) 없음(0.0)			
나) 기타 후생복지시설 운영상태 ※ 숙소, 휴게실, 샤워시설, 탈의실 (사물보관함) 등 설치 및 관리·운영상태	우수(10.0) 양호(8.0) 보통(6.0) 미흡(4.0) 없음(0.0)			
2) 종사원 후생복지제도 운영(최근 2년간) ※ 장학제도, 포상제도, 휴가제도, 건강관리제도(야유회, 체육대회 등), 종사원 친목단체(등산, 합창 등) 지원제도를 평가				
ㅇ5가지 제도 이상 실시	(10.0)			
ㅇ4가지 제도 실시	(8.0)			
ㅇ3가지 제도 실시	(6.0)			
ㅇ2가지 제도 이하 실시	(4.0)			
ㅇ없음	(0.0)			
나. 관광산업에의 기여도				
1) 주요 이벤트의 개최실적 (최근 2년간) ※ 국제회의, 학회, 공연, 콘서트, 축제 등 개최횟수 평가				
ㅇ20회 이상	(5.0)			
ㅇ20회 미만 : (10점× $\frac{개최횟수}{20}$) / 2 = 산정점수	(산정점수)			
2) 지역사회의 기여도 (최근 2년간) ※ 지역주민을 위한 대외봉사활동의 전개, 지역주민과의 화합의 장 마련 등 평가				
ㅇ10회 이상	(5.0)			
ㅇ10회 미만 : 5점× $\frac{개최횟수}{10}$ = 산정점수	(산정점수)			

평가내용	평가기준	평가결과		비고
		자율평가	심사평가	
3) 최근 2년간(결산서 기준) 경영상태 ㅇ자본금의 10%이상 이익 발생 ㅇ자본금의 10%미만 이익 발생 ㅇ이익발생이 없음 ※ 개장한 지 3년 이내 호텔의 경우 5점 만점	 (5.0) (3.5) (2.0)			
다. 종사원에 대한 교육 상태(최근 2년간) 1) 교육방법 ㅇ교육기관의 설치 ㅇ전문교육기관(관련협회 포함)위탁 및 외부 강사 초청 ㅇ자체강사 활용 ㅇ미교육 2) 교육 시스템 ※ 직무교육, 계층교육, 교양교육, 서비스교육, 외국어교육 등 실시 여부 ㅇ5종류 이상 ㅇ4종류 이상 ㅇ3종류 이상 ㅇ2종류 이상 ㅇ1종류 이상 ㅇ미교육 3) 교육의 충실도 ※ 교육교재, 교육일지 비치 및 종사원의 교육이수상태 등을 평가하되, 교육을 실시하지 아니한 경우에는 "0점"처리 4) 종사원에 와인, 카지노, 국제회의, 소방, 안전 등 특수교육 이수 여부 ㅇ10명 이상이 각각 100시간 이상 이수 ㅇ7명 이상이 각각 100시간 이상 이수 ㅇ5명 이상이 각각 100시간 이상 이수 ㅇ3명 이상이 각각 100시간 이상 이수 ㅇ1명 이상이 각각 100시간 이상 이수 ㅇ100시간 미만 교육이수자가 있을 경우 ㅇ미교육	 (7.0) (5.0) (3.5) (0.0) (5.0) (4.0) (3.0) (2.0) (1.0) (0.0) 우수(5.0) 양호(4.0) 보통(3.0) 미흡(2.0) (8.0) (7.0) (6.0) (5.0) (4.0) (3.0) (0.0)			

<table>
<tr><th rowspan="2">평가내용</th><th rowspan="2">평가기준</th><th colspan="2">평가결과</th><th rowspan="2">비고</th></tr>
<tr><th>자율평가</th><th>심사평가</th></tr>
<tr><td>라. 종사원의 근무상태
1) 객실 당 종사원 비율
※ 전체 종사원 수 / 전체 객실 수
○90% 이상
○80% 이상
○70% 이상
○60% 이상
2) 최근 2년간 종사원의 이직율
※ 이직한 종사원 수 / 전체 종사원 수
○10% 이하
○11% ~ 20%
○21% ~ 30%
○31% ~ 40%
○41% 이상
3) 최근 2년간 유자격 호텔경영사 등의 고용 상태
○정상고용
○비정상고용 : 20점×최근 2년간 호텔경영사 및 관리사별 고용월수의 합계 / (채용해야 할 적정 호텔경영사 및 관리사수×24월) = 취득점수</td><td>

(5.0)
(4.0)
(3.0)
(2.0)

(5.0)
(4.0)
(3.0)
(2.0)
(1.0)

(20.0)
(취득점수)</td><td></td><td></td><td></td></tr>
<tr><td>마. 고객 불편처리 시스템
※ 불편방지 및 대처능력 여부 : 호텔에 불편신고함 비치, 불편신고엽서 및 인터넷신고의 활용도, 호텔게시판에 불편내용 공시, 당직지배인실 운영 등</td><td>우수(5.0)
양호(4.0)
보통(3.0)
미흡(2.0)</td><td></td><td></td><td></td></tr>
</table>

6. 주차시설부문(60점)

평가내용	평가기준	평가결과		비고
		자율평가	심사평가	
가. 현관앞 주차공간 ○3차선 이상 확보시 ○2차선 이상 확보시 ○1차선 확보시 ※ 미설치시 '0'점 처리	 (5.0) (3.0) (1.0)			
나. 보안시설 설치 및 관리 ※ 차량 및 고객의 안전관리를 위한 주차장내 보안시설 (폐쇄회로 등) 설치 및 운영상태 등	우수(10.0) 양호(8.0) 보통(6.0) 미흡(4.0) 미설치(0.0)			
다. 방송수신상태 ※ 비상시에 대비한 공중파 방송의 수신상태 및 차량호출시스템의 운영 관리상태	우수(5.0) 양호(4.0) 보통(3.0) 미흡(2.0)			
라. 주차시설의 편리성 1) 주차장 진·출입의 편리성	 우수(10.0) 양호(8.0) 보통(6.0) 미흡(4.0)			
2) 주차의 편리성	우수(5.0) 양호(4.0) 보통(3.0) 미흡(2.0)			
3) Valet Parking 서비스 상태 ※ Valet Parking 서비스 유무, 서비스료의 적정성 등	우수(5.0) 양호(4.0) 보통(3.0) 미흡(2.0) 미제공(0.0)			
마. 주차장 관리요원의 서비스 상태 ※ 주차서비스(차량안내 등)의 신속성 여부, 주차 요원의 친절성 및 복장상태 등	우수(10.0) 양호(8.0) 보통(6.0) 미흡(4.0)			
바. 주차장 유지관리상태 ※ 주차면수의 도색상태, 주변의 환경정리상태, 조명상태, 소음상태 및 주차장의 용도를 타용도로 불법전용여부 등	우수(10.0) 양호(8.0) 보통(6.0) 미흡(4.0)			

7. 건축 및 설비부문(80점)

평가내용	평가기준	평가결과		비고
		자율평가	심사평가	
가. 건축물의 외관				
1) 아름답고 특성있는 호텔 외관, 주변 경관과의 조화, 외벽의 유지보수상태	우수(5.0) 양호(4.0) 보통(3.0) 미흡(2.0)			
2) 호텔의 안내판 및 고객의 이용 편의성 등	우수(5.0) 양호(4.0) 보통(3.0) 미흡(2.0)			
나. 건축물 구조의 적합성				
1) 건물의 구조가 호텔기능 수행을 위하여 적합한가 여부	우수(5.0) 양호(4.0) 보통(3.0) 미흡(2.0)			
2) 본래 건축물 용도, 사용자재 여부	우수(5.0) 양호(4.0) 보통(3.0) 미흡(2.0)			
다. 비영업장의 기능 ※ 종사원 복지시설·기계실·창고 등 호텔내 비영업장의 기능이 호텔의 기능수행에 기여할 수 있는 정도 등	우수(5.0) 양호(4.0) 보통(3.0) 미흡(2.0)			
라. 냉·난방 및 환기시설				
1) 객 실				
ㅇ온도·습도·청정도 유지가 가능한 냉·난방시설을 갖추되, 일부 객실에 냉·난방 동시가동이 가능한 경우	(10.0)			
ㅇ온도·습도·청정도 유지가 가능한 냉·난방 시설을 갖춘 경우	(8.0)			
ㅇ온도·청정도 유지가 가능한 냉·난방시설을 갖춘 경우	(6.0)			
ㅇ기타 냉·난방시설을 갖춘 경우	(4.0)			

<table>
<tr><th rowspan="2">평가내용</th><th rowspan="2">평가기준</th><th colspan="2">평가결과</th><th rowspan="2">비고</th></tr>
<tr><th>자율 평가</th><th>심사 평가</th></tr>
<tr><td>2) 식당 및 연회실
ㅇ온도 · 습도 · 청정도 유지가 가능한 냉 · 난방시설을 갖추되, 다른 용도와 분리된 독립 냉 · 난방시설을 갖춘 경우
ㅇ온도 · 습도 · 청정도 유지가 가능한 냉 · 난방시설을 갖춘 경우
ㅇ온도 · 습도 유지가 가능한 냉 · 난방시설을 갖춘 경우
ㅇ기타 냉 · 난방시설을 갖춘 경우</td><td>(10.0)
(8.0)
(6.0)
(4.0)</td><td></td><td></td><td></td></tr>
<tr><td>3) 주 방
ㅇ냉 · 난방시설을 갖추되, 취기확산방지를 위한 환기시설 및 주방 배기의 취기가 타 지역으로 확산되지 않도록 타용도(식당포함)와 독립된 냉 · 난방시설 및 주방배기 계통에 기름성분을 제거할 수 있는 장치를 한 경우
ㅇ냉 · 난방시설을 갖추되 취기확산방지를 위한 환기시설을 하고, 타용도(식당 포함)와 독립된 냉 · 난방시설을 갖춘 경우
ㅇ냉 · 난방시설을 갖추되 취기확산방지를 위한 환기시설을 한 경우
ㅇ난방시설을 갖추고 환기시설을 한 경우</td><td>(10.0)
(8.0)
(6.0)
(4.0)</td><td></td><td></td><td></td></tr>
<tr><td>마. 위생시설
1) 내식성 배관제 및 수조시설 사용시 시설수준 및 관리상태

2) 절수기구 사용시 시설수준 및 관리상태
※ 소변기의 자동급수 세척시설 등</td><td>우수(5.0)
양호(4.0)
보통(3.0)
미흡(2.0)
우수(5.0)
양호(4.0)
보통(3.0)
미흡(2.0)</td><td></td><td></td><td></td></tr>
<tr><td>바. 시설유지관리
1) 공조환기 설비 상태
※ 공조조화기의 Filter 상태, 주방의 Duct내 Oil 침적물 제거 및 Damper조절 기능, F.C.U.Filter 청결상태 등</td><td>우수(5.0)
양호(4.0)
보통(3.0)
미흡(2.0)</td><td></td><td></td><td></td></tr>
</table>

평가내용	평가기준	평가결과		비고
		자율평가	심사평가	
2) 급배수 위생시설 ※ 수로의 맨홀이나 연관통의 이물질 침입방지를 위한 관리상태, 고가수조, 저탕조의 도장상태 및 침적물 제거상태, 위생배관 접속부의 누수 및 Scale 방지상태, 위생금구류의 도장상태 등	우수(5.0) 양호(4.0) 보통(3.0) 미흡(2.0)			
사. 객실의 온도조절시설 ㅇ객실별 임의조절 가능시 ㅇ중앙에서 원격제어 및 설정점 조절 가능시 ㅇ기 타	(5.0) (4.0) (3.0)			

8. 전기 및 통신부문(40점)

<table>
<tr><th rowspan="2">평가내용</th><th rowspan="2">평가기준</th><th colspan="2">평가결과</th><th rowspan="2">비고</th></tr>
<tr><th>자율
평가</th><th>심사
평가</th></tr>
<tr><td>가. 서비스통신 설비
○Maid Call System 통신망 운용상태</td><td>
우수(5.0)
양호(4.0)
보통(3.0)
미흡(2.0)
없음(0.0)</td><td></td><td></td><td></td></tr>
<tr><td>나. 비상전력설비
1) 전체 계약 용량의 가동율 확보
○100%이상
○80%이상
○60%이상
○40%이상
2) 비상발전기 연속가동 여부
○24시간 이상 가동 가능
○8시간 이상 가동 가능
○4시간 이상 가동 가능
○4시간 미만 가동 가능
3) 기타 예비전원 확보 상태
※ 밧데리에 의한 조명설비 구비 및 건전지 등 기타 비상조명 확보상태 등</td><td>

(5.0)
(4.0)
(3.0)
(2.0)

(5.0)
(4.0)
(3.0)
(2.0)
우수(5.0)
양호(4.0)
보통(3.0)
미흡(2.0)
미확보(0.0)</td><td></td><td></td><td></td></tr>
<tr><td>다. 객실내 비상호출설비
※ 비상호출설비 구비 및 비상시 조치체계 등
○객실과 욕실에 모두 구비
○객실 또는 욕실에만 구비
○구비되지 않음</td><td>

(5.0)
(3.0)
(0.0)</td><td></td><td></td><td></td></tr>
<tr><td>라. 승강기 설비
1) 안전도 및 환경상태
※ 내부의 실내장치 비상벨 작동시 연락방법, 정기적 안전점검 실시 여부, 승강기 보수책임관리자 지정, 내부조명 및 안락감 등을 평가하되, 지상 3층 이하 건물로써 승강기가 없는 경우에는 "양호(8.0)"으로 평가
※ 승강기의 정기적 안전점검이 실시되고 있는지의 여부를 파악하도록 함(안전점검에 문제가 있는 경우는 1점)
2) 정전시 비상전원으로 운전되는 승강기의 대수
○고객용 승강기의 40% 이상
○고객용 승강기의 30% 이상
○고객용 승강기의 20% 이상
○고객용 승강기의 20% 미만</td><td>

우수(10.0)
양호(8.0)
보통(6.0)
미흡(4.0)

(5.0)
(4.0)
(3.0)
(2.0)</td><td></td><td></td><td></td></tr>
</table>

9. 소방 및 안전부문(70점)

평가내용	평가기준	평가결과		비고
		자율평가	심사평가	
가. 비상시 안내지침서 구비 여부 ※ 객실의 위급사항, 화재시 객실이용지침 등의 내용이 수록되어 있는 지침서가 객실 내에 구비되어 있는지 여부 ※ 지침서내에 119 등 비상시 필요한 전화번호안내 포함	우수(10.0) 양호(8.0) 보통(6.0) 미흡(4.0)			
나. 고객 접점 안내시설물 관리상태 1) 객실 내 소방안전시설물 ※ 객실 내 감지기, 인명 구조함, 완강기, 구조대등의 작동 여부 및 관리상태	우수(5.0) 양호(4.0) 보통(3.0) 미흡(2.0)			
2) 공공지역 내 소방안전시설물 관리상태 ※ 현관로비, 복도, 식당, 부대시설 등의 통로유도등, 유도등, 소화전박스, 소화기, 경보설비(비상벨 등)등의 유지관리(청결) 상태	우수(5.0) 양호(4.0) 보통(3.0) 미흡(2.0) 미구비(0.0)			
다. 종사원의 소방안전 훈련 여부 1) 종사원의 소방ㆍ안전 훈련 (최근 1년간) ○4회 이상 ○3회 이상 ○2회 이상 ○1회 이상 ※ 기초훈련, 부분훈련을 모두 실시하지 않을 경우 1회로 처리, 미실시는 '0'점 처리	 (5.0) (4.0) (3.0) (2.0)			
2) 소방계획서 작성 및 실행 여부 ※ 소방계획서 작성여부, 내용 등	우수(5.0) 양호(4.0) 보통(3.0) 미흡(2.0)			
3) 종사원의 소방시설 사용숙지 및 고객 대피 요령 가) 화재의 예방요령, 화재 신고요령, 소방시설의 사용법, 소방시설 사용ㆍ관리 유지 요령, 화재진압요령, 인명대피 및 유도요령 등	우수(5.0) 양호(4.0) 보통(3.0) 미흡(2.0)			

평가내용	평가기준	평가결과		비고
		자율평가	심사평가	
나) 종사원의 소화기 및 소화시설의 사용 가능여부	우수(5.0) 양호(4.0) 보통(3.0) 미흡(2.0)			
라. 종사원의 응급조치 요령 ※ 고객의 응급상황에 대한 종사원의 응급조치 요령에 대한 숙지 여부	우수(5.0) 양호(4.0) 보통(3.0) 미흡(2.0)			
마. 호텔출입자 보안관리를 위한 호텔 고객이용시설에 대한 폐쇄회로 설치 및 유지관리상태				
1) 폐쇄회로 설치 여부 ○5개소 이상 ○4개소 ○3개소 ○2개소 이하 ※ 각층 복도, 엘리베이터, 로비, 프론트데스크, 주차장, 식당, 부대시설 등 ※ 층별 복도, 엘리베이터 등과 같이 성격이 같은 곳은 1개소로 평가	우수(5.0) 양호(4.0) 보통(3.0) 미흡(2.0) 미설치(0.0)			
2) 폐쇄회로 시설의 효율성 ※ 설치된 폐쇄회로를 통해 호텔 시설물을 확인할 수 있는지 여부 ○호텔 전체의 80% 이상 ○호텔 전체의 70% 이상 ○호텔 전체의 60% 이상 ○호텔 전체의 50% 이상 ○호텔 전체의 50% 미만	(5.0) (4.0) (3.0) (2.0) (1.0)			
바. 고객을 위한 보험 혜택 여부 ※ 고객을 위한 상해 보험 등 각종 보험 혜택	유(5.0) 무(0.0)			
사. 소방정기점검의 지적사항에 대한 개선 상태 ※ 정기적인 소방점검에서 지적된 사항에 대한 개선자료 제출 (사진 자료 포함)	우수(10.0) 양호(8.0) 보통(6.0) 미흡(4.0)			

10. 부가점수

10-1. 가점 항목 (70점)

평가내용	평가기준	평가결과		비고
		자율평가	심사평가	
가. 국제회의시설				
1) 국제회의시설(연회장)의 규모				
※ 1인당 1.2㎡를 기준으로 산정하여 평가				
○500명 이상 수용 가능	(10.0)			
○400명 이상 수용 가능	(6.0)			
○300명 이상 수용 가능	(4.0)			
2) Receiver 보유상태				
○국제회의장 수용능력에 적합한 수량 보유	(5.0)			
○미 보 유	(0.0)			
3) 국제회의 관련 전문직원의 보유상태				
○3명 이상	(5.0)			
○2명 이상	(3.0)			
○1명 이상	(2.0)			
4) 최근 2년 간 국제회의 유치실적				
○10회 이상	(5.0)			
○5~9회	(3.0)			
○1~4회	(2.0)			
나. 운동오락시설				
1) 수영장, 헬스클럽, 스쿼시장, 테니스장, 볼링장, 탁구장, 당구장, 오락실, 미니골프장, 파워보트, 제트스키, 스킨스쿠버, 수상스키, 윈드서핑 등				
○5개 이상				
○4개 이상	(10.0)			
○3개 이상	(8.5)			
○2개 이상	(7.0)			
	(5.0)			
2) 헬스클럽, 수영장 등의 전문강사 채용 여부				
※ 체육지도자(생활체육, 경기) 자격증 소지 전문강사 (종목에 관계 없음)				
○자격증 소지자 1명당 1점(5명까지 인정)	(5.0)			
○소지자가 없는 경우 0점	(0.0)			

<table>
<tr><th rowspan="2">평가내용</th><th rowspan="2">평가기준</th><th colspan="2">평가결과</th><th rowspan="2">비고</th></tr>
<tr><th>자율
평가</th><th>심사
평가</th></tr>
<tr><td>다. 편의시설
※ 제과점, 관광기념품점, 면세점, 이용실, 사우나, 어린이 놀이방, 노래방 등
○5개 이상
○4개 이상
○3개 이상
○2개 이상</td><td>

(10.0)
(8.5)
(7.0)
(5.0)</td><td></td><td></td><td></td></tr>
<tr><td>라. 옥외조경시설
※ 외부공간확보, 외부정원, 외부 인테리어, 아름답고 독특한 외부, 다양한 수목과 아름다운 경관, 아름답고 독특한 건축물</td><td>
우수(10.0)
우수(8.0)
양호(6.0)
보통(4.0)</td><td></td><td></td><td></td></tr>
<tr><td>마. 종사원
1) 다양한 외국어 제공 여부
○6개 외국어 이상
○5개 외국어 이상
○4개 외국어 이상
○3개 외국어 이상
※ 관련 외국어능력 보유자(공인된 언어능력시험에서 일정 수준 이상-관광공사 채용기준 참조) 혹은 해당 언어학과 졸업자 및 관련기관 인증서 보유자
2) 종사원의 자격증 소지자 비율
○ 60% 이상
○ 50 ~59%
○ 40 ~49%
○ 40% 미만
※ 관광종사원(호텔경영사 등), 조리사 등의 자격증 소지자 비율</td><td>

(5.0)
(3.0)
(2.0)
(1.0)

(5.0)
(4.0)
(3.5)
(2.5)</td><td></td><td></td><td></td></tr>
</table>

10-2. 감점 항목 (-30점)

평가내용	평가기준	평가결과		비고
		자율평가	심사평가	
가. 화재 및 범죄 발생 여부 (최근 3년 간) 1) 호텔내 화재 발생 여부	유(-5.0) 무(0.0)			
2) 호텔내 도난 등 범죄 발생 여부 ※ 종사원이 개입되지 않은 범죄행위만 평가	유(-5.0) 무(0.0)			
나. 호텔 경영주 및 종사원의 불법행위 ※ 호텔 경영과 관련된 불법(범죄)행위(최근 3년간)	유(-5.0) 무(0.0)			
다. 영업상 행정조치 여부(최근 3년간) ○없음 ○1~2회 ○3~5회 ○6회 이상 ※ 위생점검, 소방점검, 노사분규 등 영업상의 행정조치 (행정처분, 과태료, 과징금 등)를 받았을 경우	 (0.0) (-3.0) (-4.0) (-5.0)			
라. 고객불편신고 처리 상태 1) 시설 및 위생관리 2) 서비스 3) 부당요금징수 4) 예약조건 불이행 5) 기타 부문	 문제없음(0.0) 불량(-1.0) 매우불량 (-2.0) 문제없음(0.0) 불량(-1.0) 매우불량 (-2.0) 문제없음(0.0) 불량(-1.0) 매우 불량(-2.0) 문제없음(0.0) 불량(-1.0) 매우불량(-2.0) 문제없음(0.0) 불량(-1.0) 매우불량(-2.0)			

[별지 제4호 서식]

호텔업등급결정신청서

<table>
<tr><td rowspan="2">신청인</td><td>사업자(대표자)명</td><td></td><td>주민등록번호
(대표자)</td><td></td></tr>
<tr><td>주 소</td><td colspan="3"></td></tr>
<tr><td rowspan="4">호텔현황</td><td>상호 또는 명칭</td><td></td><td>최초등록일</td><td></td></tr>
<tr><td>영업장 소재지</td><td colspan="3"></td></tr>
<tr><td>현 재 등 급</td><td></td><td>현 등급결정일</td><td></td></tr>
<tr><td>희 망 등 급</td><td colspan="3"></td></tr>
<tr><td colspan="2">신 청 사 유</td><td colspan="3"></td></tr>
</table>

관광진흥법시행규칙 제25조제1항 및 호텔업등급결정기관등록 및등급결정에관한요령 제5조의 규정에 의하여 위와 같이 호텔업의 등급결정을 신청합니다.

년 월 일

신청인 : (서명 또는 인)

귀하

<table>
<tr><td rowspan="2"><구비서류>
1. 호텔업시설의 현황
2. 호텔업세부등급평가기준에 의한 자율평가결과
3. 호텔업시설에 대한 개·보수 현황(해당자에 한함)</td><td>수수료</td></tr>
<tr><td>30,000원
+매실당 500원</td></tr>
</table>

【저자약력】

김 석 영 (金 石 永)

- 대구대학교 관광경영학과 경영학사
- 대구대학교 국제경영대학원
  호텔관광경영학과 호텔경영학석사
- 동명대학교 대학원 관광경영학과
  박사과정
- 경운대학교 관광학부 외래강사
- 김천대학 관광학부 외래강사
- 대구그랜드호텔 객실과 부대사업과 근무
- 구미피오레 관광호텔 총지배인
- 현, 구미관광호텔 총지배인
- 현, 영남이공대학 겸임전임강사

전 희 원 (田 熙 源)

- 경일대학교 경영학과 경영학사
- 대구대학교 국제경영대학원
  호텔관광경영학과 호텔경영학석사
- 대구대학교 대학원 관광경영학과
  관광경영학 박사
- 경주 서라벌 대학 관광학부
  겸임교수 역임
- 대구대학교 관광경영학과 외래강사
- 경운대학교 관광학부 외래강사
- 김천대학 관광학부 외래강사
- 구미 센츄리호텔 식음료 팀장
- 구미 센츄리호텔 객실관리 팀장
- 현, 구미 센츄리호텔 판촉 팀장

현장식 객실 현관 실무론

인 쇄 / 2008년 1월 21일
발 행 / 2008년 1월 25일

공저자 / 김석영 · 전희원
발행인 / 김 창 석
발행처 / 홍 익 출 판 사

대구광역시 중구 삼덕 3가 245-2
(053)421-6700 · 427-3627 · 0502-920-0002
등록 1987년 11월 26일 제1-107호

정가 13,000원

ISBN 978-89-7826-183-8 93320